巨大「実験国家」EUは生き残れるのか?

European Union

縮みゆく国々が仕掛ける制度イノベーション

国末憲人
Kunisue Norito

草思社

はじめに　成熟社会が挑むイノベーション

かつて欧州は輝いていた。

戦後の長い間にわたって、欧州は繁栄の象徴だった。今から思うとどこまで本当の姿だったか怪しいものの、文明の利器に囲まれた生活ぶりや、自由闊達な人々の振る舞い、華やかなファッションに身を包んだ女性のイメージは、一九七〇年代前後に少年時代を過ごした私の世代以上にとって、あこがれの的だった。

欧州は長らく、文化の先生だった。欧州発の流行ものを見逃していてはインテリたり得なかった。かくして、価値を十分理解しないまま実存主義や構造主義をありがたがり、ヌーヴェルヴァーグやビートルズに染まり、舶来品をぎこちなく身にまとい、酸っぱさに顔をしかめつつ葡萄酒を流し込んだ。

欧州は、日本のような中規模国家が国際社会の中で処す道を探るうえで、手本でもあった。米国とソ連の間にあって第三の道を模索したフランス、中立を掲げた北欧やスイス、社会主義の中で自由への声を上げた東欧諸国の市民の姿は、日本が将来向かうべき一種のモデルだと理想化された。

欧州の成熟度に比べると、日本はまだまだ子どもだった。少なくとも、日本自身がそう自覚していた。

戦後ゼロからスタートし、国民一丸となって成長を目指した日本にとって、欧州はいつも目標だった。欧州に少しでも追いつこうと、日本人は猛烈に働いた。大学の第二外国語でフランス語やドイツ語を学び、現地の息吹を少しでも吸収しようとした。

もちろん、アメリカかぶれもソ連びいきも大勢いた。ただ、ベトナム戦争や東欧諸国への軍事介入で米ソが見せた粗暴さに、多くの人は幻滅した。欧州の態度は、少なくとも表面上洗練されていた。国際政治の場においても、米ソのように力にものを言わすのでなく、理念を掲げ、論理を通した。その背景には「民主主義」「自由」「人権」を自ら培ってきたことに対する欧州の自信があった。


日本人が欧州に関心を抱かなくなったのは、いつの頃からだろう。

強烈な上昇志向を心に秘めた日本は、次第に経済力を蓄え、青年の風貌を持ち始めた。米社会学者の書名から「ジャパン・アズ・ナンバーワン」が流行語となった一九七九年頃から「日本は欧米に並んだ」「ひょっとすると追い抜いた」と思うようになった。八〇年代のバブル景気では土地が高騰し、金満消費文化が花開いた。

成り上がり日本人の目に、老い始めた欧州が急速に色褪せたのは、この頃だろう。深刻な移民問題、失業問題に絡め取られ、勢いを失った欧州は、カネを手にした日本人の目に小さく映った。一九八七年、当時の安田火災海上がゴッホの「ひまわり」を約五十三億円で競り落とした。ジャパンマネーが欧州に進出し、フランスの古城を日本人が買い漁った。フランス語やドイツ語の人気は下がり、第二外国語の定番として中国語が浮上した。

ちょっとした成功を収めて世の中をわかった気分になるのは、若手にありがちなことである。実は、世の中は意外に複雑で扱いにくいと知ることこそ、大人への第一歩だ。私たちがそのことに気づいたのは、九〇年代のバブルの崩壊を経て、「失われた二十年」の低成長時代に入ってからだった。

日本はようやく、大人の末席に名を連ねた。多少の落ち着きと余裕を備えるようになった。大人には大人の世界がある。衰えを感じつつ、日々を豊かに過ごしながら、工夫と実験を重ねる。若者たちを育て、見守り、間違った方向に進まないよう釘を刺し、時にはしかりつける。それが大人の役割だ。子ども特有のわがままさが抜けない中国などには担えない役目である。まだまだ日本にも、荷が重いのだが。

そう認識する時、先達の欧州に学ぶべきことは、依然多い。

欧州は、政治や経済、社会など様々な分野の制度に対するイノベーションに取り組んできた。それは、成熟社会が抱える問題やひずみを解決しようとする苦悩の表れでもあり、年を食っただけに蓄えた知識と経験をもとに世界を巻き込む流れをつくろうとする老獪な戦略でもあった。本書は、その現場を訪ねて報告することを目的としている。

イノベーションに取り組む主体は、政府に限らない。様々な階層の様々な市民が、国際機関、研究機関、市民団体など多彩な組織を通じてかかわっている。その層の厚みが、欧州の持つ力の源泉だ。もちろん、試みが常に成功するわけではない。空回りすることもあれば、行き過ぎて反発を買うこともある。意見の違いから内部の亀裂をさらけ出すことも少なくない。制度イノベーションがもたらした否定的な側面もまた、本書が追うべきテーマである。

二〇一四年現在の欧州のイメージは、前向きなものとは言い難い。二〇一〇年頃からの債務危機の影響から、欧州はいまだ完全に立ち直っていない。この危機は、世界経済に対する欧州の影響力を大きく減じた。危機への対応を巡って、欧州連合（ＥＵ）の南部と北部との立場の違いも浮き彫りになった。

二〇一三年秋から持ち上がったウクライナの政変とその後の危機は、さらに欧州を追い詰めている。危機に乗じたロシアは、ウクライナからクリミア半島を奪って併合し、二〇一四年五月現在ウクライナ東部や南部にも魔手を伸ばそうとしている。これに対し、ＥＵは軍事的にも経済的にも何ら有効な手を打ち得ていない。

一八一四年、ナポレオン後の欧州について協議したウィーン会議は遅々として何も決まらず、「会議は踊る、されど進まず」と揶揄された。それからちょうど二百年になる二〇一四年、ＥＵは毎週のように会議を重ね、ウクライナ危機への対策を協議しているが、やはり何も決められない。物事を決めるのに時間がかかるのは民主主義の常だが、敵側のロシアが次々と手を打ってくるのに比べ、ＥＵのもたつきぶりばかりが目立つ。

ただ、私たちは欧州の姿を、他人事として笑ってはいられないだろう。欧州の苦難は、明日の日本の苦難でもあるからだ。同様に、欧州が今挑んでいる制度イノベーションは、日本が明日進むべき方向を示す道標となるに違いない。

書名にうたう『「実験国家」EU』は出版社の強い要望に基づくもので、欧州と縁が薄い読者にもわかりやすいよう、あえて単純化したものと受け止めていただきたい。実際には、EU加盟国に限らず、欧州の様々な国々の、様々な人々の試みを取り上げている。EUだけを見ても欧州は理解できないと思うからだ。また、EUがいまだ国家となり得ていないのも、周知の通りである。EUが国家かどうかを巡る論議は、第八章で詳述している。

本書はまず、産業の分野で進むイノベーションを取り上げる。第一章は、原子力施設の「廃炉」を巡るビジネスに迫る。廃炉という、通常だと前向きにとらえにくい営みに商機を見いだした発想こそ、欧州の巧みさ、したたかさの表れだ。第二章は、伝統産業である水産業の現場をノルウェーに訪ねる。漁民だけでなく加工、流通業者を巻き込んで成し遂げたノルウェー水産業の改革の経験から学ぶことは多いだろう。

続いて、政治面での制度イノベーションの試みを見たい。欧州政治で近年大きな問題となっているのは、ポピュリズムの浸透だ。これに対抗するために、女性の政界進出を進めた例を、第三章で描く。ポピュリストを進出させてしまうのは、選挙制度自体に問題があるのでないか。そのような問題意識から、従来の投票制度とは全く異なる方法を模索する研究者たちの取り組みを、第四章で紹介したい。

続く三つの章は、欧州が誇る民主主義や人権、法による秩序といった理念を広げ、制度イノベーションの精神を欧州以外に伝える取り組みを探る。最も身近な、かつ最も急がれる対象は、隣接する旧ソ連諸国、旧社会主義諸国である。こうした国々への民主化の働きかけを、その成功と挫折の経緯も含めて追ったのが第五章である。第六章は、「人権」をキーワードに欧州が進める世界戦略をテーマとした。政府に限らず、国際機関やNGOも担うその戦略は、時に相手側の反発も買い、物議を醸している。第七章では、「正義」を世界に浸透させようとした司法の取り組みの物語である。その顚末は、欧州流の正義がどこまで現実に通用するのかも考えさせられるだろう。

最後の三つの章は、戦後欧州最大の実験である欧州統合と、その成果であるEUを取り上げる。EUは誰もがその存在を知りながら、構造の複雑さ故に、実態が見えない状態となっていた。第八章ではEUの主要な部門を訪ね、インタビューを通じてEUの実態をあぶり出す。第九章では、欧州懐疑派を取り上げる。「右翼」「ポピュリスト」と批判される彼らの考えと行動の背後に、欧州統合が置き去りにしてきた問題が隠されていると思うからだ。第十章では、欧州統合によって、逆に欧州からはじき出された人々の戸惑いと苦悩を、セルビアを例に報告する。この問題は、「欧州の範囲はどこまでか」「欧州はどこまで責任を負うべきなのか」といった問いかけとも結びついている。

欧州が抱える問題は多く、深い。ただ、現実を前に苦闘するその姿を明日の我が身に重ねて見た時、欧州はまだ、輝きを失っていない。

目次

第 1 章

撤退で稼ぐビジネスモデル

イグナリナ原発原子炉の上（リトアニア）

最果てへの旅

幼少の頃から慣れ親しんだ風景は、きっと人生を左右する。日本人に器用で、繊細で、行き届いたもてなしを得意とする人が多いのは、日本の各地に見られる箱庭のような風景と無縁でないだろう。同じ島国とはいえ、英グレートブリテン島の北部ハイランド地方の風景の中で育った人は、日本人とは全く違うメンタリティーを持っているに違いない。

ここには、四季折々の彩りを持つ里山も、手入れの行き届いた田畑も見あたらない。どんよりと曇った空の下、荒野ばかりがどこまでも連なる。目の前に続いている道路以外、人の気配が極めて希薄な空間である。

英スコットランドの首都エディンバラから車で北上すると、田園風景はやがて、氷河が削ったであろう雄大な渓谷のドライブに変わる。遠くに望む山嶺には、初夏なのに雪が残る。途中の街インヴァネスを過ぎると、それまでもまばらだった人家がほとんどなくなった。海上はるか先に望む北海油田の施設と、たまに現れる風力発電の風車以外、人工物に乏しい。吹きすさぶ風のせいだろうか、樹木も軒並み背が低く、やがてはむき出しの地面を走る一本道となった。普段東京で通勤電車に押し込まれる身にとって、人生観が変わりそうな光景だ。

エディンバラから約四百キロ、グレートブリテン島の最北端の街サーソーは、かすかな霧の中にあった。人口は一万足らずで、北海に面した小さな港がある。夏の間だけ、ここからノルウェーに向けてフェリーが出港する。ロンドンからは一千キロ以上の最果ての地だ。

はるばるそんな街を目指したのは、ここにある「ＪＧＣ」という名の会社を訪ねるためだった。従業員は百三十人で、世界のどこにでも見かける、地域密着型の中小企業である。ただ、原子力発電所の「廃炉」に関する特殊な技術を持っていることが、この会社を英国内外に広く知らしめていた。

「廃炉」という言葉に前向きの意味を見いだすのは難しい。廃炉とは、機能を終えた原子力発電所が迎える終末期であり、もはや電力を生み出さなくなった無用の巨塔が待つ運命だ。一刻も早く、少しでも安く、廃墟を片付ける作業として受け止められる。そのマイナスイメージは、二〇一一年の福島第一原発事故でさらに強まった。「廃炉」は、難航する事後処理、大量の放射性廃棄物、電力業界のおごりが招いたツケ、といった言葉と結びつけられる存在となった。

ただ、福島第一原発事故がなかったとしても、私たちはいや応なしに、廃炉の時代の中にいる。日本だけでない。世界の原発の多くは一九七〇年代の石油危機の頃に建設されたこともあり、四十年前後と言われる寿命を二〇一〇年代に迎える。いったん原発を持った以上、廃炉は避けて通れない過程なのである。

しかも、廃炉の作業は、その辺のビルを壊すのとはわけが違う。数十年にも及ぶ長い年月と、時に一千億円にも及ぶ膨大な予算と、放射能で汚染された環境での作業を可能にする特殊な技術が求められる。

二〇一四年三月現在の世界原子力協会のまとめによると、役目を終えた原子力施設は、世界各地に広がっている。

ウラン鉱山　約百カ所
商業炉　百基以上
実験炉・原型炉　四十六基
研究炉　二百五十基以上
燃料サイクル施設　若干数

日本では、事故を起こした福島第一原発の四基を除くと、日本原電東海発電所（十六万六千キロワット）、日本原子力研究開発機構の新型転換炉「ふげん」（十六万五千キロワット）、中部電力浜岡原発一号機（五十四万キロワット）、同二号機（八十四万キロワット）の計四基が廃炉の過程に入っている。

その一つ「ふげん」を福井県敦賀市の敦賀半島突端近くに訪ねたことがある。「ふげん」は一九七八年に運転を始め、二〇〇三年に終了して以後、廃炉の対象となった。私が訪れた、二〇一三年四月は、まだその作業の初期段階だった。

タービン建屋の地下に下りると、ごうごうと音が響く。使用済み燃料プールを冷却するためのポンプの音だという。空調や放射線監視システムも稼働している。「閉鎖されても、動いている機械はまだたくさんありますよ」と、技術主席の岩永茂敏が説明した。

原発では、解体が完全に終了するまで維持管理に気を使わなければならない。その間も放射性物質の漏れを防ぐため、換気装置や保安設備のスイッチをオフにはできない。運転を止めたとしても、原発は最後まで生きているのである。「その間は、定期点検も続けなければなりません」。ここが、ビルを壊す作業との大きな違いだ。

続く部屋に入ると、真っ暗だった。岩永が電気のスイッチを入れる。「不要なところは照明を落としています。経費節減のためです」。まだ生きているとはいえ、発電を終えた原発は何の利益も生み出さない。いかに安く壊すかは避けられない課題だ。「安く」かつ「安全に」のバランスに、どの原発も苦心している。加えて、「ふげん」は研究施設でもあるから、様々な廃炉の作業方法を試みつつ、どの手法が効率的かを調べてデータを蓄積する役目も負っている。

廃炉は、これほど手間ひまのかかる過程である。特に、福島第一原発のように事故を起こした原発の廃炉の場合、特異な放射性物質が拡散しているなど、未知の問題に直面する。だからこそ、そこに新たな試みの可能性がある。新技術を開発して参入を狙う企業も現れる。

そのような取り組みを最も活発に続けているのが、英国なのである。英国は世界で最初に原発を稼働させた国であり、その後も旧型で効率の悪い原発を建設したことから、他の国より早く廃炉の時期を迎えることになった。これを機に、廃炉技術に特化した多くの企業が腕を磨き、国内での経験を生かして国外の廃炉事業に進出する、というモデルがつくられつつある。電力の七割前後を原発に依存してきたフランス、原発全廃の方針を打ち出して廃炉が相次ぐドイツも、同じような試みを始めている。

そこにあるのは、「廃炉」という後ろ向きの営みを逆に、ビジネスの機会と見なす発想だ。原発を建設し運転するのは言うまでもなく大事業だが、彼らがビジネスモデルを構築しようとしている分野は、その大事業から撤退する過程なのである。廃炉は、原発が寿命を迎えるまで地上に存在しなかった分野だけに、様々な実験や試行錯誤、失敗が避けられない。その地平にあえて挑戦する企業は、既存の分野や既得の技術だけでビジネスを展開する企業にない精神を備えている。

ＪＧＣは、そのような企業の一つだと聞いていた。

鍛冶屋から専門企業へ

ＪＧＣの本社は、サーソーの町外れ、海を遠くに望む高台にあった。牛がのんきに寝そべる牧草地の真ん中に、白く巨大な、しかし窓がなくてまるでサイロのような建物がそびえている。その隣にある事務所で、取締役のウィル・キャンベルに会った。四十二歳の快活で親切な男だが、スコットランドなまりなのだろうか、子音ばかり響く英語である。少し苦労しつつ、話を聴いた。

ＪＧＣの前身は一九七二年、キャンベルの父が一人で始めた溶接屋だった。当時の作業場を描いた絵が、本社の玄関に掛かっている。作業着姿の男が一人、暖炉で熱した金属をトンカチでたたいている図柄である。当時このような町工場が、サーソーのあちこちにあったという。

初期の事業を支えたのは、サーソーから約十キロほど西にある英国原子力公社のドーンレイ・サイトだった。高速実験炉など原子炉三基や燃料サイクル施設を備えた一大原子力施設群だ。その仕事を請け負うようになったＪＧＣは、次第に事業を拡大した。原子力施設に欠かせない放射線防護のノウハウも身につけた。町工場のレベルを脱し、一九九〇年には従業員三十人を抱えるに至った。

「だけど、その後いったん挫折したのです」。キャンベルは、右肩上がりだった業績のグラフが急落する様子を指で宙に描きながら説明した。

ドーンレイ・サイトの各施設は、老朽化に伴って九〇年代に次々と操業を終了した。九四年には、高速実験炉も運転を停止した。得意先を失ったＪＧＣは窮地に陥った。従業員は十人に減ってしまった。

「その九四年に、活路を見いだそうと新たに手がけたのが、廃炉ビジネスでした」

原子力施設解体のために放射性物質を扱う機器を製造した。現場に設置するための技術も磨いた。除染や換気のシステムの開発にも取り組んだ。業績は次第に回復に向かった。

二〇一三年現在、ＪＧＣの年間平均売上高は約一千万ポンド（当時約十六億円）にのぼる。原子力施設の除染、洗浄、解体から廃棄物処理まで請け負い、二〇二五年を暫定終了目標とするドーンレイ・サイトの廃炉作業を全面的に担っているほか、英国各地の廃炉で事業を展開している。事業全体の三割ほどは原子力以外の分野で、米国で石油採掘施設の仕事も引き受けている。

バイキングの例を引くまでもなく、欧州の大西洋岸の人々は新天地を求めて次々と海に繰り出した歴史を持つ。新大陸の開発に携わり、新たな事業を立ち上げたのも、このような地方の人々が主だった。それは、英国に限らない。米大陸で活躍したフランス人の多くは、西部ブルターニュの出身だった。日本までやってきたフランシスコ・ザビエルに代表されるように、スペインの大西洋岸バスク地方の人々は、船に乗って世界に散った。いずれも、概して荒涼とした風景が続く土地柄であり、少なからずの人が豊かな生活を求めて外部に打って出ようとした。風景が冒険心を育んだのだろう。

ＪＧＣの百三十人の従業員は、全員が地元出身だ。地域の雇用創出に貢献しているのが会社の自慢である。「田舎だけに、わが社のブランドが地域に浸透して、優秀な技術者も集まってきます。廃炉は、これから伸びる市場です。事業の将来は明るいと思います」と、キャンベルは語った。

一通りの説明の後、サイロに見えた隣の白い建物にキャンベルが案内してくれた。ＪＧＣの本社工場である。内部には、何階建てものビルの高さを持つ空間が広がっており、原発の各部分の模型を備えている。ここを使って作業をシミュレーションしたり、作業員を訓練したりするという。

ただ、グローバル化の時代だけに、企業には機動性が求められる。こんな北の果てにいて、ＪＧＣは大丈夫か。

「多少の不便はありますが、全然平気です」とキャンベルは言う。サーソーと欧州主要都市との連絡は、スコットランドの首都エディンバラ経由ではなく、北海に面した都市アバディーン経由が便利なのだという。ハイランドの小都市ウィックとアバディーンとの間は、小さな飛行機の便が結んでいる。ウィックとサーソーとの間は車で四十分程度だ。私はアバディーン・ウィック間の便をインターネットで見つけられず、そのルートに気づかなかった。

「朝七時に出ると、十時にはロンドンにもブリュッセルにも降り立てます。世界は小さいですよ」とキャンベルは屈託がない。

もっとも、私がレンタカーを放り出して飛行機で帰るわけにはいかない。帰途、エディンバラまで七時間のドライブが私を待っていた。

「廃炉は成長産業」

英国では戦後、黒鉛を減速材に、炭酸ガスを冷却材に使う独自の原子炉「マグノックス炉」の開発を進め、一九五六年には世界初の原発を稼働させた。以後も各地にこの型の原発を建設したが、世界の原発の主流は、その後登場した経済性の高い軽水炉に移っていった。マグノックス炉は時代遅れとなり、二〇〇〇年代に入って次々と廃炉を迎えた。「廃炉」という特殊な技術を持つ企業が英国で次々に台頭し、業界が活況を呈している背景には、そのような事情がある。

英国で原発の廃炉に責任を持つのは、公的機関の「原子力廃止措置機関」（ＮＤＡ）である。

この機関の長期的な計画に基づき、ＪＧＣのような民間企業が競争入札で事業を受注する。

英国貿易投資総省は二〇一三年、原発の解体や除染、廃棄物処理、放射能測定といった廃炉作業にかかわる企業六十五社の技術や戦略を紹介するパンフレットを作製した。これを見ると、英国でいかに多様な地域の多彩な業種が廃炉に携わっているか、よくわかる。ＪＧＣはもちろん登場する。コンクリート防護壁にセンサーを埋め込む技術を持った企業、空気浄化機能付き呼吸用保護装置のメーカー、マスコミ対応の助言をするコンサルタントなども加わっている。貿易投資総省は日本語版まで用意したが、日本での廃炉への参入をにらんでのことだろう。

日本の廃炉作業に外国企業が参加する例はまだ少ない。しかし、英国は廃炉がグローバルな事業となり得ると考えているようだ。実際、すでに国外に進出した企業も少なくない。その一例がＪＧＣで、バルト三国の一つリトアニアにあるチェルノブイリ型原発「イグナリナ原発」の廃炉にもかかわっている。逆に、英国の廃炉現場に米仏など英国以外の企業がかかわる場合もあるという。

核兵器を製造する軍事技術から派生した原発は、国のエネルギー安全保障戦略とも結びつき、多くの国で国家の事業として推進された。しかし、近年は原子力関連企業の連携や買収が相次ぎ、原発メーカーの多国籍化、グローバル化が起きている。つくる方がグローバル化すると同時に、壊す方、つまり廃炉もグローバル化する時代が来たのかも知れない。

英国企業の狙いを聴きたいと考えた。廃炉にかかわる企業が加盟する「英国原子力産業協会」（ＮＩＡ）の会長ハットン卿を訪ねて、ロンドン中心部の事務所に赴いた。

ハットン卿ことジョン・ハットンは一九五五年生まれで、オックスフォード大学を卒業した後、労働党下院議員を経てブレア政権とブラウン政権で労働・年金相、ビジネス・企業・規制改革相、国防相を歴任した。二〇一〇年から貴族院（上院）議員、二〇一一年から英国原子力産業協会会長を務めている。大物政治家だが、早朝の事務所で会った彼は偉ぶらない、気さくな人物だった。手土産として握り寿司を模したキーホルダーを手渡すと「おほっ」と目を開いて「さっき朝食で寿司を食べてきたばかりなんだ」と笑った。近頃の英国人は朝から寿司を食べるのか。食習慣への軽い驚きを抱きつつ、彼の話を聴いた。

「私たちは世界で初めて原子力エネルギーを開発した国です。だから、同様に世界で初めて、廃炉と跡地洗浄の戦略を立てなければなりませんでした。その取り組みを始めて十年近くが経った今、私たちは計画を進めるだけでなく、その作業のためのサプライチェーンを構築し、専門技術を備えた企業を抱えることができました」

まずは、自分たちの宣伝をしたうえで、廃炉の重要性を強調した。

「廃炉は、原子力の一生の中で極めて重要な位置を占めています。原子力開発に手を染めたあらゆる国は、廃炉について綿密に考える営みを避けるわけにいきません。廃炉は、原発に採算性があるかどうかの議論と結びついているだけでなく、原子力への市民の支持を得られるかどうかとも結びついているからです」

ハットン卿によると、一九五〇年代から六〇年代にかけてつくられた実験的な様々な形式の「第一世代」の原子炉の廃炉のめどはすでに立っており、実用炉を中心とする「第二世代」原子炉の廃炉に移る段階だという。

英国の廃炉の特徴は、廃炉の責任を担って全体計画を立てる公的機関の「原子力廃止措置機関」側と、それを実行する民間企業の集合体である「英国原子力産業協会」側との間で、役割を明確に分けたことにある。すなわち、「官が発注し、民が受注する」という枠組みだ。原子力廃止措置機関が廃炉に費やす金額は年間三十億ポンドに達する。

「これが、民間企業にとって利益を生み出す流れをつくっています。だから、廃炉の分野で多くの企業が目覚ましい成長を遂げているのです」

この点で大きく異なるのは、原発を所有する電力会社が実際の作業も進める日本の場合だ。日本ですべてを担うのは、民間企業である。この方式に利点がないわけではない。原発の建設から運転、廃炉に至る一貫した流れの中で廃炉を位置づけることができ、長期的な計画を立てられる。一方で、廃炉が企業の効率性、採算性の論理に沿って扱われかねない懸念も残る。電気を生み出さない廃炉は、電力会社にとって無駄以外の何物でもない。利益を生まない営みに多額の資金を投じ、手間と労力をかけるのが、廃炉なのである。

ただ、そう考えると廃炉は単なる後ろ向きの営みになってしまう。できるだけ安く上げようとする市場に、独創的な企業とか意欲あふれる会社とかは集まりにくい。だからこそ、日本で廃炉は、「後始末」のイメージを脱することができないでいる。廃炉はえてして、原子力発電という目的を達した後の「撤退」の過程として受け止められ、「いかに損害を抑えるか」といったマイナスの視点で評価されがちだ。この「撤退」自体をビジネスチャンスと受け止め、企業の英知を結集してイノベーションを図ろうとする英国は、そもそもの発想が異なっている。

成果を示す

英国がそこまで廃炉に力を入れるのは、経済効果ばかりをにらんでいるからではない。官と民を分離することで作業の透明性を高め、企業の活動を公開していくことは、原子力に対する市民の理解を広げることにつながる。そのような意識も強いようだ。

ハットン卿はこう説明する。

「福島第一原発事故は、世論の支持の大切さを私たちに改めて教えてくれました。市民の声は、政治に影響を与えることができます。原子力が今後も支持を集めようと思うなら、当局に対してだけでなく、市民に対しても公開と透明性を確保しなければなりません」

日本では、事故を契機に原子力業界の閉鎖性、不透明性が指摘され、批判の声はその後も収まっていない。ハットン卿は日本の状況を名指ししたわけではないものの、その教訓を自らの戒めとしているように、私には受け取れた。

「今や、国家がすべてを決定して人々を導く時代ではありません。新たな発想、新たな政策があるたびに、市民に伺いを立てなければならない時代なのです。市民に情報を与え、同意を得る手間は、民主主義に欠かせません。情報を伝えていく責任はもちろん政府にありますが、原子力の企業にも求められます」

世界中で運転されている何百もの原発も、いずれは寿命を迎える。多くの廃炉が待ち構えている。その市場は「すでに大きいし、さらに成長している」とハットン卿は考える。

「加えてこれは、非常に複雑かつ魅力的な市場です。高度な専門技術が求められるからです」。彼は、宣伝をここでも忘れなかった。「この分野で最も経験を積んでいるのは、わが英国の企業ですよ。私たちの技術と理念は、きっと日本でも役立つに違いありません」

ハットン卿は、廃炉を巡る市場のグローバル化を「避け難い」と考えていた。

「原子力は確かに、国内の産業によって支えられてきました。でも、私たちはこれから、国際市場として考える必要があるでしょう。なぜなら、物事を決するのは専門技術と経験だからです」

英国が廃炉をそこまで前向きな事業として受け止められるのは、すでに国内でいくつかの経験を積んできているからに違いない。

英国で、廃炉の現場を訪ねてみた。ロンドンから急行電車で西に四十分あまり、大学都市オックスフォード近くにある「ハーウェル原子力研究所」である。

研究所は、百十三ヘクタールという広大な敷地を持つ。正門には何のチェックもない。車でそのまま乗り入れる。「かつてここには警察官が立っていたのですよ」と、案内してくれた広報担当レスリー・コックスが説明する。研究所の廃炉が進み、まだ残る原子炉や再処理施設をのぞいて、相当部分が警備の対象外となっているという。

ハーウェル原子力研究所は一九四六年、英国最初の原子力研究所として設立され、英国の原子力開発の黎明期を支えた。十四の様々な形式の研究炉を抱え、「原子炉のデパート」状態だったが、一九九〇年にすべて引退し、長い廃炉の過程に入った。私が訪れた二〇一三年六月、すでに十一炉の解体と撤去が終わっていた。

残っている原子炉の一つ、高濃縮ウランを使っていた重水炉「ＤＩＤＯ」に入れてもらう。一九九〇年に役目を終えた後は柵で囲まれている。警備員は常駐しておらず、「遠隔管理をしている」と、上級企画部長のガリー・リードが説明した。

三つの南京錠を外して内部に入ると、原子炉の周囲や天井にコンクリートブロックが積み重ねられていた。炉の内部には使用済み核燃料がまだ残っているという。それにしては管理が多少アナログ的だが、「盗み出そうとしても、これなら取り出せないですよ」とリードは自信たっぷりだった。確かに、錠前だのブロックだのといった古典的な手法が最も確実なのかも知れない。

ＤＩＤＯ炉の解体は二〇一八年頃に始める予定だ。研究所全体の廃炉作業の終了は二〇六四年を予定している。気の長い話である。

一方で、解体が終わった施設の敷地は徐々に除染され、全体の約二割の土地がすでに一般に開放されていた。その一部は住宅地になり、百世帯ほどが暮らす町となっている。訪れてみると、英国のどこにでもありそうな、やや高級志向の田舎町の風情を醸している。「入居しているのは、ごく普通の市民ですよ」とリードが言う。バスの便が良く、オックスフォードに通勤する人が多いそうだ。

廃炉は、何世代にもわたる事業であり、その終わりの姿を想像するのは難しい。一方で、実際に作業が終了し、かつての原子力施設が更地となり、さらには人が住めるようになった様子を具体的に見せるのは、廃炉の成果を示す上で重要だ。これが、ハットン卿のいう「公開」「透明性」とも結びついているのだろう。

福島にも参入

「廃炉ビジネス」に勤しむのは、英国に限らない。原子力大国フランスもまた、廃炉市場のグローバル化をにらんで、すでに活動を進めている。自前の施設の廃炉にまず取り組み、そこでの作業を通じて技術を開発し、他国での事業に応用する戦略だ。

パリに本社を置く原子力世界最大手の「アレバ」は、フランス北部ラアーグの大規模な使用済み核燃料再処理工場などアレバ自身が保有する老朽化施設の解体に取りかかっているほか、フランス国内の様々な原子力施設での作業に携わっている。国内にとどまらず、英国の廃炉事業にも参入しているほか、一九九〇年代から米ワシントン州ハンフォード・サイトの核施設の解体に参加したのを皮切りに、米国の多様な施設の廃炉に取り組んでいる。

パリの事務所で、アレバの廃炉部門の責任者である執行副社長兼原子力サイトバリュー開発(デコミ・解体)事業部長のアルノー・ゲィに話を聴いた。彼は廃炉について「原子力業界のなかで唯一残った、産業として十分には確立されていない分野であり、やるべきことは多い」と将来への展望を語りつつ、福島第一原発の廃炉への参入を強く希望した。

「地面に広がった廃棄物や汚染水を管理することなどを考慮すると、福島第一原発事故の処理は、通常の原子炉の廃炉より核燃料サイクル施設の解体と共通するものが多い。私たちが再処理施設の解体から学んだ技術は、福島でも応用できると思います」

通常、廃炉に携わるのは何より、地元の企業である。その方が安上がりだし、地域経済の活性化にもつながる。廃炉は、原発で日々続く修理や改修の延長線上にあり、綿密に立てた計画の下で慎重に進めれば、作業はそれほど危険でないと言われる。日本企業にも十分取り組めると考えられている。

だが、福島第一原発の場合は事情が異なる。ストロンチウムのように、通常の廃炉現場にはない放射性物質がある。建物や設備が壊れていて作業も複雑だ。事故炉の廃炉は日本の企業にとって経験のない世界だと言える。

「確かに、廃炉作業の九割ほどの過程について、必要な技術はすでに開発されています。決して複雑なものではありませんし、さらに技術を開発する必要もありません。ただ、その技術を実際の工程に応用する際には、かなり複雑な工夫が必要です。特に、通常の廃炉とは異なり、例えば福島第一原発の炉心から燃料を取り出す技術などは、きわめて面倒なものになるでしょう」

その面倒さ故に、欧米企業に参入の余地が生じる。核兵器を持つ米英仏などの企業は、複雑な原子力施設の修理や解体に携わった経験があり、その蓄積は事故炉の廃炉に応用できるという。

ただ、アレバがそのまま日本の事業に参入するには壁が多いと、ゲィは考えているようだった。廃炉にはまだまだ、閉鎖的な側面が強い。

「本当に開かれた市場を持っているのは、アングロサクソンの国々だけでしょう。理由は簡単で、英語が話されているからです。だから、他の国からも参入できる。日本の場合、参入のための一番の障害は日本語です。何かするたびに通訳が必要です。フランスの市場も同じことが言えます。どの国も、自国の企業や雇用を守ろうとしていることもあり、外国の企業が参入する場合には強い壁に直面します」

むしろ、その施設をよく知る地元の企業と連携する手法が有効だ。アレバはすでに、日本で応用している。

アレバの提携相手は、東京都中央区に本社を置く「アトックス」である。アトックスは、一般には知名度こそさほど高くないが、原発関係者の間では知る人ぞ知る企業だ。一九五三年にビル清掃会社として発足し、原子力施設の洗浄や除染を担うようになった。その後、日本のすべての原発で修理や解体に携わっている。

千葉県柏市にあるアトックスの技術開発センターを訪れた。実験棟の中に、クレーンを備えた造船所のような巨大な空間が広がっている。英国最北端のJGCの工場を思い起こさせる。床には直径十メートルの丸い穴が開いている。のぞいてみると、八メートルほど下に水面が見えた。福島第一原発と同じ沸騰水型炉（BWR）の原子炉ウェル（原子炉の真上にある縦穴）の実物大模型である。新たに開発した機器が原発でうまく作動するか、ここで実験をするという。

二〇一三年一月から三月にかけて、アレバの専門家のフランス人三人がこのセンターに滞在し、アトックスの従業員の指導にあたった。アレバがフランスで蓄えたノウハウを背景に、廃棄物管理の手順を指導したり、共同で作業ロボットの開発を試みたりした。

「アレバが重視していたのは、廃炉作業のシナリオづくりです。強い放射線下で被曝を防いだり廃棄物の量を減らしたりする作業手順づくりについても、大いに学びました」と、アトックス常務の藤川正剛は振り返る。

アトックスはその年の六月から、逆に社員一人をアレバに派遣した。十月には、両社は合弁会社設立に向けた趣意書に調印し、連携を深めている。

地元との軋轢も

ただ、廃炉は国家の安全保障やエネルギー政策と密接に結びついた存在でもある。そこにビジネスが生まれるのは間違いないものの、政治的な論議や争いに巻き込まれる可能性も当然残る。

ドイツは、英仏と同様に早い時期から廃炉技術の開発に取り組んだ国である。特に、福島第一原発事故を受けて二〇一一年に全原発を閉鎖する方針を打ち出したことから、国内で廃炉計画が本格化した。国内で培った技術をもとに、活動を国外に広げる企業も少なくない。「ニューケム技術」は、そのような会社の一つであり、先に述べたリトアニアのイグナリナ原発の廃炉作業に参入していた。

ソ連時代の一九八三年に一号機（百五十万キロワット）が、八七年に二号（同）が稼働を始めたイグナリナ原発は、九〇年代にリトアニアの電力の九割を担う存在だった。しかし、一九八六年に事故を起こしたチェルノブイリ原発と同じ黒鉛減速軽水冷却炉（ＲＢＭＫ）であることから、安全面で不安を抱く欧州連合（ＥＵ）が非公式に廃炉を強く求めた。ＥＵ加盟を最優先課題として掲げていたリトアニア政府は最終的に要求を呑み、リトアニアのＥＵ加盟実現と同じ二〇〇四年に一号機が、〇九年に二号機が閉鎖された。以後、ＥＵなどの支援を受けつつ、二〇二九年末までに施設全体を解体する廃炉計画が進められている。

二〇一三年六月、私はこの原発を訪ね、発電所長顧問のサウルス・ウルボナビチウスの案内で内部に入った。ウルボナビチウスは、まだ原発が稼働する前の一九八二年に入所し、以後一貫して原発の運転にかかわってきた人物である。「自分がいる間にこの原発が廃炉になるなんて、思いもしなかったよ」。しかも、廃炉部長に任命されてその作業を統括することになった、と苦笑した。

ソ連時代の建物だけあって、二機の原発が横につながった建物は長大だ。全長六百メートルに及ぶ。持ち物チェックを受け、白衣に着替える。一号機の西端から入り、二号機の東端近くにある原子炉入り口を目指す。建屋を貫く廊下は薄暗く、六百メートル先の終点が見えない。狭い廊下を、延々と歩く。昼下がり、「昼飯の後にちょうどいい運動だよ」とウルボナビチウスは笑った。

「ここにいると、一日のほとんどを歩いて過ごしている」

行き交う人はいない。廊下の両側には重い扉が何十も並ぶ。配電室や研究室だという。地下の秘密通路にでも入り込んだかのような気分になる。実際、あまりに同じような扉ばかりなので、一本道なのに迷ってしまった。上階の原子炉入り口に至るエレベーターが見つからない。「ええっと、どこだったっけ」とウルボナビチウスは、あちこち扉を開いてみる。いずれも中は真っ暗だ。「あった、あった」。ようやく見つけたエレベーターは、しかし四メートル分しか上がらない。「残りの十七メートル分は階段だ」。歩き疲れ始めた足を運びつつ、ソ連のアナログ世界を実感した。

原子炉の入り口で係員のチェックを再び受け、扉を三つくぐってさらに階段を上がると、原子炉の真上にいきなり出た。体育館のように広々とした空間に、数字の書かれた、ところどころ色分けされた金属製パネルが床にはめられている。原子炉を覆うカバーだ。「この七メートル下に原子炉があります」。そこにはまだ、核燃料が入ったままである。ここから壁を一つ隔てた燃料プールにも、隣の一号機から移された核燃料が貯蔵されている。双方の核燃料の総計は約二万本に及ぶ。

一号機ではすでに解体作業が始まり、発電機の分解が進んでいる。しかし、この二号機の原子炉周りの解体のめどは、まだ立っていない。「核燃料があるうちは、手がつけられませんね」。早く核燃料を搬出して作業に取りかかりたいところだが、それができないのだという。搬出先がないからだ。

核燃料は、原発近くに建設される暫定貯蔵施設「B1」に搬入されることになっていた。その施設が、いつまで経っても稼働しない。これが大きな理由となって、廃炉の工程にはすでに、四年ほどの遅れが生じている。一号機の核燃料も「B1」に持って行けないため、二号機の燃料プールで仕方なく貯蔵されているのである。

「B1」の建設を請け負ったのが「ニューケム技術」である。「B1」稼働の遅れの責任がニューケム技術にあるとして、リトアニア当局は批判を強めていた。

問題となったのは、ニューケム技術が下請けに用意させた使用済み核燃料の格納容器だ。リトアニア当局はこの容器が十分な安全性を備えていないと見なし、設計をし直すようニューケム技術側に要請した。ニューケム技術は反論し、問題が泥沼化した。私が訪れた頃には、リトアニアのメディアが連日取り上げるスキャンダルとなっていた。

首都ビリニュスに滞在していたニューケム技術の広報部長ベアテ・シェフラーは「これは、技術的な問題ではありません。政治的な問題です」と、リトアニア当局の対応を批判した。彼女の説明によると、「B1」自体はすでに二〇一一年の時点で九割ほど完成しており、格納容器をリトアニア当局が受け入れれば、何の問題もなく稼働するという。

「容器の安全性には何の問題もありません。物事が進まないのは、リトアニアの官僚主義、お役所仕事のせいです」と息巻いた。

リトアニアには確かに、手続きが煩雑だったり、行政の書類審査が滞ったり、といったソ連式の行政体質が依然残っている。ただ、逆に「ニューケム技術がわざと『B1』稼働を遅らせているのでは」との疑念を、リトアニア側は強く抱いていた。というのも、ニューケム技術は「B1」建設にかかわるようになって以降の二〇〇九年、ロシアの国営原子力企業「ロスアトム」の子会社に買収されたからだ。リトアニアとしては、一刻も早くイグナリナ原発の後片付けを済ませ、新たな原発をバルト三国共同で建設し、自前のエネルギーを確保したい。しかし、隣接する大国ロシアは、ガスや石油の輸出を通じてリトアニアへの影響力を保ちたい。

だから、ロシアがニューケム技術を操り、イグナリナ原発の廃炉作業をわざと遅らせることによってリトアニア政府に揺さぶりをかけているのでないか。地元経済誌「ベルスロジニオス」編集長ロランダス・バリサスは「多くの市民は、作業の遅れの背後にロシアの策謀を見ている。帝国主義的な野望を再び抱こうとしているロシアが、この廃炉を地政学上の駆け引きに利用しているのでは、と疑っている」と語った。

リトアニアは一九四〇年にソ連に併合された。以降、独立を求めた多くの市民が虐殺されたりシベリアに送られたりした。一九九〇年の独立回復宣言後にも、ソ連部隊の攻撃によって多くの犠牲者が出た。旧ソ連とロシアへの不信感は強い。ビリニュスのウェブ紙経済記者ユルギタ・ラピエニートは「イグナリナ原発の廃炉も、経済問題としては片付けられません。ロシアからいかに独立を保つかという政治問題として受け止めざるを得ないのです」と話した。

貯蔵施設稼働の遅れという、一見技術的な問題の背後に、様々な思惑が交錯している。それは、原発そのものが単なる技術的、経済的な施設にとどまらず、政治的な存在でもあることを物語る。経済原理は、平和な時にこそ機能する。政治がひとたび衝突すれば、ビジネスどころではなくなってしまう。原子力、エネルギーといった分野自体が強い政治性を帯びているだけに、廃炉ビジネスは常に、脆弱な側面を抱えている。

非原発国家の取り組み

欧州で廃炉を巡ってグローバルな動きを見せているのは、企業だけではない。研究機関や市民団体も、そこに活動の場を見いだしている。

その一端をうかがおうと訪れたのが、ノルウェーだった。ノルウェーに原発はない。一人当たりの電力消費量は世界でもトップクラスの国だが、電力のほとんどを賄うのは水力発電だ。そのような国が廃炉にかかわるのは意外だが、ノルウェーは、実は原子力の研究で古くから知られ、南部ハルデンにあるエネルギー技術研究所（ＩＦＥ）が所有する重水炉は経済協力開発機構（ＯＥＣＤ）の国際プロジェクトにも利用されてきた。廃炉にかかわる研究もここで進められている。

ハルデンは首都オスロから電車で一時間半あまり、スウェーデン国境近くのフィヨルドに面した街だった。郊外の岩山をくりぬいて原子炉が設置されており、岩山の上には住宅街が広がっている。

「原子炉の上に人が暮らしているのは、世界でもここだけですよ」と、迎えてくれた研究所のソフトウエア工学部長タリエ・ヨンセンが笑った。

ヨンセンらの研究チームが手がけているのは、コンピューターによる廃炉のシミュレーションである。

原発の解体は、通常の施設を壊す場合といくつかの点で異なっている。通常施設の場合、壊せるところから壊していって何の問題もない。時には、一気に爆破することもある。原発の場合、解体を進める一方で、安全のための装置や空調などは最後まで動かさざるを得ない。だから、入り組んだ配線や配管から、撤去すべきものと残しておくべきものを丁寧に選別する。作業員の被曝を極力抑えるために、場所ごとの放射能レベルを詳細に把握し、工程と重ね合わせる作業も必要だ。また、放射性廃棄物をできるだけ減らすため、解体後の部品やがれきも、汚染の度合いに応じて細かく仕分けなければならない。

従って、実際に作業に入る前にシミュレーションを繰り返して工程を確認する営みが不可欠だ。この研究所は、その研究で世界に知られる。

「開発のきっかけは、日本との技術協力だったのです」と、ヨンセンが説明した。一九九九年、福井県敦賀市の新型転換炉「ふげん」から、廃炉の現場をヴァーチャルリアリティー（VR）で再現するシステムを構築する依頼があった。これが、以後の一連の開発の始まりとなったという。当時の事情を、ふげんを運営する日本原子力研究開発機構の泉正憲は「その頃日本には廃炉の経験が少なく、右も左もわかりませんでした。VRによって作業をイメージしたかったのです」と振り返る。

その結果、日本とノルウェーとの共同で「VRdose」というシステムが誕生した。パソコンの画面にコンピューター・グラフィックスで現場を再現する。作業員に見立てた人形の図柄をその中で行き来させると、その人物の被曝線量が算出される。人形に様々な動きをさせてみて、その時々の被曝線量を比べることもできるため、より被曝の少ない作業工程を前もって探ることが可能になる。当時は世界でも例のない試みとして注目され、ふげんの廃炉作業で活用された。

研究所はその後、この技術を応用することで各種のシミュレーション・システムを開発し、世界各地に売り込みを図っている。老朽化したロシアのレニングラード原発には、メンテナンスのためのVRプログラムを提供した。ノルウェー軍と共同で、ロシアの退役原潜を解体する訓練ソフトもつくった。チェルノブイリ原発の廃炉に向けたソフトの開発も担うことになっているという。

その中でも、最新のシステムを体験させてもらった。高さ二メートルあまり、幅四メートルほどのスクリーンの前に、発電機の画像が映し出される。その前に3D眼鏡をかけて立つと、画像が目の前にぐっと迫ってくる。スクリーン下部に設置されたセンサーが、私の体の動きを感知する。手を伸ばし、スクリーンの中の発電機の部分を握ったり動かしたりすると、それに応じて画像も変化する。実際に発電機を前に作業をしているような気分になる。名付けて「廃炉アバター」だ。

主任研究員のイシュトヴァーン・スーケは「廃炉は、相当な規模のビジネスに発展するはずです。そのために、私たちは今後も活動の幅を広げたい」と話した。

研究所を訪れて軽い驚きを覚えたのは、研究チームに心理学者が参加していたことだ。原発の場合、運転に携わっていた従業員が、そのまま廃炉に携わることが多い。長年にわたって喜びや苦労をともにしてきた愛着のある職場を、自らの手で壊していく。その作業員の心理は複雑だ。日本ではまだほとんど顧みられていないが、メンタル面から廃炉にアプローチすることも、重要なのである。

廃炉は、単なる施設の解体、撤去にとどまらない。心理学や教育学、社会学、環境調査、さらには哲学、文明論まで、幅広い領域がかかわるべき、巨大で複雑な問題なのである。本格的な廃炉の時代が訪れようとしている時、「原発の存続か、脱原発か」といった二元論だけですべてを解決させるには無理がある。様々な視点から考えてこそ、安全で効率的な廃炉も可能になる。ノルウェーの取り組みは、そのような意識に基づいている。

もう一つ、この国と原子力とを結びつけるのは、近隣国ロシアとの関係だ。ロシアの原発や核施設、原潜などの状況やその安全性は、自国の安全保障や環境問題と直結している。

オスロ市内に、この国最大規模の環境保護団体「地球の友ノルウェー」を訪ねた。この団体は、ノルウェー政府の補助も受けながら、ロシアを含めた旧ソ連の原発の廃炉支援に二〇〇四年から取り組んでいる。ロシアでは寿命を迎えた原子力施設が少なくないが、具体的な廃炉計画が立てられず、議論も調査もなされていないという。

旧ソ連で、廃炉は深刻な経済問題ともなっている。誰も住んでいない荒野に巨大な工場を建設し、従業員住宅や福利厚生施設が結びついた人工的な企業城下町を近くに築く手法は、計画経済と産業の集約を推し進めたソ連が多用した。こうしてつくられた「モノゴロド」（単一都市）と呼ばれる街は、現在残るだけでも約百五十に達している。原発の場合も同様で、旧ソ連の原発には、労働者が暮らす人口数万規模の街がくっついている。リトアニアのイグナリナ原発も近くにヴィサギナスという城下町を持っているし、チェルノブイリ原発事故で廃墟となったプリピャチの街ももともとは原発労働者が暮らす城下町だった。廃炉は、その城下町のほぼ唯一の雇用先を奪ってしまうことを意味しており、街の崩壊につながりかねない。

「だから、廃炉のプロセスは原発を運営する人々だけでなく、市民や地元社会、政治家ら広範囲の人々が加わってオープンに話し合うべき課題なのです。運営者はしばしば『我々に任せてほしい』といいます。でも、廃炉は地元の市民みんなにかかわる問題であり、環境面や経済的、社会的な視点からも検討すべき、極めて複雑なプロセスです。将来にどれだけの負担を残すのかが問われるので、倫理的な問題でもあるのです」

「地球の友ノルウェー」で廃炉及び対ロシアのプロジェクト・マネジャーを務めるシャシュティ・アルブムはこう語った。

「例えば、廃炉のスケジュール一つとっても、地元社会の雇用に直結する問題であり、原発の運営者が勝手に決めるべきではありません。原発側だけの都合だと『従業員の皆さん、次回は五十年後に出社して作業してください』なんて言い出しかねませんからね。原発側が一方的な説明会を開くだけでは不十分です。地元が積極的に廃炉に関与することは、より効率的な廃炉のスケジュールをつくることにもつながります」

その考えは、ハットン卿のいう「公開」「透明性」の大切さとも共通する。廃炉の過程に市民が深くかかわり、関心を持ってこそ、健全なビジネスが生まれるのである。

撤退に商機を見いだす

日本人は何より、桜の姿を理想とする。花開いた後は、ぱっと散る。そこでぐずぐずいうと潔くない。花が咲いた後のことまで考えて準備するのは卑怯だ、とさえ言い出しかねないお国柄である。

原子力発電はしかし、役目を終えた後もぱっと散るわけにいかない。それなりの撤退戦略が必要だ。もはや電気を生み出さず、コスト削減を迫られ、通常の発想だと後ろ向きにしか考えられない「廃炉」という営みにこそ、欧州の企業は商機を見いだしている。それは、撤退の場でこそ新たな実験やイノベーションが可能であり、これまでとは異なるビジネスを試みることができる、という意識からに他ならない。

既得権を守ることだけしか頭にない社会には、真似のできないことだろう。

一見「撤退」と見える分野に新たなビジネスを求める志向は、昨今に始まったわけではない。その古くからの例を、北欧の環境ビジネスからもう少し見てみたい。

二酸化炭素（CO^2）の排出を抑制するための「炭素税」が、「環境税」（地球温暖化対策のための税）の名称で日本に導入されたのは、民主党政権時代の二〇一二年十月である。財界の抵抗は強く、導入後も反対の動きがくすぶっている。一方、北欧では炭素税を日本より二十年以上前に導入し、その後も制度を拡大してきた。この間、企業側の目立った反対はほとんど聞かれなかった。炭素税の導入が新たなビジネスを切り開くチャンスだと受け止められたからである。

スウェーデンは、一九九一年に炭素税を導入した。そのきっかけは石油危機だった。

欧州諸国が第二次世界大戦で廃墟となったのに対し、中立を保ったスウェーデンはインフラを温存することができたため、戦後いち早く工業国として発展を始めた。その中心を占めていたのが、自動車や製紙といった化石燃料消費型の産業だ。暖房にも化石燃料が大量に使われ、一九七〇年代には排ガス問題が深刻になった。酸性雨の被害も指摘された。

一九七三年の石油危機は、状況を大きく変えた。原油価格の高騰は、重厚型のスウェーデン経済に大きな打撃を与えた。対応を迫られた政府は、脱石油の流れを加速する手段として炭素税に注目した。

導入のための検討委員会には、最初から産業界の代表も参加した。その結果、製造業への税率を下げたり、他の分野で減税したりする措置で合意した。国際競争が激しい産業には優遇措置も設けた。抵抗感を減らすために、当初は税率をCO_2一トンあたり二十七ユーロ（二〇一四年現在一ユーロ＝百四十円前後）分相当に抑え、段階的に引き上げる方法を採用した。

「だから、産業界からの目立った反対はありませんでした」と、二〇〇九年に訪れたこの国で、財務省税務顧問のスザンヌ・アカーフェルトは振り返った。

さらに、貿易公団産業振興部長のアンダース・ハラシューはこう語った。

「石油危機は天恵でした。国内のトップ企業がCO_2削減の分野にビジネスの活路を見いだし、省エネや新たなエネルギー開発に力を注ぎ始める契機となったのです。以後、CO_2削減は十分利益が見込めるビジネスに成長しました」

炭素税が受け入れられると、スウェーデン政府はさらなるCO_2削減を狙って「渋滞税」の導入にも踏み切った。市街への出入り口に車のナンバーを読み取るカメラを設置し、日中の通過回数に応じて所有者に課税する方式である。一回につき十〜二十クローナ（当時約百二十〜二百四十円）で、時間帯によって金額を変えた。

二〇〇二年に渋滞税の導入を決めた際、市民の抵抗は強かった。炭素税がすでにあることから、「二重の負担になる」と受け止められた。世論調査では、約七五％が反対したという。それでも導入が進んだのは、中道左派で「社会民主労働党」のペーション政権が、閣外協力の「緑の党」を引き付けるための目玉政策として打ち上げたからだ。野党の右派「穏健党」は「政権を奪回したら廃止する」と公言した。

だが、二〇〇六年に制度が導入されると、急速に定着した。二〇〇九年の時点で世論調査の支持は約六割に達した。穏健党は二〇〇六年の総選挙で勝利を収め、中道右派四党によるラインフェルト政権を発足させたが、渋滞税を廃止するどころか、むしろ積極的に国外にそのノウハウを宣伝する側に回ったという。

スウェーデンは、こうして蓄積した技術の海外への売り込みに懸命だ。貿易公団は集中暖房や新しい交通システムなど、CO_2削減効果を売り物とした技術を「シンビオシティ」という商標に集約し、ブランド化を進めている。「シンビオシティ」に加盟するスウェーデン企業は中国やアフリカの各地で大々的に都市開発に参画しているが、一部は日本でも事業を始めている。その一つアルファ・ラバル社は、帯水層に貯蔵する冷水や温水を使った冷暖房システムをストックホルムのアーランダ空港で構築した実績をもとに、地中熱や地下水のエネルギーを利用したシステムを日本で売り込もうと、東京都港区に拠点を置いた。もともとは石油危機への対応という後ろ向きの理由から始まったスウェーデンの新ビジネスが、日本にももたらされようとしている。

挑戦と実験と、時に失敗も繰り返す欧州の試みは、新たなビジネスモデルを模索する場合に限らない。伝統の産業に息づいてきた既存のシステムを刷新する「制度イノベーション」の精神を、次章以降で追いたい。

第 2 章

挑戦する漁業

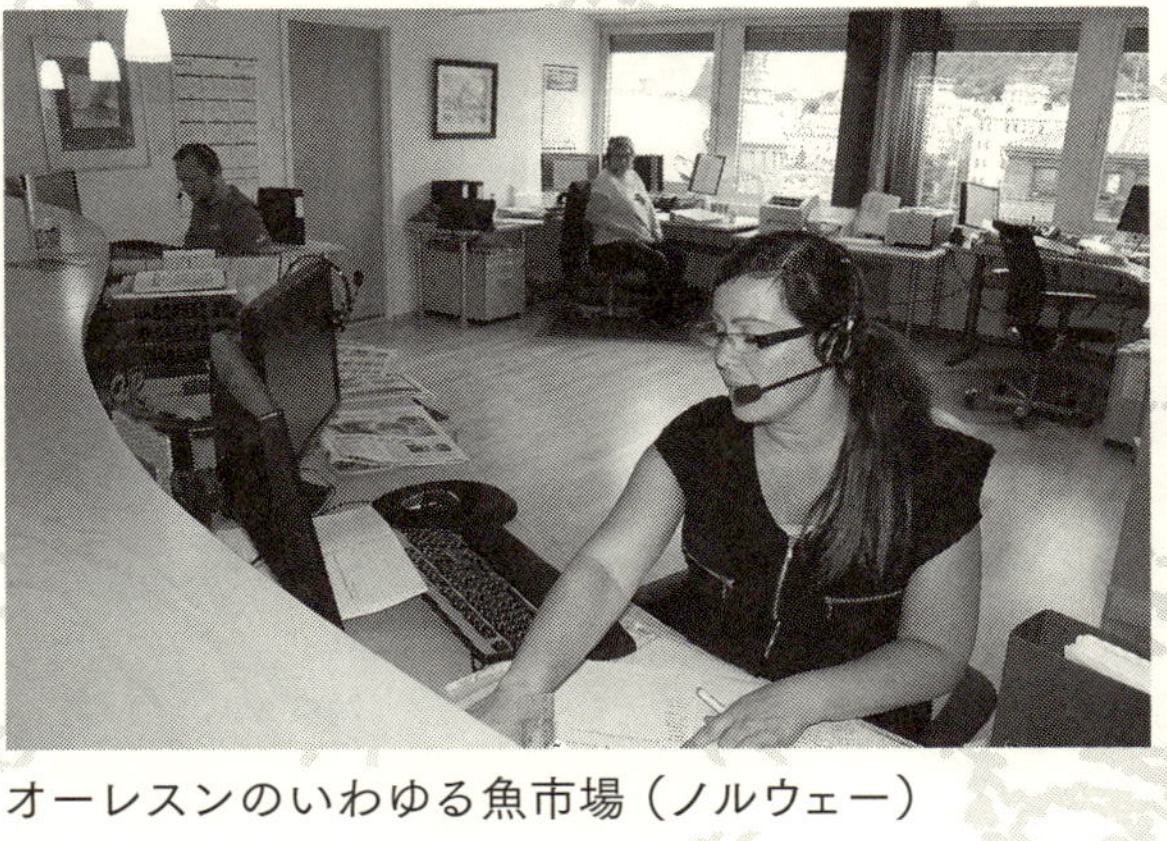

オーレスンのいわゆる魚市場（ノルウェー）

被災地の大臣

グローバル化の中で、日本の伝統的な産業はいずれも岐路に立たされている。水産業はとりわけ苦境にあると、いくつかのデータが物語る。日本の漁業・養殖業は、生産量が一九八四年をピークに、生産額が一九八二年をピークに、減少し続けている。二〇一三年の水産白書の統計を見ると、沿岸漁業に携わる家庭は、その収入の多くを年金や地代、出稼ぎの労賃に頼り、漁労所得は年間約二百万円程度に過ぎない。漁業就業者は毎年一万人ほどの割合で減り続け、二〇一〇年には二十万三千人になった。六十歳以上が約半数を占めている。

ただ、世界を見ると、水産業は成長産業と言われているそうだ。健康志向、高級品志向が新興国にも広がり、食卓での魚介類の人気は各国で高い。この流れに乗ろうと、資源管理を徹底し、合理化や自動化を進めることで、水産業の振興を図る国が少なくない。その例として、日本と並ぶ漁業王国ノルウェーの例がしばしば引き合いに出される。漁業従事者の所得が高く、若者にとっても人気の職業となっているという。

ノルウェーの水産業を訪ねる旅に私が出たきっかけは、被災地にあった。

二〇一一年三月十一日の東日本大震災から一年半あまり経った二〇一二年秋、私は新聞社の企画で、被災地に向けた外国の政府や企業の援助についての取材を続けていた。「ノルウェーの漁業大臣が被災地を視察する」と聞いたのは、その途中である。東北とノルウェーとの間にどんな結びつきがあるのか。興味を抱いた私は当日の十月三日朝、ノルウェー漁業・沿岸問題相リスベット・ベルグ＝ハンセンの一行と仙台駅で合流し、石巻市に向かった。

石巻市内は、津波の傷痕がまだ生々しさを失っていなかった。倒壊しかけた家屋、住宅が土台ごとさらわれて更地となった区画が目立つ。たどり着いたのは、街の東部に広がる入り江「万石《まんごく》浦《うら》」だった。

万石浦では海苔の養殖が盛んだが、地震と津波で大きな被害を受け、工場も地盤沈下で操業ができなくなった。年内に何とか出荷の再開にこぎ着けた地元漁協に対し、ノルウェー政府はこの年の三月、水産物のマーケティング組織「ノルウェー水産物審議会」（ＮＳＣ）を通じて、新たな海苔網千四百四十枚と加工のための機器の購入資金として五十万ノルウェー・クローネ（七百万円あまり）を寄付していた。漁業相の訪問は、その後の復興の進み具合を確かめるためだった。

訪問団一行を、トタン張りの加工場で地元漁協の面々が迎えた。「今年は全面的な復旧となりそうです。これだけ早く回復したのは、支援をいただいたお陰です」。地元漁協の幹部が現状を報告する。この時、海苔の生産量は被災前の八二％にまで回復していた。

漁業相は高校で水産養殖技術を学び、養殖研究所の副所長を務めたこともある。ただ、ノルウェー人にとって海苔は未知の食材だ。「魚の養殖については知っているけれど、海苔はわからないんですよね」と言いつつ、通訳を通じて質問を重ねた。

「海苔を回収するまでどのくらいかかりますか」

「だいたい四十日から五十日ですね。十一月初めから四月いっぱいまでの期間中、網を交換して養殖を続けます」

「養殖の網に舟が入ったりしないのですか」

「入らないよう防いでいます」

続いて、漁業相は漁船に乗り組み、海上を石巻漁港に向かった。震災前に全国第三位の水揚げ量を誇っていた石巻漁港は、津波の直撃を受けて港湾設備が全壊した。港には漁船が数隻接岸しているものの、上陸すると一面の平原で、水産加工施設も魚市場もない。「震災前は年間十五万トンの水揚げがありましたが、現在は三割ぐらいにとどまっています。陸上施設を再建しないと、いくら魚を取っても水揚げができないのです」

水産加工会社の経営者の説明に漁業相は何度もうなずき、「一日も早い復興を願っています」と話した。

ここまでは、普通の視察だった。私が意外に思ったのは、その後である。

石巻市内のホテルで、漁業相は東北の水産業従事者らと昼食の卓を囲んだ。集まった十数人は、宮城県、岩手県の被災地で漁業や水産加工業に携わる若手たちである。その全員がつい一カ月あまり前、ノルウェーを訪問したばかりだった。

その一人、石巻市の水産加工業の青年が、漁業相を前に挨拶に立った。

「今までは取れるだけ取って、それを特に意識することもありませんでしたが、限られた資源を使おうとするノルウェーを実際に見て驚きました。魚の鮮度管理も徹底していて、加工される直前まで魚が生きている。無駄がなく、最後まで大事に魚を扱っている。いつか、鮮度の高いノルウェーの魚でかまぼこをつくってみたいと思います」

漁業相は若者たちに向けて「水産業に関して、日本とノルウェーは似た問題を抱えています。何より大事なのは、水産資源自体の管理です。持続可能な漁業を目指さなければなりません」と語りかけた。

被災地の水産業は津波によって壊滅的な打撃を受けていた。水産庁などによると、全国で三百十九漁港が被災した。特に被害の大きかった岩手県と宮城県では、被災前の九割前後の漁船が失われた。水産業にかかわる被害額は、岩手県で約三千九百七十三億円、宮城県で約六千六百八十億円、全国では約一兆二千六百三十七億円に達した。

被害を復旧するだけでみんな手いっぱいのように見えた。それだけに、被災地の若手がノルウェーまで出かけて刺激を受けている姿は、新鮮だった。どうやら、東北とノルウェーとの間に、すでにしっかりとしたつながりが生まれているようだ。

視察を終えたベルグ＝ハンセンに、仙台市内の喫茶店で話を聴いた。

「津波の映像を当日、ノルウェーのテレビで見て、その圧倒的な破壊力が記憶に残っています。だからこそ、被災地に来て新しい家が建ち始めているのを見て、日本人の力強さが印象的でした。水産業も、きっと同様に再興できます。ただ、それを長期的視野に立って進めることが重要なのです」

長期的な視野とは何か。

「決め手となるのは資源管理です。乱獲を続けると、魚はすぐにいなくなります。漁師や業界は、現実を見つめる必要があります」

漁業相がそう指摘するのは、漁業管理に関して日本とノルウェーで大きく異なる点があるからだ。日本の漁業でも様々な資源管理が試みられているものの、漁獲可能量を定めて早く取った者勝ちの競争「オリンピック方式」が基本となっており、取り過ぎたり未成魚を取ったりする問題が指摘されてきた。ノルウェーの場合は総漁獲可能量（Total Allowable Catch ＝ＴＡＣ）、を設け、それをさらに船ごとに配分する漁船別個別割当（Individual Vessel Quota ＝ＩＶＱ）制度を採用しており、漁船間の競争が少ないという。

「ノルウェーにも、資源を失った苦い経験があります。ニシンを枯渇寸前まで取り尽くしたのです。その後、国を挙げて資源の回復に取り組んだ結果、ようやくニシン漁も復活にこぎ着けました。私たちのこの経験が日本の漁業にとって何らかの刺激となるなら光栄です」

日本とノルウェーは、漁業大国として、ある意味でライバル関係にある。サーモンやサバなど、日本伝統の魚でありながらノルウェー産が日本の市場まで席巻したものも少なくない。しかし、ノルウェーの被災地支援には、もっと長期的な思惑があるようだ。両国が協力しつつ販路を拡大することによって、世界の水産物消費量自体をかさ上げできる、との狙いである。復興した日本と協力すれば、世界の魚の消費を促進する戦略を練ることも可能になる。

「日本とノルウェーは漁業国として、人口が増え続ける世界に向けて、安全で健康的な水産物を届ける役割を担っています。私たちは協力し合える存在です」

被災地とノルウェーの交流には、仕掛け人がいると聞いた。その人物に会うために、私は十日後、もう一度仙台を訪れた。

「復旧では意味がない」

仙台市の北郊に位置する宮城大学は、旧宮城県農業短期大学を母体の一つとして設立され、県内の農林水産業従事者や地域社会と密接な関係を築いてきた。この大学で東日本大震災の二カ月後、産業復興を目指す「世界の英知を復興へプロジェクト」を立ち上げたのが、この時副学長だった農業経済学者の大泉一貫である。

「被災地の産業を復興しないと、ただでさえ僻地だった地域がますます僻地になってしまう。そのためには、第一次産業の構造改革が必要です。海外のノウハウを採り入れ、第一次産業のビジネスモデルを定着させることが第一歩だ、と考えました」

海外が持つ先進的な手法や知識を復興に生かせないかと、東京で各国大使館を回り、協力を呼びかけた。これに、駐日ノルウェー大使のアルネ・ウォルターが応じた。ノルウェーが得意とする水産業を中心に、共同で復興計画を練ることになった。

復興の方法について話し合う中で、大泉とノルウェー大使館との間には共通する意識があったという。「単なる復旧では、意味がない」である。震災前から、日本の水産業はすでに危機的状況に陥っていた、との認識だ。津波被害の大きい宮城県や岩手県では、特に衰退傾向が強かった。以前の状態に戻すだけでは、解決にならないではないか。

駐日ノルウェー大使館側で交渉の窓口となった通商技術部の中山圭介は語る。

「遠洋漁業に出かけていた頃の日本の水産業は、確かに花形産業でした。だけどその後、二百海里時代になって随分経つにもかかわらず、漁業者の技術も意識も変わっていない。環境の変化に全くついていっていない。日本で漁業は今、儲からない仕事になってしまい、若者も継ごうとしない。そのような状況にあえて戻しても、意味はないのです。いま重要なのは、被災地の漁業者が外に目を向けることです」

宮城大学とノルウェー大使館は、震災の年の二〇一一年、共同でプロジェクトを立ち上げた。ノルウェーの水産機器メーカーの協力を得て、この年の十一月以降、仙台市や南三陸町にノルウェー側のスタッフが出向き、シンポジウムや水産業従事者らへの講習会を開催した。

「こうして一通りプロジェクトを終えたのですが、これだけでいいのか、という思いが残りました。実際に復興に当たる人々が新たなビジョンを持つことでこそ現実が動くのでは、と考えたのです」と大泉は振り返る。

被災地の水産業従事者がノルウェーの現実を見ることはできないか。南三陸町での講習会開催後、大泉はそう提案した。いったん持ち帰ったノルウェー大使館から「何とかできそうだ。将来を真剣に考えている人物を選抜できるか」との返事が来たのが二〇一二年四月である。早速準備を進め、ノルウェー訪問団への参加を募ったところ、漁業や水産加工業に携わる五十五人が応募した。作文による選考で予算枠の二十人を選ぶはずだったが、「自費でも行きたい」という人も出てきた。大学からの参加も含めて、結局二十五人の訪問団になった。

スタディーツアー「ノルウェー水産業に学び東北水産業を日本一にするプロジェクト」と題した訪問団は、物見遊山に終わらないよう事前の勉強会を二回実施した後、二〇一二年九月十七日に成田を出発した。日程は十日間にわたり、早朝から夜まで視察、研修でびっしり詰まっていた。大西洋岸の漁港都市オーレスンに三日間滞在し、サバの加工工場や造船所、トラウトやタラの稚魚の養殖場などを見学、はえ縄船に乗船した。続いて大西洋岸を南下してモーロイに立ち寄り、サーモン養殖場や船舶設計会社を見学、西部の中心都市ベルゲンに移動してサーモン工場を見学し、回遊魚販売組合でノルウェー独自の競りのシステムについての説明を受けた。

参加者が帰国後まとめた報告集は、その過程で受けた衝撃の言葉であふれている。


「日本の漁業が世界一であると自負していたが、ノルウェーの漁業に対する理解が我が国以上に高く、驚いた」

「津波によって打ちのめされた三陸沿岸の水産漁業が復興していく際に、学ぶ要素はあまりに多い」


少人数で効率的に運営される加工過程、品質管理の厳しさ、水産業従事者を支える充実した諸制度が、特に印象に残ったようだ。

刺激を受けたのは、同行した大泉も同様だった。

「何より驚いたのは、ソナーとかオークションシステムとか、最新鋭の機器を使っているのだけど、それがほとんど日本製だったことです。つまり、日本でも導入しようと思えば、その技術はあるということなんですよ」

視察後、参加メンバーは事後研修会を実施し、「震災からの復興をめざし、世界に誇れる水産業を構築するための提言」をまとめた。

▼提言一、持続的水産業にするための資源管理の徹底

三陸地方の水産業がじり貧の状態から脱却し、震災から復興するには、漁業資源管理の徹底が必須だ。稚魚は取らない、卵の乱獲はしないといった管理方針を早急に実施しなければならない。養殖業や定置網漁でも、科学的根拠にもとづいた海水面の適正利用を図ることが価値の高い商品となることを学ぶ必要がある。制度化には、国が戦略として取り組むべきだ。

▼提言二、漁船、市場、加工、運搬等の効率化の推進

産地市場は地域水産業の拠点の役割を担っているが、全体の流通から見た場合、効率が悪く衛生的にも課題を抱えている。効率化に努めるとともに、衛生管理に特段の配慮が求められる。当面は、フィッシュポンプや、氷と魚を分けるセパレーターの導入を図る。

▼提言三、漁獲・養殖から販売までを統括する仕組みの構築

水産物の流通は分断され、産地と消費までの距離が遠い。海から消費までの流通ルートの短縮化に努め、より消費者に近づく努力をする必要がある。カキ、ウニ、アワビ、ワカメなど、付加価値の高い商品開発を進め、市場開発をこれまで以上に積極的に推進する。

▼提言四、水産物国際品質規格と、国内市場の拡大および輸出の振興

国内市場の拡大はもとより、輸出の振興も射程に入れる。地域ブランド化の取り組みは各地で行われているものの、そのほとんどが国内市場を意識したもので、グローバルに対応しようとするものにはなっていない。

▼提言五、世界へ日本の魚食文化を売り込む

三陸沿岸において「魚」は文化であり、魚を通じて自然との関係や暮らしが成り立っている。この文化を見つめ直し、次世代に継承し、適切なブランド化・情報発信の仕組みを整え、産業としての自信を取り戻すべきだ。

▼提言六、水産復興をベースとしたまちづくり

世界の多くの港町は、水産業や海運業と深いつながりを持った町並み形成をしており、そのことがそれぞれの街に深い趣を与えている。水産復興をベースとしたまちづくりに取り組もうとすれば、その入り口は、魚という資源を大事に扱う「資源管理」と「効率化」の徹底にある。

被災地とノルウェーとのつながりはその後も続いている。訪問団への参加者の一人、宮城県南三陸町で養殖業と水産加工業を営む高橋栄樹は、ノルウェーの水産投資会社「カストン」と合同で、二〇一四年からウニを蓄養する実験プロジェクトに乗り出した。

高橋の地元の伊里前湾では、キタムラサキウニが繁殖して海藻を食い荒らす「磯焼け」現象が起きていた。元凶のウニを捕獲して餌を与えて育てれば、商品となって一石二鳥だ。しかし、採算性のある餌の開発が難しく、ウニ蓄養は世界でも例が少なかった。一方、ノルウェー食品漁業・水産養殖研究所（Ｎｏｆｉｍａ）は魚肉や昆布を原料とした餌をつくってウニを育てる実験に成功したが、欧州ではウニの需要があまりない。この技術の売り込みを図っていたカストンを、高橋らの訪問団が偶然視察したことから、合同のプロジェクトが生まれたのだった。

用具と餌をカストンが用意し、高橋の働きかけを受けた地元漁協の青年部が労働力と船の燃料代を拠出する。「震災がチャンスをくれた、と考えるようにしています。もし震災がなかったら、ノルウェーに行くこともなかったし、このようなプロジェクトにかかわることもなかったでしょうから」と高橋は話した。


被災地の水産業従事者たちをそれほど魅了したノルウェーの実態を見たいと思った。漁業相と被災地を訪ねて半年後の二〇一三年六月、原子力関連の取材でノルウェーの研究機関を訪問する機会ができた。その合間に、私は港町に足を延ばした。

魚のいない魚市場

大西洋に面したノルウェー中部のオーレスンは、人口四万あまりの町である。フィヨルド観光の拠点として知られ、夏には豪華クルーズ船が連日のように寄港する。

オーレスンの風景が欧州の他の港町と異なるのは、中心街の建物がいずれも、二十世紀初頭のアールヌーボー風の建築様式を採用していることだ。アールヌーボーとは、世紀末の退廃した雰囲気の中で、草花や女性の曲線美をモチーフとして発展したデザイン様式である。オーレスンでは、ベランダや玄関、屋根が、この独特の曲線美で彩られている。

これは、一九〇四年に街が大火に遭った結果だという。八百五十軒が焼け、一万人が焼け出された火災から復興する際、人々は街を、当時のはやりだったアールヌーボー建築で全面的につくり直した。以後、その家並みを守り続けている。中心部にある元薬局の建物は、その典型的な例だ。博物館「アールヌーボー・センター」として公開されている内部に入ると、窓枠や階段から家具の一つひとつまで、ぐにゃぐにゃと曲がっている。一世紀あまりタイムスリップした気分になる。

港町に来たからには、何より、魚市場に行こう。私が勤務する東京・築地の朝日新聞東京本社の隣には、世界最大規模の卸売市場「築地市場」がある。全国の魚がずらりと並び、威勢のいいかけ声が飛び交う。活気にあふれる様子は、いつ見ても楽しいものだ。

オーレスンでは、どんな魚が揚がっているか。北海産と言えばタラか。ノルウェーは捕鯨国だから、クジラなんてのもあるのか。

「魚市場」は、地元のスンムーレ・ロムスダール地方漁業者販売組合（SUROFI）の事務所にあるという。鮮魚マーケティング法によって、漁獲物の一次販売について排他的独占権を認められている団体だ。聞いた住所を訪ねたのだが、それらしき建物が見つからない。近所の人に教えてもらい、たどり着いたのは、「アールヌーボー・センター」の隣の雑居ビルの中だった。

受付のカウンターの背後で、お姉さんがヘッドセットで電話中だ。他に、デスクに向かっている職員が二人だけ。これが、ノルウェー流の魚市場の姿なのだという。床もぬれていなければ、長靴姿の仲買人もいない。そもそも、魚が一匹もいない。

「ノルウェーの漁業のシステムは、世界で最も巧みにつくられています。だからこそ、水産資源を枯渇させずに漁業を続けていられるのです」と、販売組合代表のスヴェイヌンク・フレムが胸を張った。

オーレスンから出漁する漁船が獲るのは、サバ、カラフトシシャモ、タラなどが主だ。漁船は販売組合に、その日の漁獲高を直接連絡する。販売組合はこれを受けて、電話やインターネットを通じて競りを実施する。先ほどのヘッドセットの女性は、競りの最中だったのである。

魚は漁船内で冷凍され、倉庫に直接荷揚げされる。競り落とした買い手は、倉庫から直接魚を受け取る。管理が徹底し、品質が安定しているから、買い手はいちいち魚を目にしない。だから、魚のいない魚市場が可能になる。

日本の魚市場は、現物の魚を見せて競りをするのが定番だ。ただ、それに対して衛生面での問題点を指摘する声は少なくない。ノルウェーでは、その部分を省いてしまっている。

漁獲量は、船ごとに正確に割り当てられる。それ以上に多く取る必要はないし、取ってもいけない。販売組合は、競りを担当すると同時に、漁民が割り当てを守っているかどうかの監視役も担う。「違反はほとんどありません。漁業資源を守ることの大切さは、漁民も十分理解しています」とフレムは説明した。

オーレスンにはちょうど、大型漁船が一隻、バレンツ海での四週間にわたるタラ漁から戻ったばかりだった。その船を訪ねた。

フィスケネス号という。二百三十トンで、石巻漁港に並んでいた漁船に比べ明らかに一回り大きい。操舵室に座らせてもらうと、機器類のスイッチやマイク、電話が頭上に並び、飛行機の操縦席に座った気分になる。目の前に、獲った魚を揚げる甲板がある。

「ここに座ると、船の操縦だけでなく、漁のすべてがコントロールできるのです」と、船長のヤン＝エリック・フィスカーストラントが説明する。

ノルウェーの漁業では、一家族が船を一隻持つ家族経営がいまだ主流だという。この船の場合も、船長一家が所有、運営する。フィスカーストラントは四十五歳で、船に乗り始めて二十八年になる。父から船長の地位を引き継いで十六年ほどになるという。

一年の半分の期間は、十数人の乗組員とともにこの船で漁に出ている。残りの半分は「リラックスしている」。つまり休暇である。

「タイとか、暖かい国に旅行するのが楽しみだ」と屈託がない。

年収は「多少の波はあるけど、平均すると十万ドル（当時約一千万円）ほどかな。工場勤めだと年収が六万ドルほどだから、こちらの方が随分実入りがいいよ」。

物価が多少高いことを考慮してもかなりの金額だが。実際、漁船の内装もなかなか豪華で、ホテルの中にいるようだった。もっとも、ノルウェーの漁業者だと、このくらいの収入はごく普通なのだそうだ。二千万円分ほどの年収を得る人も珍しくないという。

収入の変動は避けられず、二〇一一年は「よかった」、一二年は「まあまあ」、今年は「よくないね」。ただ、豊漁不漁のせいではない。欧州各国の経済状態が回復せず、消費が冷え込んでいるからだという。

フィスカーストラントは、十五歳になる息子を次の航海に初めて連れて行くつもりだ。将来は後継者にと見込んでいる。

「実際、収入が安定している大型船漁業の後継者については、ほとんど問題がありません」と、案内してくれた販売組合の渉外部長ヨン・グレミスタッドが解説した。もっとも、小規模の船の場合には、船長が後継ぎを探すのに苦労する場合もあるそうだ。

ニシンの苦い教訓

ノルウェーでは、資源調査に基づいて漁船ごとの漁獲量を決める漁船別個別割当（ＩＶＱ）方式が定着している。フィスケネス号も、獲ることのできる魚の量が決まっているので、成長した魚の群れが来るのをじっくり待つのが基本である。急いで獲って単価の低い小魚ばかりが集まると、かえって不利なのだ。漁獲状況は、販売組合によってしっかり管理されている。

ただ、ノルウェーもかつては、資源の限りを意識することなく、可能な限り取り尽くす発想になじんでいたという。その手法を転換させたきっかけは、漁業相のベルグ＝ハンセンが語っていた「ニシンを取り尽くした苦い経験」である。

「実際、一九六〇年代に私たちのニシン漁は破綻しました。それが、見直しに向けたすべての始まりとなったのです」

約百六十隻が加盟するノルウェー船主協会の担当部長ポール＝ギュスターヴ・レモイがこう説明した。

ニシンは、タラやサバと並ぶノルウェーの代表的な水産物である。「鰊《にしん》」を春の季語とする日本と同様、春から初夏にかけて獲れる。一九五〇年代、年間の漁獲量は百万トンから百五十万トン前後で推移しており、これは資源量の一割から一割五分程度にあたっていた。資源に持続性を持たせるに十分な漁獲量だった。ところが、一九六〇年代の技術革新によって、ソナーの機能を備えた魚群探知機や、まき網漁船用の揚網機の一種パワーブロックを漁船が備えるようになり、水揚げ量自体が急増した。一九六六年、ニシンの年間漁獲量は二百万トンに達した。これは資源量の七七％にあたるという。六七年には資源の九〇％を取り尽くした。

その結果が、六八年に起きた資源崩壊である。漁獲高は一気にゼロに近くなり、以後回復する兆しは全く見えなくなった。慌てたノルウェー政府は、一九七二年にニシン漁を制限すると同時に、助成金を出して減船を促した。資源管理を徹底させるよう、業界にも圧力をかけた。

「私たち漁業者の間でも『業界が自ら取り組むべき問題だ』という意識が次第に広がりました。漁業を成功させるも失敗させるも、その責任は私たちにあるのですから」とレモイは振り返った。

政府と業界が一体となって資源の回復に努めた結果、九〇年代からニシンの漁獲量は上昇し始めた。二〇〇〇年代には、六〇年代以前の年間百万トンレベルの漁獲量に回復したのである。

現在、ノルウェー漁業は安定しており、政府からの補助金も受けていない。漁業だけで採算が取れる体制が確立している。しかし、レモイによると、ノルウェー漁業は二つの大きな課題を抱えているという。

一つは、周辺国との調整である。世界三大漁場の一つと言われる三陸沖をほぼ独占する日本と違って、ノルウェーの漁場は欧州連合（EU）各国やロシア、アイスランドなどと競合する。ノルウェーはそれぞれの国や地域と漁業協定を結んでいるが、自国にどれだけ漁獲量が割り当てられるかは交渉にかかっている。しばしばトラブルも勃発し、サバの漁獲量を巡っては、ノルウェーやEU各国とアイスランドやフェロー諸島が対立した。

ただ、各国との調整は、面倒なだけではない。各国が協力することによって資源量の把握がより正確になると同時に、「水産資源は共有の財産」だとの認識を漁業者の間に定着させることにもつながっている。

もう一つの課題は、就労者の減少である。漁業従事者は一九四〇年代をピークに年々減り続けており、現在は最盛期の十分の一、約一万人しかいない。全体の漁獲量が減っていないこと、一人ひとりの所得は比較的高いことなどから、弱小漁業者が淘汰されていった結果だと考えられる。オーレスンに拠点を置くノルウェー漁業者協会の会長ウル＝モルテン・ソルテの予想では、今後も減少が続き、今後十年から二十年で八千人から七千人規模になりそうだという。

ノルウェーでは、漁業と石油産業との間で人材の奪い合いが起きており、これも就労者の減少につながっているという。ノルウェー経済を支える石油や天然ガスの採掘は北海沖合で展開されており、操船技術を持つスタッフが欠かせない。そのために、漁業者を積極的に雇用しようと画策している。「海底油田の掘削を進める石油産業は、漁業界から人材を引き抜こうとします。収入は、あちらの方がずっといい。私たちは、巨大な石油業界との戦いを強いられているのです」とソルテは語った。

サーモン、鮨種に登場

日本で魚食が伝統文化となっているのに対し、ノルウェーは基本的に肉食の国だ。国内での魚の消費が望めないノルウェーでは、年間三百万トンに及ぶ漁獲量の九割が輸出に回されている。水産物輸出額は、中国に次ぐ世界第二位を誇る。

ノルウェー政府は魚介類を重要な輸出品と位置づけ、全面的に支援する体制を整えている。その販売戦略を担っているのが「ノルウェー水産物審議会」（NSC）だ。漁業省が一九九一年に「ノルウェー水産物輸出審議会」（NSEC）として設立、二〇〇五年から独立法人となり、二〇一二年には国内消費の拡大も視野に入れて現在の名称に変更された。漁協や輸出企業が運営にかかわっていると同時に、その海外事務所の多くはノルウェー大使館の中に置かれており、政府との緊密な関係を維持している。

ノルウェー最大の輸出水産物はアトランティックサーモンで、そのほかタラ、ニシン、サバ、トラウトなどが上位を占める。全体の六割以上が養殖ものだ。二〇〇九年のデータによると、額面レベルでの輸出先は一位がロシア、二位がフランスで、この二カ国が抜きんでている。続いてデンマーク、ポーランドと続き、日本は五位に食い込んでいる。ただ、六位の中国に向かう水産物の多くが、加工されて日本に再輸出されていると見られ、実際の日本への輸出額はもっと多いと考えられる。

ノルウェーでサーモンやトラウトの養殖が始まったのは、一九六〇年代に過ぎない。当初は試行錯誤が続き、日本のニジマス養殖の手法を研究したりもしたという。八〇年代から本格化した。最初は主に欧州市場に出荷したが、消費がなかなか伸びなかった。新たな輸出先として、政府が目を付けたのが、日本だった。

ノルウェー製機器販売会社を経営する丹羽弘吉は、かつて駐日ノルウェー大使館に勤務し、サーモンの日本への売り込みに携わった経験を持つ。その始まりは一九八四年夏、丹羽がオスロに滞在していた時のことである。ノルウェー貿易審議会本部にいた丹羽に電話がかかってきた。本人は名前を名乗ったが、早口で聞き取れない。立て込んでいた丹羽は「後でコールバックする」と伝えて電話を切り、電話の主を秘書に調べてもらった。時の漁業相トール・リストウ本人だった。上司から「すぐに行け」と命じられ、漁業相の執務室に飛んでいった。

丹羽の前に出てきたリストウの顔を見て、丹羽は誰だか思い出した。十年以上前にノルウェー国会の漁業委員会を迎えた際、訪問団に交じっていた議員の一人である。彼の日本滞在中に親しくなり、釧路の屋台で一緒に飲んだ記憶もあった。

リストウが丹羽に連絡を取ったのも、この時のことを覚えていたからだ。

「日本の魚食文化を初めて見た時、この国にはわが国から魚を輸出できるかも知れない、と感じました。その可能性を後に研究したのです」

私がオスロで会ったリストウはこう振り返った。

八四年はちょうど、養殖のサーモンの生産が軌道に乗り始めた頃である。販路拡大のために「日本との関係を築きたい」と、リストウは丹羽に依頼した。丹羽の準備で、翌八五年にリストウの再来日が実現した。

その時、リストウは漁業省の職員だけでなく、漁業者や水産加工業者、貿易業者の代表も加えて訪問団を組織した。明確な意図があってのことだ。

「ノルウェー漁業にとって、当時は輸出拡大と同時に、資源管理の強化も大きな課題で、改革は不可欠でした。でも、ノルウェーでも漁協の力は強大で、何をしようにもノー、ノー、ノーと押し返してくる。漁業の近代化の必要性を彼らに伝えるには、『日本の消費者が何を求めているか』を知らせ、輸出の重要性を理解してもらうことが一番だと考えました。消費や市場のメカニズムについて、漁業者と流通業者らが共通の認識を抱くことが重要だったのです」

その頃、日本ではまだ、サーモンを握り寿司に使う習慣はほとんどなかった。天然の鮭には寄生虫がいる可能性があり、殺すために熱するか、冷凍してルイベにするかが必要だった。しかし、ノルウェー産のサーモンはほとんどが養殖で、養殖場の衛生管理さえできれば、寄生虫発生の恐れは薄い。リストウは、やり方次第で鮨種として売り込めると考えた。

八七年、約三億円の予算をかけたノルウェーの対日本販売三カ年計画「プロジェクトジャパン」が始まった。日本側のコーディネートは丹羽が務めた。目標は、前年の対日水産物輸出額約八十億円の倍増だ。ノルウェー産の水産物に共通のロゴを付け、消費者に調理法を提案した。八七年には、その後国王になる皇太子ハーラル五世夫妻が訪日したのを機に、ノルウェー産食材を使った大パーティーを帝国ホテルで開催した。日本の皇族を含めた約七百人の参加者の間で、サーモンの刺し身は大好評だったという。

結果的に輸出額は予想を上回るペースで伸び、三年後には二百五十億円に達した。サーモンの握り寿司もすっかり定着した。今や、トロと並んで人気の鮨種だ。その背後には、漁業者や、加工業者、貿易業者が意識を共有した販売努力があった。

リストウは言う。

「日本からノルウェーに水産業の訪問団が来たこともありました。だけど、それは漁業者だけの団体でした。本当は、加工業者や貿易業者も同じものを見て、同じ話を聴く必要があります。これらの業種の協力こそが決め手となるのですから」

丹羽は、日本とノルウェーで異なるのが「危機感」だという。

「日本の場合、ノルウェーに視察に行っても、底引き網船の内部を見て『まるでホテルだねえ』と感心して、それで終わり。自分たちはどうすべきなのか、問題意識が欠けているのです。実は、ノルウェーも昔は日本と同じでした。政府からの助成をいかに確保するか、なんてことばかり考えていた。そのような漁業者に対して、政府は『補助金をゼロにする』と公言し、自立を求めました。補助金なしでどう漁業を続けていくか。それがノルウェーの水産業に危機感を与え、自ら市場を開拓する原動力となったのです」

先に述べたように、ノルウェー水産物審議会の運営には漁業者もかかわっている。つまり、漁民自身が販売戦略を考える立場に置かれている。

「日本の場合、漁業者は市場を全く理解していない。自分が取った魚の値段も、その魚がどこで誰に食べられているかも知らない。日本の行政は『漁業者は守られているから』などというのですが、実は飼い殺し状態に置かれているのではないでしょうか」と丹羽は言う。

日本とノルウェー、同じか違うか

では、日本の水産業をノルウェーのモデルに沿って改革できるだろうか。そもそも、ノルウェー型に転換すべきなのか。

この問題を巡っては、震災以前から激しい議論が起きている。国内の研究者や専門家は真っ二つに割れている。

「日本近海の漁は減っている。資源管理が必要だ。漁業従事者も減少して、漁協の体質も古い。ノルウェーに学んで改革を進めるべきだ」

「魚は減っていない。資源管理は必要ない。漁業従事者も減少しておらず、漁協は頑張っている。ノルウェーと日本は違う。真似をしても逆効果だ」

この議論に、かみ合う余地はなさそうだ。

守るべきものが漁業や水産加工業など「産業」そのものならば、効率性を重視しなければならない。その場合、ノルウェー式はかなり有効だ。何より、生み出す商品の競争力の強さ、従事者の生活の豊かさが、それを証明している。しかし、地域社会や人々の生活を守ることが主目的だと、話は変わってくる。ノルウェーの現状は漁業者の淘汰の結果であり、大規模事業を展開できる力を持った人だけが生き残っている面が拭えない。

論議の様子を、水産経済学を専攻する大東文化大学教授の山下東子は「守るべきものが『資源』なのか、『人』なのか、それとも『産業』なのか。その合意のないままお互いの主張を言い合っている状態です」と評する。

山下によると、ノルウェーと日本の漁業は大きく二つの点で異なっている。一つは、しばしば指摘されることだが、魚の種類の違いだ。

漁獲高の上位から八割を占める魚の種類を見ると、ノルウェーは七種で、サバやカラフトシシャモなどいわゆる「浮き魚」が多い。これらの魚は群れるため、一斉に捕獲することが可能だ。一方、日本の場合は同じ八割を占める魚種が十八種類に及ぶ。この種類の多さが日本の豊かな食文化につながっている一方、魚種が増えればそれだけ漁業者の利害も複雑になり、調整に手間取る。ノルウェーでは、魚種の単純さが、構造転換や効率化を可能にしたとも言える。

もう一つは、漁民の生き方の違いである。ノルウェーでは漁業に携わる人数自体が少なく、効率性の高い手法で魚を追うことができる。逆に日本は、少ない資源と仕事を多くの漁民で分かち合う発想であり、小規模な漁業者が浜ごとに活動している。産業効率から考えると、前者が圧倒的に優れている。しかし、地域住民の生活を守る点から見ると、後者が持つ意味も小さくない。

山下自身は漁業を産業としてとらえる傾向が強く、改革志向の研究者だと自認している。にもかかわらず、日本式水産業にもいくつか見るべき点があると考える。

▼漁民の自主性を重んじている

日本にも漁業管理がないわけではなく、漁船ごとの個別割当を導入している地域や魚種が少なくない。特徴的なのは、いずれも行政から強制されるのではなく、漁民たちの自発的な規制として機能していることだ。役所もこのような自主規制を漁業管理の基本としている。制度の構築を役所が面倒がっているからでもあるが、「自主的なルールでないと、漁民たちは守ろうとしない」との考えも背景にあると、山下は見る。

▼高齢者が仕事を続けられる

日本の水産業は高齢化が激しい。しかし、逆に見ると、高齢になっても細々と続けられるのが日本の漁業でもある。多くの高齢漁業者は、生活が苦しいから引退しないのでなく、海に出たいから漁業を続けている。

▼収入は言うほど低くない

高齢者のこのような実態を考慮すると、日本の漁業者の所得データにからくりがあることもわかる。老後の余暇として漁業を続ける高齢者が、所得の平均を大きく下げているのである。本当に漁業で生活している人々に限って計算すると年収は三百万円前後になり、漁村の物価を考えると決して低くない。

一方、日本の漁業を効率化した場合のシミュレーションを試みた東北大学准教授の馬奈木俊介らの研究では、同じ漁獲量を保ちながら「経営体数を現在の約三分の一以下に縮小できる」との結論が出た。つまり、産業を中心に考えると、現状よりずっと少ない人数で十分なのである。

山下は言う。

「逆に見ると、実際にそうなっているのがノルウェーだと言えるでしょう。不必要な部分をすべてそぎ落としてきたのですから。では、日本もそこまで改革するのが望ましいのか。社会を急激に壊すことにつながらないか。そうして得られる儲けは誰のものになるのか。その議論をしっかりした方がいい」

日本の問題はむしろ、漁業従事者自身が事業主としての自覚を持たず、流通や販売にほとんど関心を抱かなかったところにあると、山下は考える。

「魚をとったら漁協に投げて終わり。自分のとった魚がどこに行くのかも知らず、代金の振り込みだけ確認する。これは、サラリーマンの発想です。これからの漁業者は、自ら経営者にならないといけないのです」

その点で、ノルウェーに学ぶべきところは多い。世界で何が起きているのか。自分たちより儲かる漁業があるのはなぜなのか。考えるきっかけを与えてくれるだけでも価値がある。現状を脱却するヒントこそ、被災地の若者たちがノルウェーで得ようとしたことに他ならない。

「若者たちがノルウェーを訪れて日本の問題に気づいたなら、素晴らしいことです。日本の水産業の将来に希望が持てます」と山下は話した。

英独仏での廃炉事業への取り組み、ノルウェーの漁業改革など、欧州の多くのビジネスモデルは、概して小規模だ。資源エネルギーや武器、食糧といった大型の商品を扱う米中ロや新興国のビジネスに比べ、か弱く、地域的で、アイデア偏重に見えるかも知れない。ただ、小さな分野で実験的な工夫を重ね、新たな流れをつくるのが、欧州の特性だ。それは、日本が注目すべき点でもある。次章からは、欧州で進む政治の世界での実験や制度イノベーションを見たい。見方によると、これもまた、些細なレベルに見えるかも知れない。ただ、それは私たちの世界に不可欠な民主主義の将来と結びついているのである。

第 3 章

シャバダバダの世界

フランスの女性総選挙候補者

民主主義は生き残れるか

「ポピュリズム」がごく普通の用語として使われるようになったのは、二十一世紀に入ってからだろう。政治の表舞台に上がれなかった右翼政治家が大衆扇動で人気を集め、政治を攪乱する現象が、その頃目立つようになった。グローバル化の進展や欧州連合（EU）の拡大に対する懸念の声を吸収しつつ、右翼政党が欧州各国で支持を広げ、選挙で躍進し、一部の国では政権の一角を占めるに至った。

その背景に民主主義の疲労を感じる人は、少なくない。長年にわたって民主主義を享受してきた欧州の国々で、様々なひずみが顕在化してきた。肥大化した官僚組織に政治を牛耳られ、選挙が形骸化する。いつも同じ政治家ばかりが当選し、権力が既得権と化す。そのような現象の一角に、ポピュリストの台頭も位置づけられる。

「民主主義には限界があるのではないか」

疑問は漠然と広がっている。

こうした状況を、政界への女性の進出を促進する制度イノベーションで乗り切ろうとする国がある。その例を見たい。

主要国の大統領や首相の名前を知る人は多いだろうが、内閣の構成にまで関心を抱く人は、そう多くない。よほどの文化人か映画スターでも含まれていない限り、閣僚名簿の発表は国内ニュースにとどまっている。二〇一二年五月にフランスでオランド政権が誕生した際にも、フランソワ・オランドの大統領選当選の十日後に発表された内閣に注目していた人は、フランス国内を除くとほとんどいなかっただろう。

しかし、発表された閣僚三十四人が勢揃いし、一枚の写真に納まった時、そのイメージが与えた衝撃は、それなりのものだった。男が十七人。女も十七人。きっちり同じ数だった。

「フランス新内閣は男女同数」

速報が世界に流れた。

フランスの内閣は、席次がきっちりと決まっている。トップの首相に就任したジャン＝マルク・エローは、社会党の重鎮政治家である。首相経験者でもあるロラン・ファビウスが席次二位の外相に、党内の有力派閥を率いる若手のヴァンサン・ペイヨンが席次三位の国民教育相として入閣した。いずれも下馬評通りで、三人とも男である。

あまり予想されなかったのは、席次四位として法相に任命された女性クリスティアーヌ・トビラだった。トビラは、南米に位置する海外県仏領ギアナ出身の黒人で、かつて左派小政党からフランス大統領選に立候補したこともある。人権意識が高く、言論人として知名度は高かったものの、政策立案能力には未知数の部分があり、オランド政権で登用されると予想した人は少なかった。そのような女性をあえて席次四位に持ってきたところに、オランド政権の工夫がうかがえた。

閣僚名簿の上位に男が三人並んでしまったものの、トビラ以下に女性閣僚の名が目立った。席次六位にはマリソル・トゥーレーヌが社会問題保健相として入閣、七位の地域間平等・住宅相には「緑の党」出身のセシル・デュフロが任命された。以下も、男女が交互に、あるいは数人ずつ、入れ替わった。

ひときわ目を引いたのは、新たに創設された女性権利相に任命されたナジャット・ヴァロー＝ベルカセムである。モロッコ生まれの移民一世で、この時まだ三十四歳と閣内最年少だった。褐色がかった肌の奥に開く花のような笑顔は、被写体として引っ張りだこになった。オランドは彼女に、政権の顔である政府報道官を兼ねさせた。

実は、前任大統領のニコラ・サルコジも、二〇〇七年の大統領選の期間中、「当選したら内閣を男女同数にする」と公言していた。確かに、就任当初の第一次フィヨン内閣を、担当相をのぞいた正規の大臣だけで見ると、男が九人、女が七人と、なかなか健闘していた。ただ、実際には大物の男たちが上位に並んでおり、何とか下位に女性を配置して帳尻を合わせた感が拭えなかった。以後、改造を重ねるたびに閣内の女性の割合が下がって腰砕けとなった。

表面だけを取り繕ったサルコジ政権とは異なり、オランド政権はきっちり男女比を半々に持って行き、その意欲を内外に示したのである。

多くの市民は、これを「左派にありがちな、男女平等への意欲を示すパフォーマンス」と受け止めた。それが、決して悪いわけではない。女性の登用を広くアピールすることは、極めて重要である。日本に限らずどこの国でもありがちだが、選挙運動の論功行賞で大臣ポストを割り当てる慣例に比べると、よほどましだ。オランド政権下の内閣の構成については、野党の右派「大衆運動連合」（UMP）出身の国民議会（下院）議長ベルナール・アコワイエでさえ「男女同数をあえて実現したことに敬意を表する」と評価したほどだった。

ただ、オランド政権の意図を女性問題だけからとらえると、問題を見誤るだろう。そこには、もっとしたたかで意欲的な狙いがあると考えた方がいい。

シャバダバダ選挙

男女が同数であることを、フランス語では「パリテ」と呼ぶ。「同等」「等価」を意味するこの単語はもともと、数学や経済の用語として使われることが多かった。例えば、為替平価の「平価」を意味するのが「パリテ」である。

その用語が一般的に「男女の数が同じ」という意味を示すことになったのは、二〇〇〇年に成立した「選挙による任務及び公選役職への男女機会均等に関する法」、通称「男女同数法」（パリテ法）が契機だった。「パリテ」という言葉はこの法律のどこにも使われておらず、法案を提出した際の説明文に登場するだけなのだが、一言でその概念を表す言葉として定着した。

法律を成立させたのは、社会党の首相リオネル・ジョスパンが率いていた左派内閣である。その内閣を、事実上の副首相に近い役として支えたのが、与党社会党の第一書記（党首）のオランドだった。パリテ法は、オランドが自ら深くかかわった政策なのである。

パリテ法は、女性の政治への進出を一挙に進めようと、選挙での候補者の半分を女性とすることを義務づけた。一定の数や比率を女性に割り振る制度を持つ国はあるが、完全に半々にするのは、世界的にも異例だった。

フランスは選挙制度が複雑なだけあって、その制度の中で男女を同数にする方法も複雑にならざるを得なかった。

まず、自治体選挙の場合である。

市町村にあたるフランスの地方自治体に、首長選はない。首長は、議員の互選で決める。だから、自治体選挙はすなわち議員選を意味している。各政党や政治団体が用意する候補者リストに基づく比例代表制で争われ、リストの筆頭に位置する候補が市長候補である場合が多い。

パリテ法は、このリストに記載する候補を、六人ごとに男女同数とするよう求めた。つまり、候補者を六人ごとに区切り、男女三人ずつとするよう定めたのである。

法制化当初、パリテ法が適用されたのは、人口三千五百人以上の自治体だけだった。市町村合併が全く進んでいないフランスでは、過疎集落がそのまま自治体を維持しており、ごく少数の議員しかいない自治体が珍しくない。このようなところでは議員のなり手がいないこともあり、導入が見送られた。

二〇〇一年三月の統一地方選は、パリテ法が初めて適用される選挙となった。新聞社の特派員として私が初めてフランスに赴任したのもこの月だった。パリに着くなり、まだ住む場所も決まらないうちから、一週間あまり後に迫った選挙を取材するために走り回った記憶がある。その際、「この選挙はシャバダバダ」という言葉をたまたま耳にした。何のことか。知り合いのフランス人女性が解説してくれた。「だって、男と女でしょ」。今や懐かし、一九六六年のフランス映画「男と女」のテーマ曲のリフレインである。

「シャバダバダ」と人々が茶化した背景には、「女性が大量に進出する新時代が到来した」との意識とともに、それを実現させようと男女同数の法律をつくった政府に対して「そこまでするか」と苦笑する意識もあっただろう。パリテ法はフランス人たちにとって、何か立派な、しかしいかにもエリートが考え出しそうな上から目線の政策だと、受け止められていた。

統一地方選の結果、パリテ法が適用された自治体で、それまで二五・七%にとどまっていた女性議員の割合は、一気に四七・五%にまで上昇した。きれいに五〇%とならなかったのは、小さな抜け穴が用意されていたからだ。男女半数とするのは六人ずつに区切ってであるから、上位三人が男性、下位三人が女性という構成でも構わない。ところで、フランスの比例代表制は候補者リストの筆頭から順番に当選するから、六人の区切りのうち上位が当選して下位が届かないと、半々の男女比が崩れることになる。二・五%の誤差が生じた背景には、それだけ男性候補が上位に集まっていたことを意味していた。

また、議員の互選で決める首長や副首長は、相変わらず男性ばかりだった。女性首長の割合は、パリテ法の導入によってそれまでの七・五%から一〇・九%に増えただけだった。

総選挙の場合、状況はさらにややこしかった。

欧州で女性の政界進出が進んでいる国の多くは、実は総選挙に比例代表制を導入している。比例代表制では候補者リストが作成されるため、女性を中に組み込ませやすいからだ。しかし、フランスで定数五百七十七の国民議会（下院）議員を選ぶ総選挙は、小選挙区で実施される。当選者一人の選挙で、どうやって男女を同数にするのか。

これを解決するためにパリテ法が生み出したのは、政党や政治団体が全国に立てる候補の総数を男女で半々に分ける方法だった。選挙区によって勝つ候補、敗れる候補がいるから、「男女半々の当選者」というわけにはいかないものの、この方式に基づくと、少なくとも候補自体はその半数が女性となる。この時わずか一割あまりしかなかった国民議会の女性議員の比率は、大幅に改善されるはずだった。

ところが、そうはならなかった。比例代表制の「六人ずつ」以上の抜け穴が隠されていたからだ。

二〇〇二年六月に実施された総選挙は、パリテ法に基づく初の国政選挙だった。ここで浮き彫りになったのは、建前上パリテ法を尊重する姿勢を見せながらも実際には骨抜きにしようとする政党のずるさだった。

パリテ法を受けて、新たな女性の立候補表明が相次いだ。ところが、現職の男性議員の陣営が次々と介入し、女性候補に対して立候補を断念するよう迫ったり、党の公認を外そうと画策したりした。その結果、当時の大統領ジャック・シラクを支える「大統領与党連合」（ＵＭＰ、後の「大衆運動連合」）での女性候補の割合は、二割程度にとどまった。

ＵＭＰだけではなかった。中道のフランス民主連合（ＵＤＦ）でも、全候補の中で女性の占める割合は二一％にとどまった。パリテ法を導入した張本人の社会党でさえ、女性候補の割合は三六％台にとどまった。候補者総数全体での女性の割合は三八・八％で、実際に当選した人の中での割合は一二・三％に過ぎなかった。

法律では男女半々を義務づけたのに、どうしてこんなことになってしまったのか。

パリテ法は、候補者を男女同数にできない政党に対し、罰則として助成金の減額を定めていた。しかし、助成金の額そのものは、当選者が多いほど増える仕組みである。各党は「女で負けるぐらいなら男で勝った方が得」と計算した。パリテ法を無視して男性を多く立て助成金を減らされても、その候補が当選すればもとを取れるのである。社会党幹部は「右翼の当選を阻止するためには、勝てる候補を立てざるを得なかった」と、男性擁立を正当化した。パリテ法を比較的忠実に守ったのは、現職議員ゼロの左翼政党や、女性候補擁立を党の宣伝に使った右翼「国民戦線」（ＦＮ）だった。いずれも、当選の可能性はほとんどなかった。

女性に政治が変えられるか

パリテ法はその後、次第に制度が改正され、抜け穴をふさぐ方策が採られた。二〇〇七年の大幅な改正では、自治体選挙で六人区切りだった候補者リストのシャバダバダを、一人ずつ男女交互とするよう定めた。議員の互選で副市長を決める際にもパリテ法が適用されるようになった。総選挙についても、パリテ法を守らない政党に対する助成金の減額率を引き上げると決めた。この改定を受けて実施された二〇〇七年の総選挙で、女性の議員の比率は一八・五％に上昇した。

とはいえ、これではまだ、当時のEU加盟国二十七カ国のうち十九位に過ぎない。遅々たる歩みと言える。社会党は二〇一〇年、パリテ法を尊重しない政党への助成金を全額召し上げる法改正を提案したが、当時の与党の右派が賛同せず、否決された。

二〇一二年に発足したオランド政権は、その初仕事にあたる組閣であえて男女同数を打ち出した。停滞気味だったパリテ法を再活性化させたい意図が、その背景に透けて見えた。

日本の常識からすると、男女比を強制的に半々とするという発想は、突拍子もなく映る。「そこまでするか」という行き過ぎ感を禁じ得ない。なぜ、フランスはそんな考えに固執するのだろうか。

男女同数内閣の発足から一年が経った二〇一三年六月、パリを訪れる機会を得た私は、セーヌ左岸の自宅にクレール・ベルナールを尋ねた。ベルナールは、パリテ法実施のために政府が設けた首相直属機関「男女パリテ監視委員会」の初代事務局長を務めた女性である。パリテ法構築に自らかかわった経験を持つだけに、その狙いを語ってくれると考えたからだった。ベルナールはパリテ法に道筋をつけた後、パリの左派市長ベルトラン・ドラノエの官房で政策立案に携わった。私が会った時はフランス地域圏協会（ＡＲＦ）の研究部長を務めており、フランスの各地方間の文化スポーツ政策や男女平等策の調整役を担っていた。

「パリテが法制化されて以降、大きな変化が起きました。法律がもしなかったら政治にかかわることもなかった女性たちが、政治家として活動するようになったのです。オランド政権にも、多くの若い女性が閣僚として参加するに至りました。彼女たちを『パリテ世代』と呼んでいいと思います」

穏やかな口調で、彼女は語り始めた。

ベルナールのいう「パリテ世代」の政治家は、例えば女性権利相兼政府報道官のナジャット・ヴァロー＝ベルカセムだ。先に述べた通り、女性であることに加えて彼女はモロッコ移民でもあり、二重のハンディを抱えつつ政治の世界に入ってきた人物である。一九七七年、モロッコ北東部ベニシケルに生まれ、五歳の頃にフランスに移住した。フランス北部のアベヴィルやアミアンの移民街で育ち、苦学してパリ政治学院を終え、リヨン市長ジェラール・コロンのスタッフとなった。政界への進出は二〇〇四年、リヨン周辺を含むローヌ・アルプ地域圏議会選に当選したのがきっかけだ。二〇〇八年にはリヨン市議に転じ、コロンの下で副市長を務め、若者問題への対応で手腕を発揮した。「コロンが優秀な女性スタッフを抱えている」との噂は社会党内で知られるようになり、オランド政権に引き抜かれたのである。

例えば、ベルナールと親しい仲だという文化相オレリー・フィリペティも、パリテ法をきっかけに政界入りした女性である。イタリア出身の炭鉱労働者の家庭に生まれ、高校の文学の教師となった。「緑の党」に入党し、二〇〇一年の統一地方選でパリ五区の区議に当選したが、二〇〇六年に社会党に転じ、翌年国民議会議員に当選した。

フランス政界で女性の活躍が目立つのは、内閣に限らない。二〇一四年の統一地方選では、最大の焦点であるパリ市長の候補として、左派の社会党と右派の大衆運動連合がともに女性を擁立して話題になった。左派候補で当選を果たしたアンヌ・イダルゴは、二〇〇一年の統一地方選でパリ市議に当選し、「パリテ」担当第一副市長に就任したのが政治キャリアの始まりだった。敗れた右派候補のナタリー・コシウスコ＝モリゼは二〇〇四年から国民議会議員を務め、サルコジ政権末期には重要閣僚の環境相を務めていた。

ベルナールはパリテ法を準備していた頃、それぞれの政党でヒアリングを実施した。その時の多くの政治家の反応は「そんな法律をつくっても、数に見合うだけの女性候補を見つけられないぞ」だったという。

「でも、実際にパリテ法を導入してみると、全然そんなことはない。国会議員であれ地方議員であれ、女性の人材はいくらでもいたのです」

二〇〇七年、社会党のセゴレーヌ・ロワイヤルが女性として初めて、主要政党の大統領候補となったのも、パリテ法をきっかけに生まれたダイナミックな流れの中の出来事だと、ベルナールは考える。最終的にサルコジに敗れたものの、『フランスの大統領に女性がなりうる』可能性を内外に示したところに、ロワイヤルの存在意義があった」と評価した。

では、女性の政治家が増えると何が変わるのだろうか。女性ならではの政策を展開できるのだろうか。そもそも、女性的な政策、男性的な政策というものがあるのだろうか。

「確かに、幼児教育とか、ある種の交通問題とか、普段女性が関心を抱いているテーマが頻繁に議論されるようになる可能性はあります。でも、期待するほどには物事が変わらないかも知れませんね」

こう認めたうえでベルナールは意外な言葉を発した。

「でも、『女性が政治を変えるかどうか』なんて、実は大して重要ではないんです」

真の狙いは政界改革

ならば、なぜそれだけ苦労して、女性を政治の世界に入れようとするのだろうか。

「これまで政治と無縁だった層の出身者が、新たに政治にかかわるようになる。新しい人材が政界に入ってくる。パリテの意味は、そこにあるのです。政治経験のない人々こそ、政界自体を変えていくことができます」

フランスで、民主主義の苦悩は深い。その典型的な例はポピュリズムの浸透だ。二〇〇二年の大統領選では、右翼「国民戦線」の候補ジャン＝マリー・ルペンが決選に進出し、社会党の候補ジョスパンが第一回投票で排除されるという「ルペン・ショック」が起きた。その背景には、政治家と市民との乖離があった。市民は「政治が特定のエリート層に支配されている」との意識を強く抱き、政治参加から排除されたと思い込んだ。自ら民衆側に立つふりをしつつエリートを攻撃するルペンの姿に親近感を抱いた。民主的な選挙でしばしば人気を集めるのは、社会を良くしようと日夜努力する人物ではなく、人々の耳に心地よい言説ばかりを並び立てるデマゴーグなのである。

ポピュリストが跋扈《ばっこ》する状態を脱するには、硬直化した政界を外部に開放するとともに、有権者にも政治参加への意欲を持ってもらわなければならない。女性の政治家を増やすのは、その手っ取り早い方法である。女性が増えることは、つまり、大量の素人が政界に流入することを意味しているからだ。

パリテ法については「無理やり集めた経験不足の女性に政治がわかるのか」との批判が渦巻いた。しかし、この制度の目的は、経験不足の人々を政治に参画させること自体にあったのである。それは、素人が政治経験を積む機会となると同時に、政治に市民感覚を反映させるきっかけともなるはずだった。法廷と市民社会との相互交流を狙って日本でも導入された裁判員制度に似た意図を持っていると言えるだろう。

この頃、オランド政権は政治家の兼職を制限する制度の導入を目指していた。フランスでは、国政と地方政治との役職兼任が認められており、有力国会議員は地元の市長や市議を兼ねるのが一般的だ。このような政治家は「代議士市長」と呼ばれ、中央の意向を地方に浸透させると同時に、地方の意見をパリに吸い上げる機能も果たしてきた。逆に、それが権力の集中を招き、地方自治体がいつまで経っても自立できない理由ともなっていた。兼職を禁止すると、単純に考えても政治ポストが二倍に増える。パリテで女性が政界に流入するのと同様に、これまで政治から排除されてきた層が参入するきっかけになると期待できる。オランド政権は、ここでもパリテと同様の効果を目論んでいると、ベルナールは受け止めていた。オランド政権は実際に二〇一四年一月、「兼職制限」の法制化を実現させた。

フランス革命の理念に違反？

パリテ法を生み出したジョスパン内閣は、一九九七年から二〇〇二年にかけて右派の大統領シラクの下でコアビタシオン（保革共存政権）を運営し、様々な社会制度改革に取り組んだ。その中でも、パリテ法は最も過激と言われた政策である。

フランスの急進的な対応には、それなりの理由があった。

フランスの女性に、何か独立した、力強いイメージを持つ人は少なくないだろう。哲学者シモーヌ・ド・ボーヴォワールが『第二の性』を著し、女性としての覚醒を促した国である。小説や映画に登場するわがままで気まぐれなパリジェンヌの振る舞いも、そのような印象に一役買っている。

そのフランスで、女性の地位は歴史的にずっと低かったというと、意外かも知れない。実際には、フランスはイタリアやスペインと同様、男中心のマッチョ文化が支配するラテン諸国の一角を占める。男たちは女性に対してちやほやする一方、肝心の権限を握らせない。

女性の政治参加は、フランスで特に遅れた。フランス革命でうたわれた自由や平等も、対象が男たちに限られていた。フランスで婦人参政権が認められたこと自体、第二次世界大戦末期の一九四四年に過ぎない。

以後も女性の候補の数は限られた。国民議会で女性議員の占める割合は、一九四六年の総選挙後にわずか五・六％だったが、半世紀近く経った一九九三年の総選挙後でも五・九％とほとんど変わらなかった。この間、割合は数％程度を行き来し、ひどい時には一％台に低迷した。戦後の第四共和制の選挙は比例代表制で、政党が候補者リストに女性を記載しようとしなかったからでもあった。

フランスで、政治における女性の存在を高めようとする動きが、ないわけではなかった。一九七〇年代、比例代表制の候補者リストの一定割合を女性にすると定めるクオータ（割当）制を求める声が出始めた。その主張は政界でも一定の支持を受け、社会党のミッテラン政権下の一九八二年、「候補者リスト記載者の七五％以上を同一の性としてはならない」とする選挙法の改正案が国民議会で採択された。

ところが、これが違憲と判断されたのである。フランスには、歴代大統領経験者を含む九人の有識者で構成する「憲法評議会」という機関があり、法律や条約の合憲性を審査する。この機関が、法案の中にあった「性」という単語について「共和国憲法に反する」と指摘した。「平等なはずの候補者を区別することになる」というのがその理由だった。つまり、クオータ制が「特定の候補への優遇措置」と見なされたのだった。

クオータ制は、差別を受けてきたマイノリティーのための格差是正措置「アファーマティブ・

アクション」の一種である。米国などでは一般化しているが、フランスの憲法評議会はこの発想を排除した。

背景には、市民一人ひとりの自由な意思を神聖視するフランス独特の意識がある。フランスで、意見を表明する権利と責任を持つのは個人であり、それを集団で遂行しようとすると「コミュノタリスム」（コミュニティー主義）と見なされ、批判にさらされる。フランスでイスラム教徒女性のスカーフが問題視されるのも、それがイスラム教コミュニティーという集団のシンボルとして扱われることへの反発からに他ならない。英国では出身民族や同じ宗教同士で集まり、コミュニティーを形成するのが常態化しているが、フランスでそれは御法度なのである。

クオータ制が違憲と判断されたのも、同様の論理に基づいている。女性がコミュニティーを形成し、自らの権利を集団として求めようとしている、と見なされた。このような意識は、その後パリテ法の導入が議論されるようになってからもくすぶり続けた。良識あふれる知識人や法律家の中にも「同数を強制するのは、フランス革命以来培ってきた理念に反している」と反対の声を上げる人が少なくなかった。例えば、著名な哲学者エリザベート・バダンテールは、反対の論陣を張った一人だった。

憲法評議会がクオータ制を否定したことによって、女性の政治参加を促す方策は以後、しばらく停滞した。再び活発になるのは九〇年代に近づいてからだ。一九八九年、第六章で述べる欧州評議会の席で、男女を完全に半々とする「パリテ」の考えが初めて紹介された。一九九二年には、女性社会学者のフランソワーズ・ガスパールらがパリテの導入を求める著書を刊行した。ガスパールは一九七七年からパリ西方の街ドルーの市長、八一年から国民議会議員を務め、八〇年代に最も早く同性愛者であることを公表した政治家として知られている。

一九九五年に大統領に就任したシラクは、パリテを実現させる姿勢を明らかにした。ベルナールが事務局長を務めた「男女パリテ監視委員会」を設置したのもシラクである。九七年にシラクの下でジョスパンが保革共存内閣を運営することになり、二〇〇〇年の法制化に向けて前進した。ジョスパンの妻は哲学者シルヴィアヌ・アガサンスキで、パリテ推進の闘士として知られていたことも、何らかの影響を及ぼしたかも知れない。

パリテ法が成立した時、フランスの国民議会の女性議員比率は一〇・九％にとどまり、ＥＵ諸国の中でもギリシャと並んで最下位グループを形成していた。アフリカやイスラム諸国に女性の権利擁護をしきりに説教するにもかかわらず、この体たらくである。女性の比率を上げないことには、人権大国の面目を保てそうになかった。「パリテ法」は、フランスの存在意義を守るための切実な対策だったのである。

環境相の反乱

パリテ法によって新たな人材が政界に流入した。閣僚も、パリ市長も、従来だと考えにくかった若い女性が担う役職となった。その試みがもたらした変化は大きい。一方で、トラブルも少なくなかった。政界と、あるいは政治のルールと折り合いがつかず、せっかく手に入れた役職を失ったケースもある。環境相に就任した女性デルフィーヌ・バトの解任劇は、その一例だ。

二〇一三年六月、オランド政権はちょうど、翌年度予算案の編成に向けて調整を続けていた。欧州全体が厳しい緊縮財政を迫られている時だった。その中で、環境関連の予算は前年に比べ七%の減額を迫られた。環境相のバトは、メディアに対して「予算案を見直すべきだ」などと不満を漏らすようになっていた。

七月二日、与党との朝食会に出席していた首相のエローのもとに、その朝ラジオに出演したバトの発言を伝える通信社の速報が届いた。予算案を「できが悪い」と酷評し、「環境問題は優先課題でないのか」と疑問を呈する内容だった。閣内不統一どころか、閣僚による開き直りである。

真偽を確かめようと、エロー首相はバトに電話したが、つかまらない。SMS（ショート・メッセージ・サービス）にも返事がない。午前十時、出席が予定されていた会合にやってきたバトを、首相はようやくつかまえた。バトは全く聞く耳を持たなかった。午後になって大統領のオランド自身が説得に乗り出したが、バトはそれでも態度を変えようとしなかった。

夕刻、エローはバトを首相府に召還した。約三十分間の会談で、妥協点は見いだせなかった。辞任するつもりのないバトは解任された。バトを最初に閣内に招いたのはエロー本人だっただけに、「裏切られた」との思いを首相は抱いたという。

バトは社会党の最左派に属し、妥協知らず、直情型の活動家として知られていた。高校在学中から学生組織のリーダーとして名を売り、左派人権団体「SOSラシスム」の副代表として運動にのめり込み過ぎてパリ大学を中退した経歴を持つ。自らの立場を頑として変えず、群れるのを嫌う。よく言えば、独立心が旺盛だ。悪くいうと、わがままである。閣僚となっても性格は変わらず、閣内でも省内でも孤立していた。能力への評価は高く、社会党内では「政界になじめなかったのでは」などと同情の声が出たという。

クビになっても、バトは意気揚々としていた。翌日、後任環境相との引き継ぎの際にも「来る時が来れば、内幕をすべて明らかにする」と、言いたい放題だった。その様子から、どうやらこの人はあれこれ文句を言うのが好きなのだろうと、私などは思う。それが悪いわけではない。私たち新聞記者も、年中文句を言ってばかりで、それが仕事にもなっている。問題は、そういう人が権力を握ることをどう見るか。

活動家と閣僚とでは、果たす役目が本来違う。活動家に求められるのは、権力が行使する政策を評価し、それに対応し、時には対抗することだ。一方、自ら権力を持つ閣僚の仕事は、政策を論評することではない。自ら政策を構築し、権力を行使することだ。私は古い考えに染まった男であるからかも知れないが、そのように思えて仕方ない。

つまり、閣僚の仕事は予算案を批判することでなく、予算案を自らつくることではないか。バトはそこに気づかなかった。他の閣僚は首相府に通い続け、予算案を議論し、自らの立場を反映させようとした。バトは首相府を訪れようともせず、それでいて、出てきた予算案に不満をぶつけたのである。権力にはもちろん批判勢力が必要だが、一方で権力を持ちながらそれを行使せず、あたかも自分が権力の外にあるかのように政策を批判するなら、おかしなことになる。それは活動家の仕事であって、閣僚の仕事ではない。

しかし、「パリテ」の視点からは、違った評価になるかも知れない。まさに、権力者でありながら権力意識に染まらない人材が、停滞した政界には必要だった。閣僚でありながら、自由に意見を表明する。気に入らないと開き直る。それが、ひょっとするとパリテ時代に求められる政治家像なのだろうか。これは皮肉でも何でもない。そのような政治家の価値を、私たちは明らかに忘れていたのである。

権力を持つ重みを理解せず、私人の気分で軽口をたたいて進退を問われるケースは、日本でも珍しくない。しかも、うやむやのうちに終わってしまうことがしばしばだ。それに比べると、バトとエローのように人前でバトルを繰り広げる方が、少なくとも健全かも知れない。

北からの波

すでに述べた通り、フランスの女性参政権承認はやっと一九四四年になってからだった。欧州各国での女性参政権の導入を見てみると、北と南で比較的はっきり傾向が分かれることに気づく。列国議会同盟によると、女性参政権を最も早く認めたのはニュージーランドで、一八九三年のことだった。欧州での女性参政権は、一九〇六年フィンランドでの導入が皮切りだ。以後、一九一三年のノルウェー、一九一五年のデンマーク、一九一八年のドイツ、オーストリア、ポーランド、ハンガリー、バルト三国と広がった。これに対し南欧は概して遅く、イタリアが一九四五年、ギリシャが一九五二年、ポルトガルに至っては一九七六年だ。保守的なカトリックの価値観、家族単位で行動しがちな地中海気質が影響していたのかも知れない。

女性参政権の導入年だけでなく、その後の女性の政界進出も、北欧諸国は抜きんでている。国会議員の女性の割合は、二〇一三年十一月現在でスウェーデンが四四・七％で世界四位、フィンランドが七位、ノルウェーが十一位、デンマークが十三位となっている。一方、フランスはパリテ法によって改善されたとはいえ、まだ三十八位にとどまっていた。カトリックが強い国や旧東欧諸国は軒並み低く、アイルランドが八十七位、マルタが九十二位、ルーマニアは九十七位、ハンガリーは百十七位である。ちなみに日本は百二十二位で、イスラム諸国や崩壊国家を辛うじて上回っている程度だった。

女性の政界進出の先陣を切ったのはノルウェーである。人口密度が小さいノルウェーでは、古くから女性が労働に参加する習慣があった。農漁村社会が定着して中央集権制度が発達せず、政治が市民に身近な距離にあったことも、女性政治家の存在を当然と考える背景となった。一九七四年、一つの政党が候補者の四割を女性とするクオータ制を導入したのを皮切りに、女性四割の原則が様々な分野で制度化された。北欧諸国の状況は、ノルウェーの影響を受けた面が大きい。

欧州の南北ギャップがこれほど明白だと、「つまりパリテは、北欧起源の発想を南欧に浸透させようとする試みなのか」と、うがった見方をしたくもなる。少なくとも、女性が政界でごく普通の地位を得て市民に身近な政治を展開している北欧諸国の姿を、フランスのオランド政権がモデルとして注目してきたのは、間違いないだろう。

EUは、このギャップを埋める取り組みを続けてきた。そもそも、EU自体が近年まで目を覆う惨状だった。EUの閣僚に当たる欧州委員会委員は、一九八九年まで全員が男性だった。EUは一九九〇年代半ばから改善に乗り出したが、背景には「北欧諸国の関心を引きたい」といった邪《よこしま》な心があったようだ。フィンランド、スウェーデン、ノルウェーがいずれも一九九四年にEU加盟の是非を問う国民投票を予定しており、女性重視の方針を示すことは、北欧諸国でEUに対する好意的な声を集められると考えられた。

この時、ノルウェーはEU加盟を否決したが、フィンランドとスウェーデンは可決し、翌年EUに加盟した。その結果、男女の機会均等を求める立場は、EU内部でさらに強まった。その後、EUは女性の欧州委員を増やし、女性職員の雇用も拡大するプログラムを実施した。二〇一三年現在で欧州委員は二十八人のうち九人を女性が占め、職員は女性の数が男性を上回るに至っている。

EUは内部改革を進めるとともに、加盟国に対しても拘束力のある指令を出し、変革を迫った。女性の社会進出を進めようと、労働時間の再編や育児休暇制度の充実、労働環境の改善を求めた。各国は、北欧の制度に準じた機会均等政策を採らざるを得なくなった。

女性の政治参加に限らず、多様な面で目立つ南北ギャップは、欧州の現在を考えるうえで無視できない要因だ。欧州各国の制度イノベーションはしばしば、この南北ギャップを埋めようとする試みでもあるからだ。

ただ、北欧と南欧では、社会のあり方も価値観も異なる。言語の類似性もあって北欧の人々は英語を容易に話し、規則に従って行動する習慣を持ち、グローバル化の波を利用する術も身につけてきた。南欧の人々は英語を苦手とし、規則よりも家族や地域の結びつきを大切にし、地元の価値観を守ることに力を注ぐ。北の考え方が合理的だから、効率的だからと言われても、おいそれとは従えないのが南の気質である。それに、北の方がきちんとしていて裕福だとしても、それで満足度が高いとか幸福だとかは、一概には言えないものだ。

にもかかわらず、「北のモデルを南が見習う」傾向は、様々な面で多い。これは、一つのグローバル化の形態だ。北の基準が欧州全体を覆う。国際的な競争力を蓄えるためにも、それは合理的な発想であり、その基準に南は従わざるを得ない。南側の住民の目には「北やEUは自分たちの論理を押しつけている」と映る。「EU、北欧、ドイツ、英国が一丸となって、地中海側や旧東欧の静かな生活を侵略している」といった被害者意識も広がる。

オランド政権の男女同数内閣も同じように、北の論理の押しつけだと、市民の目に映っていないだろうか。

有権者はついていくか

右翼ポピュリズムは欧州各国に浸透しており、フランスでは特にその傾向が顕著となっている。

「ルペン・ショック」から十年あまりを経て、右翼「国民戦線」の力は衰えそうにない。しかも、二〇〇七年から二〇一二年まで大統領だったニコラ・サルコジは右翼の手法と発想を採り入れ、ポピュリズムの傾向の強い政権を自ら築き上げた。政界全体が右翼に蝕まれる状態となっていた。男女同数内閣は、このような状況に対するオランド政権の挑戦だ。新しい人材を政界に流し込むことによって、よどんだ体質を一変させようとする治療法である。問題は、そのような冒険に有権者がついていけるかどうか。

パリテ法を成立させたジョスパン内閣は、他にも例のない大胆な実験を試みたことで知られている。一連の社会制度改革は「モデルニザシオン」(近代化) と呼ばれた。

ジョスパン内閣には、時の社会党の最も優秀な人材が結集した。副首相格の雇用・連帯相マルティーヌ・オブリ、蔵相ドミニク・ストロス゠カーン、法相エリザベート・ギグーらを擁した内閣は、「ドリーム・チーム」と呼ばれた。国立行政学院や理工科学校を出た若手エリートがスタッフとして補佐し、綿密な理論に基づいて、詳細な政策を立案、実行した。一方で、それはまるで、研究室の中で考え出された政策のようだった。発想が豊かであると同時に、一般常識を欠いた面も少なからずあった。

一例は、一九九八年にオブリの主導で成立させて世界を驚かせた「週三十五時間労働制」である。それまで週三十九時間だった労働時間を大幅に減らす制度だが、労働者の健康管理や余暇の充実などがその目的ではない。労働者が休むことで雇用人数を増やす失業対策なのである。「まるでソ連」と揶揄され、財界から目の敵にされながらも、二〇〇〇年から実際に導入されると、失業率を大幅に下げることに成功した。その後の右派政権も廃止できないほどフランス社会に定着した。

同性カップルに婚姻と同等の権利を認めたＰＡＣＳ（民事連帯契約）を導入したのも、ジョスパン内閣である。父親の産休制度を創設し、離婚後の子どもの養育権を父母の間で完全に平等にする制度もつくり、現代の家族形態の変化に対応しようとした。

これらの試みによってジョスパンが受けた報酬が、二〇〇二年大統領選第一回投票での敗北と、右翼ルペンの決選進出だった。国民は、ジョスパン内閣のそうそうたる成果ではなく、何ら具体的な展望を持たないポピュリストの右翼を選んだのである。

多くのフランス国民はつまり、自分たちのために立派な政策を与えてくれるエリートを待ち望んでいたわけではなかった。国民が親しみを持つのは、能力があろうがなかろうが自分たちの側に立ち、自分たちに共感してくれる政治家なのである。ジョスパン内閣はそのことに気づかず、エリートを結集して生み出したアイデアを「国民に良かれ」とばかり施し続けた。オランドがその中枢にいた一人であるのは、言うまでもない。この時の失敗に、オランドはどれほど学んでいるだろうか。

二〇一四年四月、フランスではエロー内閣が退陣し、マニュエル・ヴァルスを首班とする内閣が誕生した。閣僚三十一人のうち女性は十五人で、男女同数の路線がほぼ引き継がれた。ただ、大統領のオランドの支持率は二割前後と低迷し続けている。パリテ法と男女同数内閣の狙いがどれほど市民に受け入れられているか、定かではない。

第 4 章

さらば、一人一票

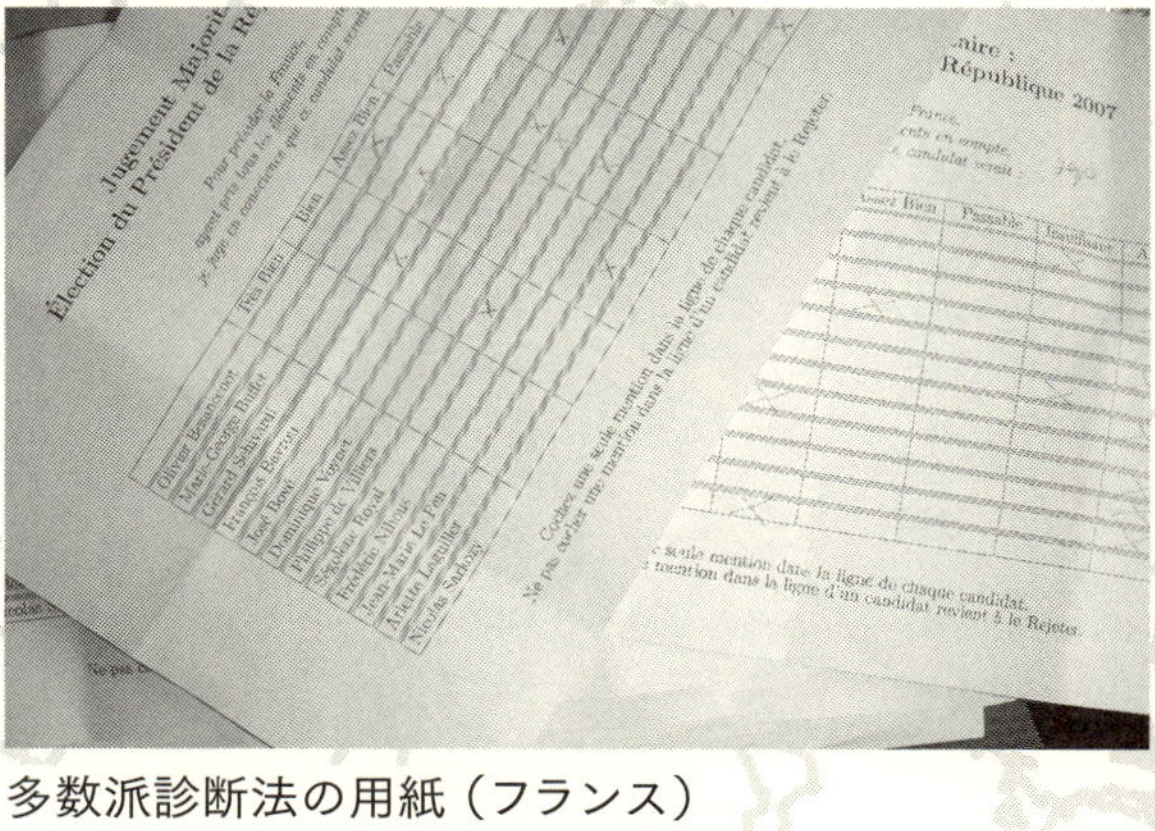

多数派診断法の用紙（フランス）

常識を問い直す

女性を招き入れることで政界の刷新を狙った前章の試みは、行き詰まった民主主義の活性化を図る実験だった。ただ、欧州で議論の俎上に載っているのは、民主主義の運用の問題だけにとどまらない。欧州が長年にわたって培い、欧米社会で今や常識となっている民主主義の制度そのものを問い直す必要性が、しばしば指摘されるようになった。

そもそも、民主主義とは異なる社会の構築を目指した社会主義も、欧州で生まれた理論だった。社会主義は、その主な実践の場をソ連や中国などに譲って一世紀近い実験を重ねた末、崩壊したように見える。ただ、その理念は資本主義社会にも影響を与え、福祉の充実や行き過ぎた競争の抑制などの制度イノベーションに結びついた。結果的に、その試みは民主主義を強化する役割を果たしたのである。

つまり、民主主義を守るためには、民主主義という常識自体を問い直す試みが欠かせない。そのような意識から生まれてきたのが、市民一人ひとりが等しい票を投じて代表者を選ぶ平等選挙を支えてきた「一人一票」に疑問を投げかける動きである。

民主主義の基本にあるのは選挙であり、選挙は「一人一票」の原則に基づいて実施されてきた。人種、信条、身分、財産などで差別されず、社会の構成員全員が政治決定に平等に参加するうえで、この制度は最も適切な制度だと考えられてきた。しかし、果たしてそうか。疑問のきっかけとなったのは、前章で述べた「男女同数」と同様に、右翼ポピュリストの伸長だった。民意を最も正確に反映すると自信を持っていた選挙制度で、なぜポピュリストが勝ち残るのか。選挙制度自体が間違っているのでないか。

政治家自身は、自分たちを選んだ選挙制度を変更するという発想をなかなか持ち得ない。あるいは、日々直面する政治課題への対応に忙しくて、制度自体をのんきに議論する余裕などないかも知れない。だから、その模索はまだ、学者たちの研究の域を出ていない。研究室から果たして、民主主義の原則を大きく変える制度が生まれるか。あるいは、暇なインテリが頭の中で考えたシミュレーションゲームに終わるのか。結論が出るのはまだ先だ。

日本では、選挙のたびに一票の格差の問題が議論される。最高裁は二〇一一年三月、最大二・三〇倍の格差が生じた二〇〇九年の総選挙を「違憲状態」と判断した。二〇一二年の総選挙を巡っても、一部の高裁が「選挙無効」の判断を出した。ならばさっさと正せばいいのだが、政治家の利害も絡んでなかなか進展しないのが、日本の現実である。

これに比べると、少なくとも欧州は、はるか遠くを歩いている。もちろん、理屈が先行気味で、市民の常識からかけ離れた実験となっている面も少なくない。しかし、そのようなある意味非常識な実験を堂々とできることは、欧州の長所でもある。そこに欧州の存在意義もある。

私たちが親しんでいる常識的な社会を守るには、常識を問う営みが必要であるからだ。さらなる制度イノベーションの最先端を、再びフランスに訪ねた。

二つの投票箱

フランス中部エソンヌ県オルセーは、パリの南西二十キロあまりの郊外の町である。高速道路に乗ると車で二十分程度とはいえ、ここまで来るとパリの喧騒も届かない。城郭や小さな宮殿が点在する渓谷の中に位置し、周囲には森が広がり、すっかり田舎の風情が漂う。パリ第十一大学（パリ南大学）のキャンパスの一部が市内にあることも影響して、住民にはインテリが多く、政治的に左派の傾向がやや強いと言われている。

二〇〇七年四月二十二日、フランス大統領選の第一回投票にあたって、オルセー市内の三つの投票所を利用する有権者らは、二種類の投票に臨んだ。

まず最初は、フランス全土と同じ正規の投票である。大統領選に立候補している十二人の候補のうちから、その職にふさわしいと思う一人を選んで投票した。候補者や政党の名前を有権者自身が書いて投票する日本の国政選挙と違って、フランス大統領選の投票所には、候補者一人ひとりの名前が書かれた投票用紙が人数分置かれている。計十二枚ある投票用紙のうち、大統領にふさわしいと思う名前が書かれた一枚を封筒に入れ、投票箱に投じる方式だ。

これを終えた有権者は、続いて見慣れない投票用紙を一枚手渡された。用紙には、先ほど見たばかりの十二人の候補者全員の名前が並び、それぞれについて評価を記す欄が設けられている。

評価は、以下の六段階から選ぶ方式だ。

一、秀（トレビアン）
二、優（ビアン）
三、良（アッセビアン）
四、可（パッサブル）
五、不可（アンシュフィザン）
六、失格（アレジェテ）

まるで、学校の通信簿のようだ。実際、その言い回しは、フランス人誰もがなじんでいる学校の成績評価の用語をそのまま使っている。

つい先ほど、本物の選挙で「大統領にふさわしい一人」を選んだ有権者たちは、今度は十二人の候補全員の評価を下し、その投票用紙を特別に設けられた箱に入れた。

この二つ目の投票は、「多数派診断法」と名付けられた、新たな選挙システムの実験だった。フランスのエリート養成校「理工科学校」で効率論を教える特任教授ミシェル・バリンスキと、ゲーム理論を教える教授リダ・ララキが、オルセー市の協力を得て実施した。事前に有権者に参加を呼びかけ、大統領選への投票者の七四％にあたる千七百五十二人の協力を得た。

「自分の意見を二回表明できる機会をもらったので、市民の間で実験は好意的に受け止められたようです」と市長のマリー＝エレーヌ・オブリは話した。

実験投票では、各候補の六段階評価の中央値を比較することで順位を決めた。例えば、以下のような具合である。

■例一
次のような得票を収めた候補者がいたと想定する。
秀＝八％
優＝二三％
良＝二七％
可＝一二％
不可＝一九％
失格＝一一％
上位から順番にポイントを足していくと、「良」のところで半数を超える。従って、この候補者の最終評価は「良」と見なされる。

■例二
評価結果より良い評価と悪い評価の割合を比較し、良い評価が多ければ「プラス」、悪い評価が多ければ「マイナス」と診断される。例一の候補だと、「良」より良い評価は計三一ポイント、悪い評価は計四二ポイントとなるため、評価結果は「良マイナス」と見なされる。同じ評価の候補者が二人以上いた場合、このプラスマイナスで順位を決める。

実験のきっかけとなったのが、その前の回にあたる二〇〇二年の大統領選での「ルペン・ショック」だった。社会党候補ジョスパンの第一回投票敗退で、左派支持者の多くが意思に反して右派候補のシラクに投票せざるを得なくなった様子を目の当たりにしたバリンスキらは、「現在の選挙制度が民意を反映していない」と実感したという。有権者の意識を正確に反映する投票方法を考案できないか。二人は、世にある様々な評価方法を選挙に応用しようと模索した。ピアノコンクールの審査法や、フィギュアスケートの採点法も調べた。その中で大きなヒントとなったのは、ワインの格付け方法だった。

二〇〇六年、千二百種あまりのワインを集めたコンテストがボルドーで開かれた。六十人の審査員が数人ずつのグループに分かれ、グループあたり十四本のワインを担当して七段階から九段階の点数を付け、金銀銅とメダルなしに格付けする手法だった。しかし、評価がうまくまとまらない。審査員らはむしろ、「秀逸だ」「非常に良い」「良い」「平均」「二流」といった表現で語ろうとした。結局、評価方法は点数制から表現制に変更され、無事格付けをすることができた。

ワイン専門書を通じて知ったこのてんまつをもとに二人が編み出したのが「多数派診断法」だ。

実験の結果はどうなったか。

最下位はルペン

実際の大統領選では、第一回投票で右派のニコラ・サルコジが三一・二％を獲得して首位となり、二五・九％で二位となった社会党のセゴレーヌ・ロワイヤルとともに、二週間後の決選に進んだ。オルセー市の三投票所だけで見ると、左派がやや強い土地柄を反映して、ロワイヤルが僅差でトップに立ち、二位にサルコジが続いた。次の一覧は、三投票所の実際の大統領選の得票結果である。

一位　ロワイヤル（社会党）……二九・九％
二位　サルコジ（右派）……二九・〇％
三位　バイルー（中道）……二五・五％
四位　ルペン（右翼）……五・九％
五位　ブザンスノ（トロツキスト）……二・五％
六位　ドヴィリエ（右翼）……一・九％
七位　ヴォワネ（緑の党）……一・七％
八位　ビュフェ（共産党）……一・四％
九位　ボヴェ（反グローバル化）……〇・九％

十位　ラギエ（トロツキスト）……………〇・八％
十一位　ニウー（右派）…………………〇・三％
十二位　シヴァルディ（トロツキスト）……〇・二％

ジャン＝マリー・ルペンは、前回二〇〇二年の大統領選に続いて決選進出を狙ったが、この時は勢いを失っていた。ルペンと同様に移民に対して強硬路線を取る右派のサルコジに票を食われたと見なされた。それでも、ロワイヤル、サルコジ、バイルーに続く四位に位置していた。

なお、フランスでは共産党が支持を失う一方で、トロツキスト政党に対する支持が衰えず、選挙のたびに数パーセントの得票を重ねていた。この時も、トロツキスト三人が立候補していた。その一人、「革命的共産主義者同盟」の候補オリヴィエ・ブザンスノは、若々しさが受けてそれなりの人気を集めた。欧州の他の国々で支持が根強い「緑の党」は、フランスでは振るわず、泡沫候補に近い得票だった。共産党も伸びなかった。

実際の大統領選ではこのような得票となったのだが、同じ三投票所で実施された「多数派診断法」による実験投票が導き出したのは、全く異なる結果だった。

一位　バイルー（中道）…………………良プラス
二位　ロワイヤル（社会党）……………良マイナス
三位　サルコジ（右派）…………………良マイナス

四位　ヴォワネ（緑の党）……………可マイナス
五位　ブザンスノ（トロッキスト）……不可プラス
六位　ビュフェ（共産党）……………不可プラス
七位　ボヴェ（反グローバル化）………不可マイナス
八位　ラギエ（トロツキスト）…………不可マイナス
九位　ニウー（右派）……………失格
十位　ドヴィリエ（右翼）……………失格
十一位　シヴァルディ（トロツキスト）…失格
十二位　ルペン（右翼）……………失格

トップは、大統領に最も近いと言われていたサルコジでも、それを追うロワイヤルでもなかった。中道のフランソワ・バイルーだった。

バイルーは、ミッテラン政権、シラク政権下で国民教育相を務めた大物政治家の一人で、シラクが主導した右派中道結集の呼びかけに応じず、孤塁を守って中道政党「民主運動（MoDem）を立ち上げた人物である。欧州統合主義を政策として前面に掲げ、自らの選挙区である南部ピレネー山脈近くの農村部を拠点に、庶民感覚を保った常識人としてのイメージを構築して、根強い大衆人気を誇っていた。

ただ、問題は組織力の弱さだった。サルコジを全面的に支える右派の最大政党「大衆運動連合」や、ロワイヤルを公認した社会党に比べ、バイルーが率いる「民主運動」は、所属議員の数でも党員数でも大きく劣っていた。「民主運動」の母体となったのは、一九七〇年代に大統領を務めたヴァレリー・ジスカール＝デスタンが創設した「フランス民主連合」（ＵＤＦ）だが、フランス政治が右派と左派とに集約されるにつれて先細りとなっていた。

逆に言うと、サルコジやロワイヤルは組織に基づいた選挙を進め、自陣営から強い支持を得る一方で、反対陣営から強く批判される立場に立っていた。これに比べ、バイルーには強い支持母体がない一方、批判する声も薄かったのである。

「多数派診断法」でのバイルーへの評価を見てみると、最も評価の高い「秀」の割合は一三・六％で、サルコジの一九・一％、ロワイヤルの一六・七％に及ばない。しかし、最も評価の低い「失格」の割合は七・四％しかなく、サルコジの二八・二％、ロワイヤルの一二・六％を大きく下回った。つまり、すごく評価する人は少ないが、全然だめだという人も少ない。無難な選択となる候補だったのである。

現実の大統領選では、バイルーの第一回投票での得票は三位にとどまり、決選に進出できなかった。

「多数派診断法」で一位だったバイルーにもまして注目すべきなのは、右翼のルペンである。現実の投票では四位に食い込んだのに、実験では何と最下位だった。十二人の候補の中には、例えばトロツキストのシヴァルディのように、フランス国民のほとんど誰一人として名前を知らないような人物も含まれている。ルペンは、そうした泡沫候補さえも堂々と下回ったのである。

ルペンへの評価を見ると、「秀」は三％で、共産党候補ビュフェの二・五％、「緑の党」のヴォワネの二・九％を上回っている。しかし、なんと言ってもすごいのは「失格」と判断した割合で、七四・四％に達している。バイルーの十倍だ。「ルペンだけはいやだ」と考える有権者がそれだけ多かったことを物語っている。

「多数派診断法」は、普段の「一人一票」の選挙からだとうかがえない有権者の意外な意識も、浮き彫りにした。

例えば、有権者が十二人の候補者につけた評価で最も多かったのは「失格」だった。全般的にもネガティブな評価の数が多く、好意的な評価は少なかった。「秀」との評価を用いた有権者は、二人に一人程度しかいなかった。

ここから推測できるのは、多くの有権者に強いのが「この人を大統領にしたい」という思いよりも「この人だけは大統領にしたくない」という思いであることだ。市民にとって、大統領がサルコジであろうが、ロワイヤルであろうが、バイルーであろうが、言うなればどうでもいい。どうでもよくないのは、ルペンが大統領になることなのである。

「この制度だと、一人の候補に失格をつける選挙キャンペーンも、使い方によっては可能になるかも知れません」とララキは言う。

また、「多数派診断法」で有効だった計千七百三十三票のうち、評価の仕方は実に千七百五通りにわかれた。すべての候補者に「失格」をつけた人も二人いた。右派と共産党の候補を「優」

と判断した人もいた。

バリンスキは語る。

「有権者の意見がいかに多様かを示しています。一人ずつすべて異なる政治的意見を投票結果に反映するには、この方法が最も最適です。もっとも、議員たちの間では、評判はよくないですが」

彼らの実験は、これにとどまらなかった。

右翼支持層が「好ましい」

バリンスキとララキの次なる実験は、四年近くを経た二〇一一年四月に実施された。大統領に就任したサルコジが、すでに当初の人気を失い、支持率も三割台から二割程度と低迷している頃だった。次期大統領選が一年後に迫っており、候補者の名前が取りざたされ始めていた。

この時は、実際の選挙に便乗して実験する方法ではなく、大統領選に向けた情勢を問う世論調査に相乗りする手法で実施された。

世論調査は、新興の機関「オピニオン・ウェイ」によって実施された。この時点で右派のサルコジが再選を目指すのは確実視されていたが、社会党は大統領候補を決める党員投票をまだ済ませておらず、誰が対抗馬となるかわからなかった。世論調査は、社会党の党首だったマルティーヌ・オブリが候補者に選出されると想定して、支持の動向を尋ねた。実際の党員投票でオブリを破ったオランドが公認候補となるのは、その後の十月のことである。

世論調査はまた、立候補に意欲を見せていた中道の元環境相ジャン＝ルイ・ボルロー、元首相のドミニク・ドヴィルパンも候補と想定していた。

この時は、その世論調査の結果自体が大きな話題となった。社会党のオブリが支持率でトップとなったのは予想の範囲内だったが、続く二位に現職大統領のサルコジではなく、右翼のルペンが入ったからである。このルペンは、先の二〇〇二年、二〇〇七年大統領選の候補者ジャン＝マリー・ルペンの三女にあたるマリーヌ・ルペンで、父親から「国民戦線」の党首を引き継いでいた。二〇一二年の大統領選で再び右翼が決選に進出する「新ルペン・ショック」が起きるのではないか。世論調査の結果は、そのような不安をかき立てた。なお、「オピニオン・ウェイ」は保守系紙フィガロや右派政党がしばしば利用する新興の機関で、信頼性が高いとは言えない。全般的に右派や右翼に有利な結果が出る傾向が強いことで知られていた。

この世論調査に便乗してバリンスキらが実施した「多数派診断法」の実験は、世論調査本体の「ルペンがサルコジを上回った」というニュースの陰となって、ほとんど関心を呼び起こさなかった。

実際、「多数派診断法」の結果は、予想の範囲内だった。トップには、世論調査と同様にオブリが入った。以下、中道のボルロー、中道に近い右派のドヴィルパン、中道のバイルー、緑の党のジョリと続き、「当たり障りのない候補が有利」というこの種の投票方法の傾向を裏付けた。

現職のサルコジは六位、ルペンはこの種の実験の定位置である最下位の十二位だった。

興味深かったのは、この調査で同時に尋ねた「従来の投票方法と多数派診断法とで、どちらが大統領選に向いているか」との質問に対する回答だった。「従来型がいい」と答えた人が六三％だったのに対し、「多数派診断法」を支持した人も三六％いた。「多数派診断法」は、多くの被験者にとって初めての体験だったはずだ。それにしては、なかなかの健闘を見せた。

もっと注目すべきなのは、「多数派診断法」を好ましいと判断した集団の内訳だ。オブリらの左派を支持する層で「多数派診断法」を好ましいと見なしたのは三一％しかなく、サルコジらの右派を支持する層でも三五％にとどまった。中道支持層ではやや高いものの、それでも三八％どまりだ。せっかく自分たちに有利な方法なのに、もったいないことである。

ところが、右翼「国民戦線」支持層では、「多数派診断法」を好ましいと答えた割合が六二％に達していたのである。すでに述べた通り、「多数派診断法」は右翼に圧倒的に不利に働く。この投票方法だと、従来型なら決選に進出できるかも知れないルペンが、常にビリなのだ。なのに、なぜルペンの支持者たちがこの手法を好ましいと思うのか。大いなる矛盾でないか。

その理由は想像するしかないが、恐らく右派や左派の支持者と違って、ルペンを支持する人々は、本当の「支持者」ではないからだろう。ルペンが大統領にふさわしいと考えて支持するのでなく、現状に不満があったり、あるいは大統領に当選しそうな右派や左派の候補が気に入らなかったりして、そのはけ口をルペンに求めているのである。「自分たちの意識が政治に反映されていない」との思いを強く抱いている彼らは、「多数派診断法」に対して、「自分たちの声を吸い上げてくれる新たな制度」との印象を抱いた可能性がある。

ルペンを支持する人の多くは、ごりごりの右翼でもなければ、移民排斥主義者でもない。むしろ、自らの声を聴いてくれていると納得すれば、ごく常識的な候補に投票しているかも知れない人たちである。「サルコジやオブリが大統領になると世の中がよくなる」とめでたくも信じている人々に比べると、ある意味でずっとまじめなのかも知れない。

バリンスキらは、二〇一二年の大統領選に際しても、同様の実験を実施した。実際の大統領選第一回投票は四月二十二日だったが、実験はその直前にあたる十二日から十六日にかけてである。この時も「オピニオン・ウェイ」の世論調査に相乗りした。

まずは、実際の大統領選の結果である。この選挙では、現職のサルコジを破って、社会党のオランドが当選した。その第一回投票結果である。

一位　オランド（社会党）……二八・七％
二位　サルコジ（右派）………二七・三％
三位　ルペン（右翼）…………一七・九％
四位　メランション（左翼）…一一・〇％
五位　バイルー（中道）………九・一％
（以下略、候補者は十人）

この選挙では、前回三位だったバイルーの苦戦が目立った。五年間にわたって左右両方からの切り崩しが続き、バイルーの支持組織はますます細っていた。彼が現実に大統領を務められると信じる人は多くなかった。

一方、ルペンは意気揚々としていた。この選挙では、社会党最左派だったジャン＝リュック・メランションが離党して左翼を結集し、大いに人気を集めた。メランションの下には共産党やトロツキストの一部も加わり、一種のブームを演出した。メランションが三位に入り、ルペンは四位に落ちるだろう、との見方が一般的だった。ふたを開けると、メランションは票を伸ばせず、相変わらずの強さを見せたのがルペンだった。

一方、「多数派診断法」による支持の結果は以下の通りだった。

一位　オランド　良プラス
二位　バイルー　良プラス
三位　サルコジ　可プラス
四位　メランション　可プラス
（中略）
八位　ルペン　不可マイナス
（以下略）

これを見ると、一位になれなかったとはいえ、バイルーは健闘しており、まだまだ希望が持てそうだ。一方、ルペンは相変わらず、トロツキスト候補たちに交じって最下位争いを続けていた。従来型の選挙で三位を確保して勢いを増す現実とは全く異なる風景が、ここにあった。

フランス政界は二十一世紀に入って、ルペン父娘が率いる「国民戦線」に振り回され続けている。選挙では常に二割近くの支持を集め、右派、左派に次ぐ第三党としての地位を不動のものとし、時には第二党、第一党に躍進しそうにもなる。

その勢いに乗じようと、支持が重なる右派政党の中からは「右翼が支持を集めるのは、その主張にも一理あるからだ」「右翼支持者を引き戻す政策を掲げる必要がある」などと、すり寄ろうとする声がしばしば上がってきた。「国民戦線」が掲げる移民排斥の発想を右派自らの政策に反映させようともした。二〇〇七年から一二年にかけて大統領を務めたサルコジが移民やジプシーに対して強硬な路線を取ることで支持を広げようとしたのも、そのような声に支えられてのことだった。

しかし、右翼が一定の支持を受けるのは、支持者の単純な積算で勝負する従来型の投票制度があるからに他ならない。その制度に従うから、たかだか二割の支持に過ぎない右翼に全体が振り回されてしまう。二割が二割でしかない選挙制度をつくるなら、「国民戦線」の影響力は大きく減退する。

バリンスキらは、多数派診断法でのルペンの結果を分析しつつ、こう問いかける。

「ルペンを好意的にとらえる人はほとんどいない。多くの人が否定的にとらえている。にもかかわらず、そうした世論を一切無視して、支持した人の数だけをもとにルペンの得票を打ち出すのが、現行選挙制度の一番の問題点だ。なぜ、ルペンとその政党の主張をあれほど重視しなくてはならないのかを、考えた方がいい」

「価値投票」に参加してみた

バリンスキとララキの実験は、決して孤立した試みではない。フランスでは、それぞれ知恵を絞った手法を用いつつ、様々な研究が続けられている。二〇〇七年と二〇一二年の大統領選は、あちこちの投票所が実験場と化した感があった。

その一つ、「価値投票」は、二〇一二年の大統領選と並行して市民団体がネット空間で組織した実験投票である。ある種のゲームであると同時に、国立科学研究センター（ＣＮＲＳ）の経済学者らがかかわっているれっきとした研究でもあった。

それぞれの候補者を、ゼロを挟んで「プラス二」から「マイナス二」までの五段階で評価し、その総合点で当選者を決める。「通知表形式の投票」という別名を持っていた。

ウェブサイト「www.votedevaleur.org」に掲載されている投票用紙の見本には、全員の候補者名が並んでいる。各候補について、以下の五段階で評価を下す。

まっぴら　マイナス二
嫌　マイナス一
どちらでもない　〇
良い　プラス一
非常に良い　プラス二

最も評価する一人の候補の名前を記すのでなく、すべての候補についてその資質や政策を判断するのは、「多数派診断法」と同じである。候補ごとにプラスマイナスの点数を集計し、最も得点の多い人が大統領に当選する。

もともとは、前回二〇〇七年の大統領選で、一部の研究者らが試みた実験がきっかけだった。この時は五段階でなく、「〇」「一」「二」の三段階だった。実験に参加した有権者の間での反応は上々で、「一人一票よりいいのではないか」との声も出たという。それを聞いた市民団体が、ネットを通じて二〇一二年の実験を組織したのである。

参加はウェブサイト経由だから、フランスにいなくても試すことができる。そこで、私自身も投票してみることにした。

パソコンで早速、有権者名簿に登録する。「ようこそ。投票日当日に整理券を送付します。投票においで下さい」と、メールで返事が戻ってきた。

本物の選挙と同様、サルコジ、オランドをはじめとする十人の候補者から一人の大統領を選ぶ方式だ。本物だと二回投票制だが、こちらは実験だから一回だけの投票である。投票日は、大統領選第一回投票の前々日にあたる四月二十日から三日間だ。私がフランスの有権者であるかどうかは、問われない。実験だから、日本人が一人ぐらい交じっていても、大目に見てくれるのかも知れない。

ウェブサイトに掲載されている投票用紙の見本には、候補者名がずらりと並んでいた。各候補を五段階で評価する。やってみると、何だか通信簿を付けている教師の気分だ。通常の選挙のように「誰か一人を選ばなきゃ」といった切迫感には欠ける。心に余裕を持って、少し距離を置いた視点を持ちつつ投票できる、いや評価できるのである。

ここからは個人的な判断なのだが、フランス人でもないのに投票に参加する引け目から、あまりむちゃな評価はやめようと考える。フランス人ならこう選ぶ、という視点を忘れず、常識的な線で抑えておこう。一般的に大統領が務まりそうな人物であるオランドやサルコジは「プラス二」、トロツキストら到底無理な人は「マイナス二」だ。ルペンは、うーん。当選したら困るのだが、かと言って一応体系的な政策も打ち出しているし。迷ったあげく判断したのだが、何点をつけたのか忘れてしまった。

投票後のアンケートに「フランスの有権者ですか」というのがあった。正直に「違う」と答える。別に、それでも投票が無効になるわけではないようだ。

実際の大統領選の決選でオランドが勝利を収めた五日後、実験投票の主宰者からの報告書が手元にメールで届いた。これによると、実験投票への参加者は一万千五百二十七人に達した。主宰者は「大いなる成功だ」と自賛している。各候補の得票（というより得点と呼ぶべきなのだが）は以下の通りだった。

バイルー（中道）……………＋〇・二五
オランド（社会党）…………＋〇・〇五
メランション（左翼）………－〇・三一
サルコジ（右派）……………－〇・三五
ジョリ（緑の党）……………－〇・三七
デュポン＝エニャン（右派）…－〇・六八
プトゥー（トロツキスト）……－〇・九一
ルペン（右翼）………………－一・〇一
アルトー（トロツキスト）……－一・一一
シュミナード（保護主義）……－一・一一

こういう実験に喜んで参加するのは、多くがたぶんインテリであるに違いない。また、ネットを通じた投票だけに、比較的若い層が多いと想像できる。全般的に左派候補が多く得点を重ねた結果の背景には、そのような事情が想像できる。

バイルーが強いのは「多数派診断法」と同じである。ルペンが振るわないのも、予想通りだ。

とんがった人よりも無難な人、欠点の少ない人が高得点となる傾向は、各候補の得点の内訳を見ると、より明確だ。一位バイルーと二位オランドを比べた際、オランドは「プラス二」の数で圧勝したものの、「マイナス二」もかなりある。バイルーの特性は、とにかくマイナス点が少ないことだ。その結果、プラスとマイナスの引っ張り合いによってオランドが〇・〇五に終わったのに対し、バイルーはのらりくらりと〇・二五にまで上がっていったのである。ルペンの場合にはその傾向がもっと強い。プラス点はオランド、サルコジに続く三位争いに食い込むほどなのに、マイナス点がそれを圧倒的に上回っている。「マイナス二」と評価したのは七千三百四十一人に達しており、これは参加者の六割以上にあたる。その結果、名前を聞いたこともないようなトロツキスト候補と最下位を競うはめになったのである。

改めて全体を見直すと、トップのバイルーと言えどもたかだかプラス〇・二五に過ぎない。上位二人以外は全員、マイナス点になっている。すなわち、大多数の人は、各候補に否定的な評価ばかりを下したということだ。

「バイルーが勝った」とか「オランドが二位」とかいうよりも、「結局、どの候補も信用されていない」ことの方がよほど問題なのだと、思えなくもない。

実験への参加者の反応は上々だ。「一人一票よりもこちらのシステムの方が自分の意見を正確に反映している」と見なした人は八割に達した。七四％は「大統領選でこちらのシステムを導入した方がいい」と答えた。もっとも、そのように考える人ばかりが参加した可能性もあるから、そのまま受け止めて喜ぶわけにもいかない。実験としてはまずまずの滑り出しだと言えるだろう。

課題はいろいろとあるようだ。例えば「プラスでもマイナスでもない『ゼロ』は白票と同じか、違うか」など、論理の構築にあいまいな点が残る。「プラス一とプラス二の差はマイナス一とマイナス二の差と同じ、と考えるべきではない」との指摘もある。改善点は少なくない。

さらに、この方式は候補者にとっても有権者にとっても、選挙独特の何かわくわくする部分に欠けるかも知れない。一人一票の投票には、ギャンブル的な要素が多分にある。支持不支持のわずかな意識の差が、ゼロかすべてかに変換される。そこに、様々なドラマが生まれる。少し語弊があるかも知れないが、民意を正確に反映しないところが選挙のおもしろさだ、と言えないこともない。

その意味で、点数制で評価を下す実験投票は、誰もがあまり思い出したくない学校の通信簿と、やはり共通するものがある。まじめすぎて、つまらないのである。とはいえ、そのようにつまらないのが、民主主義の本来の姿なのかも知れない。

相次ぐ実験投票

実験は他にもいろいろあった。互いに似ているが、少しずつ違ってもいた。数学者、経済学者といった様々な分野の専門家が試みていたのも特徴である。選挙の専門家や政治学者より、分野違いの人の方が試みやすかったのかも知れない。

その一つ、「承認投票」は、カーン大学とストラスブール大学の研究者らが二〇〇七年の大統領選に乗じて、国内六投票所で試みた実験投票である。一人の候補を選ぶのでなく、投票用紙に書かれた候補者全員の名前の中から、いいと思う複数の候補に丸を付けて投票する方法だ。つまり、各候補について承認か不承認かを判断するのである。その数を集計して、最も承認が多い候補が当選となる。研究者らは、古代ギリシャのスパルタの制度にヒントを得てこの手法を考えついたという。

参加したのは有権者約五千五百人だった。その結果、多くの人は二、三人の候補に丸を付けたという。「多数派診断法」の場合同じく一位はバイルーで、サルコジ、ロワイヤルと続いた。ルペンは下位に沈んだ。

別の試み、「選択投票」は、候補者全員に順位を付ける投票方式である。二〇〇七年の大統領選に伴い、リール大学の研究者らが二投票所の九百六十人を対象に実験した。二〇一二年にはウエブサイトを通じて広く参加者を募って実験を続けた。

なお、この順位方式は、すでにいくつかの国で導入されている。例えば、オーストラリア（豪州）の下院議員選挙では、この実験と同様にすべての候補者に順位を付ける「優先順位付連記投票」方式が採用されている。投票の半数以上から一番を獲得した候補者がいれば、当選が決まる。いない場合、極めて複雑な換算方法を用いて当選者を決める。

アイルランドでは、やはり候補者全員に順位を付ける「単記移譲式比例代表制」が使われている。当選に必要な票数があらかじめ設定され、これを上回った候補は全員当選する。当選者が定数に満たない場合、当落が決まった候補から決まらない候補へと票数が移譲されるが、その計算方法はやはり複雑だ。英国など他の国でも、一部の地方選挙などでこの方法が導入されている。リール大学の実験は、一人一票方式と順位式を比較し、その特性を把握する意味も持っていたようだ。

これらの多くの試みはまだ、研究者や市民団体の試行錯誤の段階に過ぎない。実現に至るまでには、様々な障害が予想される。ルモンド紙によると、このような実験に対する現職議員らの拒否感はかなり強いそうだ。現制度で選ばれた人が現制度を否定すると、自らを否定することになるからだ。

一人一票以外の投票方式としては、「ドメイン投票」を思い起こす人もいるだろう。これは、米国の人口学者ポール・ドメインが一九八六年に提唱した方法で、未成年の子どもにも一票を認め、親が代わって投票する、という手法である。従って、子どもの数によっては親が二票分、三票分を投じることができる。男の子の分を父親が、女の子の分を母親が投票する、との案が有力だが、父母が〇・五票ずつ分け合う選択肢もあるという。

その主な目的は、むしろ少子化対策にあるようだ。また、有権者が高齢化すると短期的な視野に立った判断をしがちになるため、若者の主張をより多く政治に反映させようとする意図もあるという。発想自体は二十世紀初頭にさかのぼり、ドメインが理論化する前から存在していた。

欧州では、この手法を実際に導入する試みがあった。二〇〇〇年代に入ってドイツで採用が検討されたが、実現しなかった。ハンガリーでは二〇一一年、この手法による選挙改革を与党が憲法改正案に盛り込んだが、世論の支持を得られなかった。

フランスの様々な試みとは多少意図が異なるものの、その狙いには共通点がある。投票方法、選挙制度、民主主義のあり方を考えることで、改革の議論を始めるきっかけとしたい、との願いが込められていることである。

これらの投票実験は、有権者の平等原則を否定するものではない。その意味で「一人一票」の範囲内ではあるのだが、一方で「一票」を投じる従来の投票とはかなり異なるイメージを持っているのも確かである。

では、これが実現するかというと、可能性はまだまだ薄い。単に政治家が乗り気でないからだけではない。これまで民主主義が培ってきた選挙に対する概念から大きく逸脱しており、あえて変えようとするだけの理論構築が不十分であるからだ。

フランスでは、あらゆる選挙で第一回投票と決選投票を戦う二回投票制が採用されている。この制度は、投票を複数回にわたって繰り返すことによって有権者の意思を集約していく目的を持っている。つまり、有権者一人ひとりが自らの意見を表明することより、政権を担う多数派を形成していくことを優先する発想だ。

投票方法の歴史に詳しい専修大学教授（憲法）の田村理によると、選挙で「意思の集約」を重視するのは、世界の主要国に共通して見られる考え方だという。「政権を担う多数派は、有権者自身によって決められるべきだとの考えが根底にあるからです。実験投票はこの世界の流れに抗う発想です」と説明する。

「フランス型の二回投票制だと、有権者は第一回投票後に自らの見解の変更を迫られることがあり、『これでは政治的意思を反映できない』と感じることも、理解できないわけではありません。だからこそ様々な投票実験が出てきているわけですが、一方で投票とは結局、有権者自身が一人の当選者を選ぶ行為です。本来なら有権者自身がすべき苦悩を選挙制度に押しつけようとしている、と受け取られても仕方ありません」と田村は評した。

フランス・グルノーブル政治学院教授（選挙社会学）のピエール・ブレションは、さらに批判的だった。「政治の根本にあるのは、一人を選び、他の候補を捨て去るという営みです。代表を選ぶことこそが選挙なのです」と指摘したうえで、「現在の投票方法は、有権者がすべて平等という哲学に基づいています。一人一票という政治文化は、そう簡単に変えられないし、現制度をあえて変更するだけの強い不満が社会で共有されているとも思えません。強引に変えても、棄権が増えるだけでしょう。実験投票は、結局実験で終わるのではないでしょうか」と予想した。

ただ、効率の悪さなどから時に批判にさらされる民主主義を維持し、磨いていくには、制度イノベーションのための模索と実験が欠かせない。実験投票の大きな意味はそこにある。最終的に元の制度の有用性とありがたさが再認識される結論となるにしても、何もしないよりましだろう。

翻って、日本ではどうか。日本の制度は民意を十分反映しているだろうか。誰が選ばれるかを巡って騒ぐ前に、こうした問いかけがもっとあっていい。

第 5 章

色を塗る革命

グルジアから撤退するロシア部隊

ウクライナ二〇一四年

これは、東西冷戦の再来なのだろうか。

二〇一四年二月二十一日、私は旧ソ連の西の端の小国モルドヴァに滞在していた。正確に言うと、モルドヴァからの独立を掲げて事実上分離状態にある国内東部の沿ドニエストル地方、いわゆる「沿ドニエストル共和国」の首都ティラスポリにいたのである。ロシアの支援を受けて建国したものの国際社会から受け入れられていないこの非承認国家で、政治経済状況を取材するためだった。

ティラスポリは、ウクライナ国境から十キロ足らずしか離れていない。ホテルのテレビが受信するウクライナのニュースは、その国の政変を報じていた。

欧州連合（ＥＵ）とロシアとの間に位置するウクライナでは、すでにその前年から緊張が高まっていた。親ロシア派と言われた大統領のヴィクトル・ヤヌコヴィッチが十一月、ＥＵとの間で予定していた連合協定への調印を見送ったのをきっかけに、欧米との関係強化を求める市民のデモが連日首都キエフを埋めた。年が明けても抗議行動は収まらず、一月二十二日にはついに、デモ隊と治安部隊が衝突して初の死者が出た。

二月十八日、両者が再び衝突して死者が出た。十九日未明、治安部隊の一斉攻撃が始まり、双方で死者やけが人が相次いだ。二十日には混乱がさらに拡大し、中心部に展開した治安部隊は動く者を容赦なく狙撃する鎮圧姿勢を取った。三日間の犠牲者は最終的に百人を超えたと言われる。ウクライナ建国以来の惨事である。

二十一日、ＥＵなどの仲介で政権と野党が協議し、与野党連立政権の樹立や年内の大統領選の実施などで合意に達した。この日から翌二十二日にかけて、治安当局を含む政府機関や多くの政治家が大統領に見切りを付け、野党勢力支持に回った。ヤヌコヴィッチは逃亡し、政権は崩壊した。刻一刻と推移する状況を、私は隣国で追っていた。民主化を求める市民の意思は明らかなように思えた。ロシアが対抗してウクライナ領内に侵攻する可能性が取りざたされていたものの、それほど深刻には受け止められていなかった。

しかし、ロシアは素早く行動を起こした。二〇〇三年の米英によるイラク侵攻の時のような大規模な地上軍の進撃ではなく、ウクライナ南部クリミア半島で市民に紛れた兵士が治安を握り、傀儡政権を立ち上げるという奇策を採った。クリミア半島を併合した後も、ウクライナ東部ドンバス地方を勢力下に置こうと策を弄し、五月現在も緊張状態が続いている。

一九九一年のソ連崩壊以後、ロシアは国家を立て直すため、かつての敵のかじ取りに従う屈辱を味わった。欧米の政府や企業、市民団体の協力を仰ぎ、自らの社会の近代化と民主化に懸命に取り組んだ。二〇〇〇年代に入ると、自らの勢力圏に政変の波が押し寄せた。二〇〇〇年、セルビアの独裁者ミロシェヴィッチ大統領を市民運動が退陣に追い込んだ「ブルドーザー革命」が、幕開けである。二〇〇三年、グルジアで腐敗の著しいシェワルナゼ政権を市民が倒す「バラ革命」が起きた。二〇〇四年にはウクライナで、オレンジをシンボルカラーに抱いた「オレンジ革命」が起き、親欧米派のユーシェンコ政権が誕生した。これら旧ソ連や旧社会主義圏の政変は「色の革命」「花の革命」と総称され、二〇〇五年のキルギスの「チューリップ革命」にも結びついた。さらに、政権交代には至らなかったものの、二〇〇五年のアゼルバイジャン、二〇〇六年のベラルーシでの民主化運動にもつながった。

近隣での親欧米政権誕生に、自分の足元が切り崩される思いをロシアは抱いただろう。それだけに、プーチン政権になって天然ガスや石油の輸出を足がかりに資源大国としての地位を固めたロシアには「もうこれ以上好き勝手にはさせないぞ」といった意識が強いように見える。それが、二〇一四年のウクライナへの強硬姿勢につながっている。

クリミア半島の併合に対して、EUはロシアに対する制裁に踏み切り、プーチン政権の有力者の渡航を禁止したり、資産を凍結したりした。ただ、煮え切らない態度はありありだった。EUは、そもそも自分たちが債務危機で四苦八苦していた。国内の企業がロシアと密接な関係を持つドイツやイタリアは、対ロ制裁の強化にも及び腰だった。米政権はEUよりも強硬姿勢だが、「色の革命」の頃のブッシュからオバマに政権が変わっており、国際情勢への関心自体が薄れていた。

浮足立つ欧米に比べ、ロシアの決意は強固に見える。そこには、資源大国として自信を回復した新たな姿がある。ロシアの大胆さ、巧妙さばかりが目立ち、「新冷戦」という言葉さえ生まれた。ロシアが力を蓄えたために米ロ蜜月の時代は終わりを遂げ、対立の時代が再び来る、という

2000年代に広がった「色の革命」

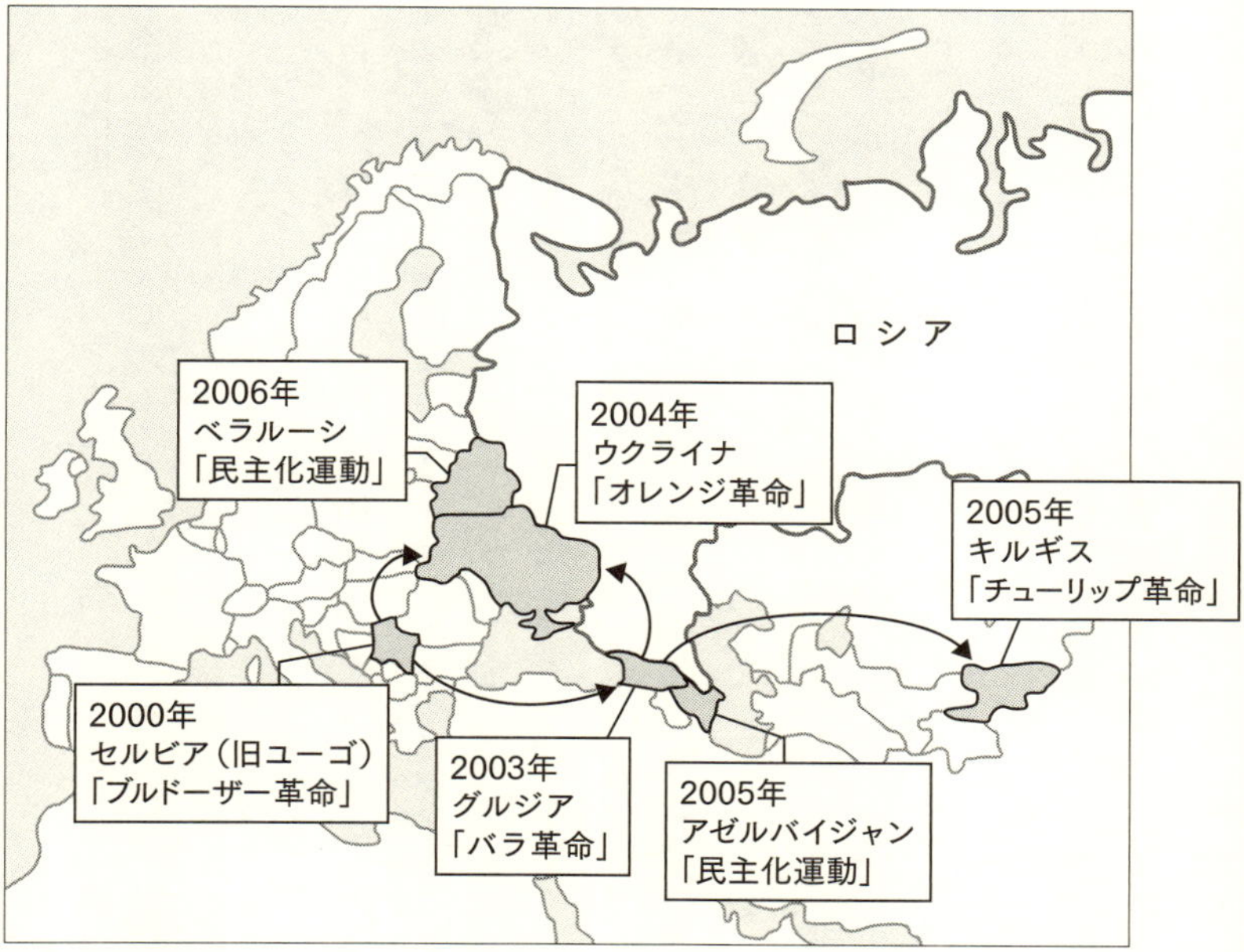

のである。

このような見方は、国際関係を「パワーのせめぎ合い」ととらえる限り、ある程度の説得力を持つだろう。実際、米ホワイトハウスやロシアのクレムリン、これら権力に近いシンクタンクや軍関係者は、こうした視点から戦略を練っている。

確かに、「色の革命」やウクライナ危機の背景に、冷戦構造を引きずった米ロの駆け引きの面はあっただろう。一方で、出来事すべてを東西のパワーゲームに還元するのは、乱暴に過ぎる。冷戦後の世界の流れは、社会主義諸国を民主化するという理念を伴った営みでもあった。それは、旧ソ連、共産圏、社会主義諸国といった特異で閉鎖的な社会を、国際社会の一員たる普通の国家に変えていく制度イノベーションであり、欧州が培ってきた民主主義や自由の概念を旧東欧や旧ソ連に広めるマーケティング戦略とも位置づけられる。

その作業には、欧州安全保障協力機構（ＯＳＣＥ）や欧州評議会（ＣＥ）といった、欧米と旧東欧、旧ソ連双方を包含する枠組みが利用された。国家だけでなく、多くの市民が市民団体や人権団体、メディアを通じて取り組んだ。パワーゲーム理論の視点からは国家の動きしか見えないが、「民主化」という作業では社会の変革や大衆世論への働きかけが不可欠だ。その面で、市民団体や人権団体が果たす役割は小さくない。

この試みは、共産主義に染まっていた旧東欧諸国をＥＵに加盟させ、旧ソ連の一部だったグルジアやウクライナに言論の自由や普通選挙を導入させるといった一定の成果を上げた。ロシアに対しても与えた影響は大きく、少なくとも選挙制度が曲がりなりにも定着した。いかに強権的なプーチン政権と言えども、世論を無視して行動するわけには行かなくなった。何よりクリミア半島の併合自体、プーチン政権がロシアの国内世論の支持を得ようと強行したポピュリズム的要素が強い。

民主化の大きな流れから見ると、二〇〇八年に起きたロシアとグルジアとの紛争も、二〇一四年のロシアによるウクライナ侵攻も、ソ連が崩壊して民主化されていく長い過程の中で起きた出来事に過ぎないだろう。ロシアがいかに自信たっぷりに振る舞おうが、その流れ自体が変わるわけではない。

ロシアはもはや、ソ連には戻れない。

本章では、この流れを象徴する「色の革命」を通じて、欧州による民主化の行方を追いたい。その取り組みは、独裁国家や権威的な国家がひしめき合うアジアで民主主義国家日本が何をなすべきか、ヒントを与えてくれるかも知れない。

冷戦崩壊以後、旧東欧諸国の多くやバルト三国は、一九九〇年代に着実な民主化を進め、EU加盟を果たした。一方で、旧ソ連やバルカン諸国の中には、民主化に苦労し、独裁が続いた国もある。旧ユーゴスラビアは「民族浄化」と呼ばれる悲惨な内戦を経験した。

これら「負け組」の国々の間で民主化運動が持ち上がったのは、ミロシェヴィッチ独裁政権が抑え込んでいると思われていたユーゴスラビア連邦セルビアだった。

始まりは「ブルドーザー」

ユーゴスラビアは冷戦期、米ソ双方から距離を置く非同盟諸国のまとめ役として、国際社会で一目置かれる存在だった。

冷戦崩壊後の一九九一年以降、ユーゴを構成していたスロベニア、クロアチア、ボスニア・ヘルツェゴビナ、マケドニアの各共和国が相次いで独立し、セルビアとモンテネグロの二共和国がユーゴ連邦に残留した。クロアチアやボスニアは内戦に突入し、凄惨な殺し合いを展開した。その過程で、多くの残虐行為にかかわったとして国際社会から非難を受けたのが、セルビアのミロシェヴィッチ政権である。

スロボダン・ミロシェヴィッチは、一九九〇年にセルビア共和国大統領に就任すると、セルビア民族主義を掲げてボスニアなどの内戦に介入した。九七年にはユーゴ連邦の大統領に就任し、ユーゴ連邦セルビア共和国内のコソボ自治州が独立を求める動きに対しても強硬姿勢で臨んだ。コソボでの紛争の拡大を恐れる欧米各国は、北大西洋条約機構（NATO）の名の下に九九年、ユーゴ空爆に踏み切った。二カ月半後、ミロシェヴィッチはコソボからの完全撤退を受け入れ、空爆が停止された。

この時点で、ミロシェヴィッチはすでに、当時のイラクの大統領フセインやリビアの指導者カダフィと並んで、国際社会の嫌われ者となっていた。後に振り返ると、このイメージは多分に、欧米側のプロパガンダに影響されたものだろう。民族主義をあおり立てた点では、クロアチアの大統領ツジマンも、ボスニア・ヘルツェゴビナの幹部会議長イゼトベーゴヴィッチも、同じだった。ただ、ミロシェヴィッチはロシアと親しく、振る舞いもソ連的で、教条的な独裁者の風貌を醸し出していた。その結果、何より排除されるべき存在と見なされたのである。

彼のイメージは、セルビア国内でも失墜していた。国際的な孤立を招いた張本人として、市民の不満の対象となりつつあった。

二〇〇〇年、ユーゴ大統領選が一年前倒しで実施されることになった。長期政権化を狙うミロシェヴィッチが、分裂している野党の足並みの乱れを見て取り、憲法を改正して臨んだ結果だった。しかし、大部分の野党が直前になって、穏健派の民族主義者ヴォイスラヴ・コシュトニツァを統一候補として擁立することで合意し、ミロシェヴィッチは一転、苦戦を強いられた。

九月二十四日、投票が終わって開票が始まると、ベオグラード中心部に野党支持の市民が繰り出した。二十六日、連邦選管は「コシュトニツァが優勢であるものの過半数に届かず、決選となる」との結果を発表した。これを「選挙の不正」と受け止めた野党支持者らは抗議活動を繰り広げた。連邦議事堂前に数十万人が集結し、議事堂の一部や政府系放送局を占拠するに至った。対峙する警官隊や軍からも呼応する動きが出た。十月五日、コシュトニツァが新政権樹立を宣言し、ミロシェヴィッチ政権は事実上崩壊した。

この政変は、デモの参加者の一人がホイールローダーに乗って政府系テレビ局ビルに突入したエピソードにちなんで「ブルドーザー革命」と呼ばれる。フランス革命やロシア革命といった古典的な革命と比べて、政権を転覆させた点では共通しているものの、明らかに異なる性格も持っていた。革命が暴力によるものではなく、基本的に選挙を介したものだったからだ。しかも、投票によって政権を交代させたのではなく、投票にあたって政権側が犯した不正行為に的を絞って大衆運動で追及することによって、大規模な流血を伴わない政権交代を導き出した。この特徴は以後のグルジア、ウクライナ、キルギスの革命でも踏襲された。「色の革命」がしばしば「選挙革命」と呼ばれるのは、こうした性格からである。

「ブルドーザー革命」は、決して偶然に生まれたり、勢いから生じたりしたわけではない。背後には、国内の市民団体の周到な準備と、欧州諸国と米国の積極的な関与があったと言われている。

ユーゴで反ミロシェヴィッチの運動を進め、コシュトニツァ政権誕生の素地をつくったのは、国内の学生らを中心とする市民団体「オトポール」(抵抗)である。オトポールは一九九八年、学生らへの規制強化に反発するベオグラード大学の学生らによって結成された。大統領選では、大規模デモや占拠、不服従を中心とする非暴力の手段で反ミロシェヴィッチのキャンペーンを展開し、多くの市民の支持を集めた。

オトポールはまた、投票所の監視活動に取り組む市民団体の連合体「自由選挙民主主義センター」(CeSID)と密に連携していち早く投票結果を入手し、選管の公式発表に先駆けて野党候補コシュトニツァが勝利を宣言する素地を固めた。これは、続いて発表されたミロシェヴィッチ優勢の公式集計の欺瞞性と政権側の選挙操作を暴き、政権打倒を目指す大衆運動をまとめることにつながった。その意味で、オトポールは「ブルドーザー革命」の立役者と位置づけられる。

選挙革命マニュアル

以下、ベオグラード大学の人類学者スロボダン・ナウモヴィッチの研究やオトポール内部の資料から、オトポールの戦略の特徴を見たい。

▼シンボルの利用

オトポールは、拳をかたどったデザインをシンボルと定め、「(ミロシェヴィッチは) もうおしまいだ!」などといった明確で短いスローガンを組み合わせたチラシをつくり、存在感を示そうと国内のあちこちに張り付けた。

▼白と黒のキャンペーン

自らへの支持を広げる「白いキャンペーン」と、政権側を告発する「黒いキャンペーン」を、大々的に展開した。

「白いキャンペーン」は、オトポールの名を市民に浸透させる試みだ。中でも最も成功したのが、スローガン「オトポール　なぜならセルビアを愛するから」だった。政権がオトポールを「CIAの回し者」「非愛国者」など非難していたことに対抗して、あえて愛国色の強い表現を使ったのである。

「黒いキャンペーン」は、ミロシェヴィッチの脆弱性を暴き、その権力をちゃかして「政権交代は現実のものとなってきた」と訴えるためだった。スローガンの一つは「彼はおしまい！」である。活動家らは、「彼はおしまい！」と書かれたステッカーを、ミロシェヴィッチの選挙ポスターの上に張って回った。大統領選が迫ると、零時五分前を針が示す時計の図柄をシンボルに定め、「変革は間近だ」との意識を浸透させた。

運動は次第に、人々の足を投票所に運ばせることに主眼を移していった。ミロシェヴィッチは社会主義型の全員投票の習慣に染まった年配層に支えられており、これを覆すには若者たちの投票率を高めるのが不可欠だったからだ。

▼活動家の多様性

社会の様々な階層から活動家を集めることに腐心した。ミロシェヴィッチ政権内部にいる人物も、自陣営に引き入れようと試みた。これによって、自分たちの運動のノウハウが社会の各階層に広く伝わると期待した。

▼非暴力

デモやスト、商品ボイコット、不服従運動など、非暴力に徹する手法で運動を進めた。参加者は、衝突を回避するため、向かい合う警察官らと会話をするよう努めた。当時の活動家の一人は運動を記録したビデオの中で「警察と私たちの間に争いはない。片方が青い制服を、片方が青いジーンズを身につけているに過ぎず、どちらも犠牲者だ」と語っている。

▼脱集権化

オトポールには本部も中央委員会もない。事務所さえなく、その実態を当局はつかみかねた。これは、政権側の弾圧を避けるためにオトポールが採用した戦術だった。

また、首都ベオグラードに限らず、地方でも反ミロシェヴィッチ運動を盛り上げようと試みた。活動を首都から分散させると、当局の狙い撃ちに遭う可能性も下がるからだ。各地の運動のリーダーは、中央の指示を受けることなく、地元に密着した独自の行動を展開した。

オトポールはこれらのノウハウをいかに手にしたのだろうか。彼ら自身が状況に応じて工夫した面はあるだろう。ベオグラードの大手広告代理店からも助言を受けていた。一方で、外部からの働きかけが影響したのも間違いない。

重要だったのは、旧東欧諸国で民主化運動に参加した活動家からの支援だった。特に活発だったのがスロバキアだ。スロバキアでは一九九八年の総選挙で、それまで独裁的な権力を振るってきたメチアル政権を野党勢力が倒した。その中心となった市民組織「ＯＫ98運動」は、オトポールに大きな影響を与えた。特に、選挙と大衆運動とを融合させる「ブルドーザー革命」の手法は、スロバキアの運動を真似た部分が少なくないという。

これらの手法は「スロバキア・セルビア民主化モデル」と呼ばれることがある。米コーネル大学教授ヴァレリー・ビュンスと米ジョージ・ワシントン大学教授シャロン・ヴォルチクの分類によると、大衆運動で選挙に勝ったのがスロバキア型であり、ブルガリア、ルーマニア、クロアチアなどの民主化がこのパターンに相当する。選挙での不正を大衆運動で告発しつつ結果を覆したのがセルビア型で、グルジア、ウクライナ、キルギスといった「色の革命」に共通するパターンとなった。

「フリーダム・ハウス」「アルバート・アインシュタイン研究所」といった米国のNGOの影響もあった。アインシュタイン研究所を主宰するマサチューセッツ大学名誉教授ジーン・シャープは、ハンガリーに出向いてワークショップに参加し、オトポールの活動家二十人ほどを前に非暴力闘争のノウハウを伝授したことがある。シャープは、ガンジーの影響を受けた非暴力運動の理論家だ。シャープの著書は、以後の「色の革命」の活動家の間で読み回されることになった。

ミロシェヴィッチは政権を追われた翌二〇〇一年三月末、職権乱用などの容疑でユーゴ当局によって逮捕された。私が初めてベオグラードを訪れたのは、このニュースを取材した時である。投降を拒否するミロシェヴィッチ邸を警官隊と群衆が取り囲み、街は騒然とした雰囲気に包まれていた。翌日四月一日未明、ミロシェヴィッチは収監され、七月にはオランダ・ハーグの旧ユーゴスラビア国際犯罪法廷に移送された。彼は二〇〇六年、裁判の途中で獄死した。


ユーゴ連邦は二〇〇二年、セルビア・モンテネグロに改称され、〇六年にはモンテネグロが独立したことからセルビア単独で国家を形成するに至った。その後セルビアが歩んだ苦難の道については、第十章に譲る。「ブルドーザー革命」を成功させた後、オトポールは政党への脱皮を目指したが失敗し、親欧米派の民主党に吸収された。

セルビアではしぼんでしまったオトポールの活動だが、その旧メンバーたちは「実用非暴力活動・戦略センター」（CANVAS）、「非暴力抵抗センター」（CNVR）といった独自の組織を設立し、旧東欧旧ソ連各地に散って「色の革命」を準備することになった。

その最初の機会は、ブルドーザー革命の翌二〇〇一年にあったベラルーシ大統領選だった。私はその選挙を首都ミンスクで取材したが、十代から三十代にかけての若者たちが開票所の監視に携わる姿が印象的だった。ベラルーシ国内二百の市民団体の約一万二千人が集まって結成した「市民イニシアチブ『独立監視団』」である。ルカシェンコ独裁政権による選挙の不正を防ぐことを目的に、全体の約五％にあたる五百投票所に張り付いて、各候補の得票を独自に集計した。ブルドーザー革命でオトポールや自由選挙民主主義センターが力を入れた手法をそのまま流用したのである。

ただ、ベラルーシでルカシェンコへの支持は特に農村部で根強く、選挙の不正をしなくても勝つであろうと言われた。実際、この選挙でルカシェンコは容易に再選を決め、市民の取り組みは大きな成果を出せなかった。

この流れが花開くのは、二〇〇三年のグルジアだった。

グルジア「バラ革命」

グルジアは黒海の東、コーカサス山脈の南側に位置する旧ソ連の小国である。地理的に欧州に含まれるかどうかは議論のあるところで、地図で見る限り中東近くに位置している。ただ、グルジアはキリスト教国で、しかも四世紀という早い時期に布教がなされたことを誇りにしている。豊かな美食とワインの文化を育んできた自信もあり、欧米志向が強い国となっている。

グルジアは、一九九一年の独立直後から内戦状態に陥った。翌九二年、立て直しを期待されて国家評議会議長に担ぎ出されたのが、ソ連外相として新思考外交を主導したエドアルド・シェワルナゼである。シェワルナゼは最高会議議長（国家元首）を経て九五年に大統領に就任した。九〇年代後半、ロシアをはじめ旧ソ連諸国が次々と苦境に陥る中で、グルジアは比較的持ちこたえたことから、シェワルナゼ政権一期目の評価は概して高かった。

しかし、次第にシェワルナゼの家族や取り巻きに権限が集中し、腐敗が目立つようになった。シェワルナゼが二〇〇〇年に再選されて以降、公務員の給与の遅配が続き、国内に不満が広がった。二〇〇一年秋、学生らを中心とする大規模な抗議デモが起き、複数の学生団体が設立された。二〇〇三年四月、これらの団体が結集し、学生自治組織「クマラ」（もう十分だ）が発足した。

クマラは、セルビアのオトポールの元メンバーらからの助言を受け、そのノウハウを踏襲した。団体としての内部組織を設けず、明確なリーダーも置かず、脱集権化で治安当局の介入をかわそうとした。活動方針は、週一回のブレーンストーミングで決めた。非暴力を徹底させ、デモの際に向き合う警官隊にクマラのメンバーがサンドイッチを差し入れたり、花を贈ったりした。半ば伝説化していたオトポールの手法をあえて真似ることで「自分たちへの期待も高まるのでは」との思惑をクマラは抱いていたとも言われる。

クマラは当初、その焦点を二〇〇五年のグルジア大統領選に定めていた。二〇〇三年十一月に予定されていた総選挙は設立から半年ほどしか余裕がなく、大統領選への単なる前哨戦と受け止めてさほど重視していなかった。しかし、選挙戦が始まると、活動に勢いがついた。投票の監視活動に携わる市民団体「公正な選挙と民主主義のための国際協会」や法律家団体と協力し、選挙結果の独自集計に取り組んだ。

投票後、中央選管は「シェワルナゼ与党が勝利を収める情勢」と発表し、これに納得しない市民が国会議事堂の前に集まる事態になった。当初はわずかな人数だったが、日を追うごとに膨れ上がった。その過程で、投票監視団体やクマラが公表した独自集計の結果は、市民の動員に大きな影響を与えた。国会前での三週間にわたる抗議を経た十一月二十二日、シェワルナゼが演説している最中の議事堂に、国会の強行開会を阻止しようとする群衆がなだれ込んだ。シェワルナゼは避難した先で国家非常事態を宣言したが、軍は従わず、一部は野党勢力に合流する構えを見せた。シェワルナゼは翌二十三日、辞任を表明した。

年が明けて二〇〇四年一月にあった大統領選で、野党統一「国民運動」の指導者ミハイル・サアカシュヴィリが勝利を収めた。この政変が「バラ革命」と呼ばれるのは、サアカシュヴィリがバラをシンボルとして使ったことに由来するという。大統領に就任したサアカシュヴィリは、腐敗撲滅を掲げるとともに、極端な親欧米路線を推し進めた。

「バラ革命」でクマラが果たした役割については、評価が定まっていない。クマラの元メンバーらは、クマラそのものが革命を主導したと主張している。もっとも、クマラの規模は、同じ学生中心の組織でもオトポールや後に述べるウクライナのポラに比べて小さく、その影響力にも限界があったとの見方も少なくない。革命で決定的な役割を果たしたのはむしろ、投票監視団体だった可能性もある。

ただ、クマラの派手な活動が抵抗のシンボルとなり、旧政権の不正や腐敗を広く市民に知らしめた役割は、過小評価できない。クマラの活動の一つの軸は、これもオトポールと同じ「ユーモア」だった。旧ソ連型の無感動な社会では、笑いこそが人々を揺り動かすと考えたからだ。その一つは、市民の認知度を高めるための路上落書き作戦だった。「クマラ」の名前が、与党本部前の路上にまで落書きされた。シェワルナゼをちゃかす横断幕も次々とつくった。この革命を機に政界を引退したシェワルナゼは「落書きをして回る若者たちに、大した注意を払っていなかった。それは間違いだった」と漏らしたという。

内戦から母国を立て直したと自負するシェワルナゼにとって、「民主化」の名の下に政権を追われたのは、相当な屈辱だったに違いない。二〇〇九年七月、グルジアを訪れた私は、シェワルナゼにインタビューをする機会を得た。トビリシ市街から山道を上がったところにある彼の古びた邸宅を訪ねた。薄暗い部屋のソファで向き合った彼は、随分弱っているように見えた。この時の取材テーマは「ベルリンの壁崩壊二十周年」で、ソ連時代の新思考外交などについて尋ねたのだが、質問と答えが一致しなくて困った。問いかけに不機嫌そうに話をそらす一方、昔話はうれしそうに語る。この時すでに八十一歳だったが、もっと老け込んで見えた。

旧ソ連で新思考外交を始めた八〇年代半ば、いずれはベルリンの壁崩壊に至るだろうと覚悟していたのか。その問いかけに、彼は「壁の崩壊も、ソ連の解体も、実は予想していた」と答えた。「だから、実際に壁が崩れた時も驚きはしなかった。ただ、ソ連の解体はそのまだ十年先だと思っていた。事態は見通しよりずっと速く進んだよ」

今になって振り返ると、自らの政権の崩壊も、彼は「見通しよりもずっと早くやってきた」と考えていたのかも知れない。

ウクライナ「オレンジ革命」

「バラ革命」の翌年に当たる二〇〇四年、ウクライナで「オレンジ革命」が起きた。

小国のグルジアに比べるとウクライナはずっと大きく、面積も人口も十倍前後に達する。地理的にも、ウクライナはロシアと欧州各国を結ぶ間に位置しており、ロシアから欧州に向かうガスのパイプライン経由地として、戦略的に重要だ。ロシアの黒海艦隊はウクライナ南部のセバストポリ基地を長期貸与で使ってきただけに、ウクライナの動向はロシアの安全保障上の最大の関心事だった。

「バラ革命」で追われたグルジアのシェワルナゼは、独裁者の汚名を着せられながら、実際にはその任期中、様々な改革を進めた、ある意味で、民主化に理解を示す政治家だった。同様の要素は、ウクライナの大統領だったレオニード・クチマも持っていた。一九九一年に独立したウクライナで、九四年に第二代大統領に就任したクチマは、国内の旧共産党勢力に抗してEUやNATOへの接近を図った。いわば、欧米の価値観を理解する指導者の一人であり、彼が一九九九年に再選された大統領選も、比較的不正が少ない選挙だと言われた。後にオレンジ革命の立役者となるヴィクトル・ユーシェンコも、クチマの下で首相を務めた経験を持つ。もう一人のオレンジ革命の主役ユリア・ティモシェンコも、クチマの下で副首相を務めた。

ただ、クチマ政権二期目には経済が成長する一方で腐敗も目立つようになり、政権支持率は大幅に下がった。決定的だったのが、反体制的な言動で知られるネット紙「ウクラインスカ・プラウダ」を主宰していた記者ゲオルギー・ゴンガゼの暗殺だ。二〇〇〇年、記者が首なし死体で発見されるという衝撃的な事件だったが、クチマ自身が殺害を命じたとうかがえる盗聴テープが暴露されたことから、辞任を求める抗議運動が起きた。欧米でもクチマへの嫌悪感が広がった。ウクライナも招かれたNATOの会合で、英語の席順だとウクライナとUSAが隣り合わせになることから、クチマの隣席を嫌った米大統領ブッシュ側がフランス語で席順を決めるよう求めたほどだった。

こうして、二〇〇四年の大統領選を迎えた。クチマの後継候補となった当時の首相ヴィクトル・ヤヌコヴィッチと、野党連合「我らのウクライナ」の候補ユーシェンコとの間で、事実上の一騎打ちとなった。ヤヌコヴィッチは、若い頃に暴行にかかわったとして二度逮捕された経歴があり、ソ連崩壊後の混乱に乗じてのし上がった人物である。出身地の東部ドネツクの裏社会とのつながりが指摘されており、古い体質が抜けない政治家だった。

十月三十一日の第一回投票ではどちらも過半数を獲得できず、結果は決選に持ち込まれた。その間すでに、野党支持者らは公式結果と独自集計との差異を指摘し、「大規模な不正があった」として、キエフ中心部での街頭デモに繰り出していた。動員には、オトポールやクマラの支援を受けて結成された若者の組織「ポラ」(今こそ)が重要な役割を果たした。

十一月二十一日に決選投票があり、中央選管は二十四日、ヤヌコヴィッチ四九・四六%、ユーシェンコ四六・六一%と、結果を発表した。ヤヌコヴィッチは勝利を宣言したが、これに抗議する二十万人規模の集会がキエフで開かれた。欧米も選挙の不正を非難し、ウクライナ最高会議(国会)や最高裁判所も相次いで選挙を無効とする判断を出した。ポーランドやリトアニアの大統領が調停に乗り出し、十二月二十六日に決選投票が再度実施された。ユーシェンコが五二%を獲得し、大統領に選出された。

これが「オレンジ革命」と呼ばれるのは、ユーシェンコ支持のシンボルカラーがオレンジであり、人々がオレンジ色のマフラーを身につけ、オレンジ色の旗を振りながら街頭デモに繰り出したからである。

野党連合やこれを支えた学生組織は、セルビアやグルジアの手法を多く採り入れ、街頭での運動を展開した。加えて、両国と同様に決め手となったのが、選挙監視活動だ。

旧東欧や旧ソ連の国々には、選挙の伝統が根付いてこなかった。社会主義時代、「選挙」とは共産党が出してきた唯一の候補を承認する作業であり、最初から結果がわかっている茶番だった。ベルリンの壁崩壊、ソ連崩壊を経て、ロシアを含めたこれらの国は本当の選挙を実施する必要に迫られたが、そんなノウハウなど持ち合わせていない。どうしたら選挙ができるのか。秘密投票を確保するにはどんな制度と設備が必要なのか。彼らが頼ったのが、西欧諸国だった。欧州評議会や欧州安保協力機構といった国際的な枠組みを通じて支援を求め、西欧側も喜んで応じた。選挙監視は当初、真っ当な選挙をするために監視する側、監視される側双方が望んだ方法で、急速に定着した。

その後、ロシアやベラルーシ、中央アジア諸国は次第に監視を嫌がるようになったものの、ウクライナではまだ協力態勢が保たれていた。この時の大統領選でも、ウクライナは選挙監視団を受け入れた。

欧州評議会や欧州安保協力機構は、市民団体と密接な関係を結んでいる。選挙監視に実際に携わったのも、多くはこうした団体の活動家たちだった。欧州各国、特にポーランドやグルジア、セルビアなどから若者たちが現地入りし、投票所に張り付いた。最終的に選挙の不正が暴かれたのは、こうしたスタッフからの情報を綿密に集計し、公式発表とつき合わせたからである。

この時にボランティアの選挙監視員としてウクライナ入りしたポーランド人の若者の一人に、二〇〇九年に訪れたワルシャワで会った。二十五歳の財務省職員クシシュトフ・トムチンスキである。当時まだ、ワルシャワ大学で法律と心理学を学ぶ一年生だった。決選再投票が決まった十二月、選挙監視のミッションに一人で参加した。ベルリンの壁崩壊以降の自国の民主化を欧米各国が支援してくれたことに感謝の念を抱いていたからだという。

「今度は、歴史的な岐路に立っているウクライナの民主化を私たちが助ける番だと思いました。

ただ、ちょうどクリスマスの時期だったので、友人は誘いにくかったのです」

投票所で監視と指導をする役割を任され、ウクライナ人監視員と一緒に、中部チェルカーシ近くの投票所に赴いた。

投票所で起きた出来事は、映画の一シーンのようだったという。ソ連時代の「一〇〇％の支持」の選挙になじんだ年配層は、欧米型の選挙の常識さえ持ち合わせていない。近くの精神科病院の女性事務長が患者三百人分の投票用紙を持ってきて、平然と投票箱に入れようとした。投票に立ち会っている地元選管委員長も止めようとしない。すべての用紙にヤヌコヴィッチの名前が書かれている。委員長を相手にビデオを回し、「これがＥＵにでも知られたら大変なことになるぞ」と脅し、何とかやめさせた。「今まではこれが当たり前だったんですよ」という事務長には、選挙違反であることを説明した。患者自身が投票することになった。

患者たちは大喜びだった。病院に閉じ込められている彼らにとって、初めて外に出る機会だったからだ。身分証明の旅券を手に握り、一人ひとり投票した。患者の一人は、投票用紙でなく旅券を投票箱に入れようとして、周囲から慌ててとめられた。別の一人は、投票用紙に記入するカーテンの中に入ったまま三十分も出てこなかった。投票が初めてで、どうしていいかわからず、ずっと立ったままでいたのである。投票所の職員も、連れ出そうともせず、ずっと待ち続けたのだった。

立ち会いを経験して、トムチンスキは自らの存在の重要性を感じたという。「外国人が来たこともないような小さな街では、私たちがそこにいて、見守っているだけで、公正な選挙に向けた効力を発揮できたと思います」

　投票が終わると、トムチンスキは一週間ほどキエフにとどまり、中心部の独立広場に設けられたテントに寝泊まりして集会に参加した。群衆に交じって、ポーランドの国旗を振った。「国外から支援に来ていることを示すことで、ウクライナ人も自分たちが支えられていると感じるだろうと思ったのです」。周囲にはグルジアやチェコの国旗も見えた。「来てくれてありがとう」とウクライナ人に抱きつかれもした。「革命に参加したことは、人生ので最も素晴らしい経験でした」と彼は振り返った。

「色の革命」には通常、翌二〇〇五年にキルギスでアカエフ独裁政権を倒した「チューリップ革命」を含める場合が多い。この革命にもブルドーザー、バラ、オレンジ各革命のノウハウが伝えられ、実際に支援に行った若者もいると言われている。欧州諸国も欧州安保協力機構の枠組みで選挙監視団を送るなど、民主化を支援した。ただ、キルギスは中央アジアに位置する農村社会の国であり、住民の多くがイスラム教徒で、グルジアやウクライナとは社会の違いが大きい。若者の組織も規模が小さく、他の「色の革命」と異なる点は少なくない。

　二〇〇五年のアゼルバイジャン議会選、二〇〇六年のベラルーシ大統領選では、市民団体が「色の革命」の手法を踏襲しつつ民主化と投票監視の活動を展開したが、政権を倒すには至らなかった。ベラルーシの大統領アレクサンドル・ルカシェンコは「色の革命なんて、盗賊行為に過ぎない。わが国では、ピンクだの、紫だの、バナナだのの革命は起こらない」とうそぶいた。

ベラルーシ学生への奨学金

旧ソ連諸国の民主化に対して、ポーランドが抱く思い入れは強い。オレンジ革命には、トムチンスキに限らず多くの若者が支援に駆けつけた。ポーランド人に根強い反ロシア意識が、自国とロシアとの間に位置するウクライナやベラルーシを自陣営に引き入れようとする動きにつながっているのだろう。

ベラルーシに対しても、ポーランドは民主化支援を続けている。

ベラルーシはしばしば、「欧州最後の独裁国家」との枕詞を付けて呼ばれる。ソ連崩壊後の混乱を経て、一九九四年に政権に就いた大統領ルカシェンコによる独裁が続く。ルカシェンコはロシアに対する親近感を隠さず、欧米に対してはそっぽを向いており、EUが求める言論の自由や政治の透明化を受け入れようとしない。野党支持者に対する弾圧も厳しい。

二〇〇六年のベラルーシの大統領選では、野党系運動員が大量に逮捕されるなど選挙の公正さに疑問が持たれる中で、ルカシェンコが八割以上の得票を重ね、三選された。この時、野党候補の選挙運動にかかわった多くの学生が大学を追い出され、ポーランドに逃れた。彼らの生活を支援するために、ポーランド政府は奨学金の制度を設けた。十九世紀の作家の名を冠した「カリノフスキ奨学金」である。月額千二百四十ズロチ（約四万円）が支給され、学生寮で暮らして倹約すれば、十分生活できるという。ポーランドのベラルーシ民主化支援の中心的なプロジェクトと位置づけられており、二〇〇九年の時点で四百人以上のベラルーシ人の若者が恩恵にあずかりつつ、ポーランドの大学に通っていた。

「カリノフスキ奨学金」を提唱したのは、旧ソ連研究を専門とするワルシャワ大学教授・東欧研究所長のヤン・マリツキである。ワルシャワの中心部にある大学に、彼を訪ねた。

きっかけは、二〇〇六年のベラルーシ大統領選の際にテレビに流れた映像だった。落選した野党候補アレクサンドル・ミリンケヴィッチが、画面に向かってポーランド語で訴えかける場面に、マリツキは目をとめた。反ルカシェンコのデモに参加した学生たちが次々と退学を迫られていることに、ミリンケヴィッチは危機感を抱いていた。

「ポーランドは、我が国を深く理解する国です。学生たちに助けの手を差し伸べてもらえないでしょうか」

マリツキは、これにすぐ反応した。その日のうちに、首相補佐官に連絡を取った。「独裁者によって学校を追われた学生たちが、ポーランドで勉学を続けられるようにしてほしい」と要請した。間を置かず、補佐官から「プロジェクト案を作成してほしい」との返事が来た。マリツキは大急ぎで作成した奨学金計画をその夜、首相官邸にFAXで送った。「西欧がポーランドを助けてくれたように、ポーランドもベラルーシを助けるべきではないか」と書き添えた。

翌朝、マリツキは首相官邸に連絡を入れた。FAXは届いたか。そう尋ねたマリツキに、秘書が応えた。「あなたは、大変なことをしでかしましたね。官邸スタッフは朝からみんな、ベラルーシ問題にかかりっきりになっているんです」

夕方、ベラルーシ学生の受け入れを首相のマルチンキエヴィッチが発表した。二週間後、首相とベラルーシのミリンケヴィッチとの間で、奨学金設立の契約書が調印された。受給したのは、初年度の二〇〇六年が二百四十四人、以後二〇〇七年は八十七人、二〇〇八年は五十八人、二〇〇九年は四十三人だった。

もっとも、初年度に受給したベラルーシ人学生の中には、落第したり学業を放棄したりした人も少なくないそうだ。「デモをするのは簡単だが、勉強するのは難しいんだよ」とマリツキは苦笑する。加えて、教育水準の違いも大きい。ポーランドの授業についていけない学生が少なくないという。「ベラルーシに限らずロシアやウクライナにも共通する傾向ですが、一部の専門教科だけ飛び抜けて発達しています。多くは原子物理学など、戦争に関係した学問ですね。音楽も水準が高い。しかし、一般的に人文科学はかなりレベルが低いのです」

それでも、奨学生に対するマリツキの期待は高い。

「たとえ彼らの半分が落第したとして、半分がついていけないと見るか、半分がついていけていると見るか。私は、ベラルーシ人のかなりの部分が困難を乗り越えて勉学を続けていると思います。彼らは『自由とは何か』も学び、民主主義を理解した将来のエリート層となり得るのです。何より、ソ連からルカシェンコ体制に至るベラルーシの歴史の中で、この制度は初めての民主主義教育の機会なのですから」

ポーランドはなぜ、ベラルーシの民主化にそれほど力を注ぐのか。隣とはいえ、ベラルーシは旧ソ連の一部である。EUに加盟している自分たちとは別の世界だと、割り切ったらどうか。

そうならない背景には、ポーランド人に根強い反ロシア意識があるようだ。
「ベラルーシの向こうにはロシアがいます。私たちがロシアの脅威を受けないためにも、ベラルーシにしっかりしてもらいたい」とマリツキは言う。

ポーランド人のロシア嫌いは有名だ。マリツキもその一人である。「ロシアに二つの島を取られた日本もそうでしょう」と同意を求めてくる。

二つではなく、四つですよ。私の返答に、彼は「ポーランドなんて、国土の半分をロシアに取られた」と応じた。「ウクライナもベラルーシも、きっと民主化できます。ロシアに対するクッションの役割を果たしてくれるでしょう」

この二カ国は、ポーランドにとってロシアの脅威の防波堤なのである。

その頃、ウクライナでは親欧米派のユーシェンコ政権の支持が低迷し、苦しい立場に追い込まれていた。グルジアも国内改革が停滞するだけでなく、ロシアとの紛争にも巻き込まれた。旧ソ連諸国の自由化、民主化は、容易ではない。民主主義国家になれないのではないか。

そのような私の挑発に、マリツキは反論した。
「ウクライナも、ベラルーシも、グルジアも、七十年間の共産党支配の下でインテリや有能な人材をすべて失ったのです。生き残った人々は、恐怖におびえる生活が日常となっていた。だから、自由や民主化といった新たな概念にも、すぐには慣れないのです。西側の大きな自由の椅子に座って『東の国は』などと論じてはいけません。民主主義が無理なのではない。時間と、自由な国からの援助が必要なだけなのです。西側が協力する限り、たとえ時間はかかっても、これらの国で自由な政治体制をきっと確立できるでしょう」

マリツキは、ウクライナのオレンジ革命を例に、成果をこう指摘した。

▼報道の自由が芽生えた。「革命」の前にはほとんど保障されていなかったが、独立した多くのメディアが定着し、政府批判もするようになった。

▼「いざとなれば変革できる」との市民の自信が生まれた。国家の立場が何より大事だと共産主義時代に教え込まれた人々は、オレンジ革命が起きるまで「自分たちには変えられない」と思い込んでいた。

一方で、マリツキはロシアの民主化についてあまり期待をしていないようだった。

「ロシア人には帝国主義へのノスタルジーがありますからね。ロシアの民主化は、無理とは言いませんが、ずっと時間がかかるでしょう」

ポーランド政府は奨学金以外にも、ベラルーシ反体制系メディアへの援助を続けている。一方で、ルカシェンコ政権側への支援プログラムもあるという。野党と政権と、両面を攻めることによって双方の変革を求めるのが狙いである。

ポーランド外務省東方局次長のアンナ・コスチェヴァは「私たちはルカシェンコ大統領とも良好な関係を築いています。ベラルーシに対する取り組みは、『政府間協議』と『反体制への支援』の両輪で進めています。ベラルーシにとっても、欧米との接触を深める以外にやっていく道はありません。その過程に無理やり介入するのでなく、彼ら自身の改革を支えようとする姿勢が大切だと考えています」と話した。

グルジア、ウクライナの暗転

この頃を前後して、「色の革命」には揺り戻しが目立つようになっていた。

二〇〇四年、サアカシュヴィリ政権が「バラ革命」の熱気の中で誕生した時、グルジアは西欧型の民主主義国家に生まれ変わると、多くの市民が期待した。実際には、サアカシュヴィリは国内で独断的、強権的傾向を強め、民主化が次第に怪しくなっていった。

一方で、サアカシュヴィリ政権は外交面で「親欧米」「ロシア離れ」の路線を推し進めた。ロシアは激しく反発した。その結果が、二〇〇八年八月の軍事紛争だった。

グルジア領内では、北部の南オセチア自治州と西部のアブハジア自治共和国がグルジアからの独立を宣言しており、いずれもグルジアの統治を離れて駐留するロシア部隊の庇護下に入っていた。ロシア「軍」と言わず「部隊」と呼ぶのは、実態がロシア軍であるものの、「独立国家共同体（ＣＩＳ）の平和維持軍」という体裁を取っていたからだ。

紛争のきっかけには謎が多い。南オセチアをグルジア側が最初に攻撃したというのが定説だが、その前にロシア側の挑発があったのも間違いない。開戦してみると、圧倒的に武力に勝るロシア部隊の優勢は明らかだった。ロシア部隊は境界を越えてグルジア領内になだれ込み、中部の中心都市ゴリを占領してしまった。

当時パリに駐在していた私は、それから二カ月後の十月にゴリを訪れた。ちょうど、ロシア部隊が撤退する直前だった。カメラを隠してロシア部隊の検問を越え、占領地にあるトゥクビアビ村に入った。たまに響く銃声以外に物音の乏しい世界だった。約五千の人口のほとんどが戦闘を避けてゴリ市内に逃げ出していたからだ。村人の少なくとも十六人が紛争に巻き込まれて死亡し、焼き打ちに遭った家は四十二軒に及んでいた。

紛争によって、自由も、民主主義も、どこかに吹っ飛んだかのようだった。人々は、生活を立て直すことで精いっぱいのように見えた。

こうした中で、大統領のサアカシュヴィリへの支持も急落した。大統領を批判する市民運動が盛んになり、年が明けて二〇〇九年の春になると、連日デモが吹き荒れた。野党勢力は三カ月にわたって市内中心部の国会前の大通りを封鎖し、テントに立てこもって大統領辞任を要求した。サアカシュヴィリはもはや、民主化の象徴ではなくなっていた。

その後私は二度、グルジアを訪れた。その二度目の二〇〇九年七月、グルジア最西端の街ズグジジを訪れる機会があった。そのすぐ西は、グルジアからの独立を掲げてロシアの支援を受けるアブハジアである。グルジアとアブハジアとの境界は、双方の住民の間に姻戚関係などがあることから、もともと行き来も頻繁だった。しかし、紛争後は出入りが厳しく制限されるようになっていた。

最前線の村ダルシェリでは、グルジア側の検問所の警察官が真顔でいった。

「ここは、ベルリンの壁と同じです。民主主義と人権はここまで。検問から先にあるのは強権主義のロシアなのですから」

紛争で強大なロシアに打ち負かされた経験は、グルジア人にとって屈辱として刻まれている。彼らが支えとするのは「民主化では自分たちが勝っている」という意識のようだった。

二〇一二年十月、グルジアで総選挙があった。サアカシュヴィリの人気は低迷していたものの、野党の足並みが揃わず、当初は与党の「統一国民運動」が有利と見られていた。形勢が逆転したのは、最終盤の九月になってからだ。国内の刑務所で看守らが受刑者に集団で暴行している場面の映像が野党系テレビで暴露され、腐敗に対する批判が集中した。これが最終的に、野党勝利につながった。

十月一日の投票後、サアカシュヴィリは敗北を認め、野党連合に政権を移譲する意向を示した。十七日には野党指導者のビジナ・イヴァニシヴィリを首相に任命した。グルジアではこの頃、実権を大統領から首相に移す制度改革が進んでいたことから、サアカシュヴィリは大統領として残留するものの死に体と化した。

首相に就任したイヴァニシヴィリは、謎の多い人物だった。グルジア中部の村に生まれ、一九九〇年代の混迷のロシアでコンピューターの販売業などを営み、続いて銀行を設立、企業買収などで財産を築いた。米フォーブス誌によると、資産は六十四億ドルと見積もられ、この頃世界で百五十番目あたり、グルジアでは文句なく一番の富豪と位置づけられていた。家族とともにフランス国籍も持っていた。

その財力を背景に、故郷グルジアで慈善活動に勤しんだ。学校を建設し、教会を再建し、グルジア軍の新しい軍服を一式揃えた。首都トビリシでの住まいは、街を見下ろす高台に立つ巨大な「ビジネスセンター」である。ホールや会議場、プールから屋内テニス場まで揃えた総合施設で、日本人建築家の高松伸が設計した。

成功したとはいえ、イヴァニシヴィリは一般の間で無名で、政治経験もほとんどなかった。この総選挙が政治の舞台へのデビューである。フランスに長く暮らす一方で、ロシアとの密接な関係も取りざたされ、与党側からは「プーチン政権の傀儡」との批判を受けてきた。本人は親米、親欧州路線を継続するとの意向を表明したものの、親ロシア路線への回帰を予想する人も少なくなかった。選挙戦の遊説先では「このロシア人」と罵声を浴びたこともあった。

この政権交代を何より喜んだのは、サアカシュヴィリ追い落としを望んできたロシアだった。首相のメドヴェージェフは「両国関係の今後について対話をする用意がある」と期待する談話を発表した。ロシアは翌二〇一三年、七年にわたって禁輸としてきたグルジアのワインの輸入を認める措置を取り、関係改善を印象づけた。この年の十月の大統領選では、サアカシュヴィリの後継候補に対し、イヴァニシヴィリが推すギオルギ・マルグヴェラシヴィリが圧勝した。これを機に、イヴァニシヴィリは三十一歳のイラクリ・ガリバシュヴィリに首相を譲り、政界を離れた。イヴァニシヴィリが何を狙ったのか、謎は多い。彼が目指したロシアとの和解の背後にある狙いも、解明されないままだ。

ともかく、「バラ革命」が開いた一つの時代が幕を閉じたのは確かなようだった。

ウクライナでは、「オレンジ革命」で二〇〇五年に大統領に就任したユーシェンコの下で、もう一人の親欧米派の有力者ティモシェンコが首相に就任した。しかし、両者の関係はうまくいかず、民主化勢力自体が内紛状態に陥った。二〇〇六年には最高議会選で野党が勝利し、「オレンジ革命」で打倒したはずのヤヌコヴィッチが首相に就任してしまった。政治全体が迷走する中でユーシェンコ人気は失墜し、二〇一〇年の大統領選では第一回投票で五位に沈んだ。決選では、ヤヌコヴィッチがティモシェンコを破り、当選を果たした。

ヤヌコヴィッチはロシア黒海艦隊の駐留を延長し、天然ガス価格で合意するなど、ロシアに配慮した路線を推し進めた。また、野党指導者のティモシェンコを検察に訴追させ、禁固七年の判決で収監させた。これは、表面上政治から独立した司法の問題となっているが、ウクライナで司法の独立性を信じる市民はいない。裏でヤヌコヴィッチの策謀が働いたと、みんなが考えた。

派手なパフォーマンスを繰り広げるユーシェンコやティモシェンコに比べ、ヤヌコヴィッチは実務派と見なされていた。人々が大統領としての彼に期待したのも、そこにあった。その割には、人々の生活が改善されたようには見えなかった。一方で、ヤヌコヴィッチの周辺に権力が集中し、腐敗が目立つようになった。政治不信は、明らかに強まった。シンクタンク「ラズムコフ・センター」によると、ヤヌコヴィッチ政権発足翌年の二〇一一年春、大統領に対しては支持と不支持がまだ拮抗していた。その年の暮れには、不支持が支持を三五・五ポイント上回るようになっていた。

ウクライナ情勢が二〇一四年、急変したのは、すでに述べた通りである。二〇〇四年の「オレンジ革命」を無血で乗り切ったウクライナは、九年を経て再び起きた政変で、流血の事態を避けられなかったのである。

民主化は挫折したのか

グルジアでは、ロシアとの紛争の後に親ロ政権が誕生した。ウクライナでは、親ロ政権となった後に、流血の事態が起きた。第十章で詳述するように、「色の革命」の口火を切ったセルビアでも二〇一二年五月、親ロ派右翼のトミスラヴ・ニコリッチが政権に就いた。「色の革命」は結局元の木阿弥となったのだろうか。

ただ、「親欧米」と「民主化」は、必ずしも同義語ではない。ロシア寄り政権の誕生がすなわち、民主化の挫折を意味しているわけではないのである。

「色の革命」は、様々な力が複雑に作用して形成された。最大のものは、自由と民主化を願うその国の市民の力である。これがないことには、いくら国外の勢力が働きかけようが、いかに情報機関が策謀を巡らせようが、何も始まらない。

セルビアの「オトポール」からグルジア「クマラ」、ウクライナ「ポラ」へとつながる学生たちのネットワークも、活発な動きを見せた。彼らが牽引した大衆運動抜きに「色の革命」はあり得ず、その意味で若者たちの貢献度は小さくない。「色の革命」に限らず、世の中を変える力を持つのはしばしば若者である。大人になって分別がつくと、物事を急変させることで生じる犠牲の大きさが見えてくる。そのような保守性を嫌悪するところに若者のパワーがあり、革命は世代闘争の面を少なからず持っている。余談になるが、若者のパワーがマイナスに向かう例も少なくない。ジェノサイド（大量虐殺）の多くの例には、若者が深くかかわっている。

もちろん、地元の力だけで「革命」が成し遂げられたわけではなく、欧米からの力添えも不可欠だった。欧米の支援には、パワーゲームの中で有利に立とうとする面と、民主主義や自由を定着させようとする面とが、入り交じっていた。

欧米の狙いは、しばしば「CIAの裏工作」「ソロスの陰謀」などと多少大げさに語られることがある。特にロシア国内では、そのように信じる人が少なくない。実際には、「色の革命」に米中央情報局（CIA）や米当局がどれほど関与したか、甚だ怪しい。もちろん情報収集はしただろうが、特段の予算の支出を証明するものはない。

CIAの関与は、ロシア側や旧政権側が誇張した面も大きいと思われる。米ブッシュ政権は「バラ革命」「オレンジ革命」の頃、イラクとアフガニスタンの泥沼にはまっており、一般的にはグルジアやウクライナどころでなかっただろう。また、ハンガリー出身の投資家ジョージ・ソロスが設立したソロス財団は、確かに旧東欧諸国の民主化に強い関心を抱いていたが、「色の革命」へのてこ入れを示す具体的な証拠には乏しい。

むしろ、米国で「色の革命」に影響を与えたのは、全米民主国際研究所（NDI）、国際共和研究所（IRI）といったシンクタンクだ。特にNDIは、各国で選挙監視に携わる市民団体と関係を結び、活動を支援した。ただ、選挙監視で中心的な役割を果たしたのはむしろ、欧州評議会や欧州安保協力機構、欧州各国から集まった市民団体だった。民主化を支援する主体は「欧米」と一語で呼ばれるものの、現地で見る限り「米」よりも「欧」の存在感が目立つのが、私の印象である。

「色の革命」に関しては、国際政治学や地域研究の手法による分析が近年いくつかなされている。その中で最も包括的なのは、米コロンビア大学ハリマン研究所研究員リンカーン・ミッチェルの二〇一二年の著書『色の革命』（未邦訳）だろう。この本は、欧州の役割をほとんど無視していることなど疑問点が多い一方、いくつかの極めて興味深い視点も提示している。

その一つは、「色の革命」で打倒した側と打倒された側との関係である。グルジア「バラ革命」後に大統領に就任したサアカシュヴィリは、革命で追われた大統領シェワルナゼに引き立てられた人物だった。ウクライナ「オレンジ革命」を主導したユーシェンコとティモシェンコは、その前のクチマ体制で首相、副首相を務めていた。旧ユーゴ「ブルドーザー革命」で野党統一候補となったコシュトニツァも、旧政権出身者ではないものの、自らを民族主義者と見なし、ミロシェヴィッチ同様に反欧米傾向が強い政治家だった。

「色の革命」が流血を避けられた大きな要因はここにあったと、ミッチェルは指摘する。「革命」指導者が旧政権にいたということは、政権側や治安当局に人脈があることを意味している。

治安当局側も、かつての閣僚が率いる集団に、それほどの敵意は抱かない。この視点から考えると、二〇一四年ウクライナでのデモが無血で終わらなかったのは、逆に群衆と治安部隊との間のパイプがなかったからだ。

「革命」指導者たちのこうした性格から、旧政権と革命政権との間は断絶していたのでなく、ある種の継続性があったと考えることができる。「色の革命」はつまり、市民や社会のレベルで見ると「革命」だったが、政治レベルだけで見ると「革命」というより緩やかな「改革」だった。社会主義国家から普通の国に変わっていく一過程である。

ミッチェルは、「革命」で打倒された旧政権の性質を分析した結果、これらの政権がすでに、民主的な性格を多分に持っていたと指摘している。「引きずり下ろされた指導者の中に、独裁者はいなかった」とさえ述べる。これら旧政権は、独裁的で強固だったのでなく、多少民主的でかつ腐敗に染まって弱体化していた。だからこそ、大衆デモで容易に転覆してしまったのである。

これらの国々では、学生組織や市民団体の独立した活動が活発になっていた。それは、旧政権の下で市民社会がある程度成熟していたからに他ならない。「弱体化した政権と、比較的自由な市民社会、それに立法機関や選挙に代表される政治制度がそれなりに機能していることこそ、『色の革命』を可能にした条件だった」とミッチェルは結論づけている。

逆に見ると、その後のアゼルバイジャンやベラルーシで「革命」が成功しなかったのは、政権が弱体化しておらず、市民社会の成熟度も不十分だったから、と考えることができる。また、二〇一一年一月のチュニジアの政変に端を発する「アラブの春」が「色の革命」とは異なって流血の事態となり、エジプトやシリアでは内戦状態に陥ったのも、これらの国で大衆運動を制御できる学生組織や市民団体が育まれていなかった現実と無縁ではない。さらに言うと、中国で「色の革命」はあり得ない。政権を転覆させる試みを阻止するためなら、中国当局はどんな犠牲をも恐れず、デモ参加者を皆殺しにしかねないからだ。グルジアやウクライナには「革命の自由」があったが、中国にそんな自由はないのである。

「色の革命」の波及を防ぐため、ロシアは対策に勤しんだ。プーチン政権を支持する若者グループを発足させ、反体制グループと対峙させた。欧米の選挙監視団に対抗して自分たち寄りの見方を示す旧ソ連独自の監視団まで結成し、各国の選挙に送り込んだ。米国の外交官は「ロシアは、自分勝手な色に塗る革命をしようとしている」と皮肉った。

「色の革命」を支援した欧州各国の思惑に、ロシアの勢力圏を侵食する狙いがなかったとは言い難いものの、一方で「自由」「民主化」といった理念の衣もまとっていた。その意味で、セルビア、グルジア、ウクライナの揺り戻しも、「勢力拡大」の面では大きな打撃だが、「民主化」の面から見ると必ずしも悲観的な面ばかりでない。何より、平和の内の政権交代が一度は実現したこと自体、大きな進歩だ。革命で政権に就いたグルジアのサアカシュヴィリも、ウクライナのユーシェンコも、権力にしがみつくことなく、親ロ派と言われる政敵にそれを淡々と明け渡した。

この文章を書いている二〇一四年時点で、ソ連崩壊から二十年以上経ったにもかかわらず、旧ソ連で選挙によるまともな政権交代を果たした例は少ない。ＥＵ加盟国となったバルト三国をのぞくと、ウクライナとグルジアぐらいのものである。両国のケースは、その意味で極めて貴重であり、この地域でも民主主義が可能であることの証しだとも考えられる。もちろん、可能であるだけであって、それが保障されたわけではないのだが。

「色の革命」は、世の中を一気に塗り替える「革命」と言うより、社会主義国家から普通の国に向けて、一進一退のぶれを繰り返しながら少しずつ色を染み込ませる「制度イノベーション」の一段階だろう。それが前に大きくぶれた時は革命に見え、後ろにぶれた時には揺り戻しと映る。

ただ、長い目で見ると、これらの国で自由と民主主義は少しずつ拡大している。

「色の革命」から月日が過ぎ、色褪せた面が少なくないものの、褪せない面は着実に社会に浸透している。それぞれの国の市民にとっても、支援する国々にとっても、自由と民主化への挑戦は続いている。

第6章

戦略としての人権

欧州人権裁判所の書庫

欧州人権教室

二〇一四年三月に起きたロシアのウクライナ・クリミア半島併合は、ロシアのパワー復活を世界に強く印象づけた。二〇一四年五月現在、ロシアのプーチン政権の強硬姿勢の前に、軍事的衝突やウクライナの内戦を避けたい欧米側は、たじたじになっていると映る。

ただ、パワーの応酬にばかり目がいくと、歴史の流れを見失うだろう。確かに、国際社会ではパワーが大きなものを言うものの、かと言って、世界がパワーのぶつかり合いばかりで形づくられているわけではない。国際法を基盤としたルールや原則もまた、国際秩序を保つ枠組みとして機能している。いかに大国でも、ルールや原則を全く無視してパワーむき出しのまま行動するのは難しい。だからこそ、ソ連軍が何はばかることなく侵攻した一九五六年のハンガリー動乱、一九六八年の「プラハの春」の時とは違って、二〇一四年のロシアは、裏で様々な工作を続けつつも、表面上は国際法を遵守するふりをせざるを得なかったのである。

逆に見ると、パワーを持たない小さな国々も、ルールや原則といった枠組みづくりにかかわることによって、世界の流れをつくり出すことができる。米ロ中に比べ非力な欧州が、世界の動きを管理しようと精力を注いできたのが、この分野である。自分たちの価値観に基づく、自分たちに都合の良い枠組みをつくり、できるだけ多くの賛同者を集めることで、世界を牛耳ることができる。欧州の態度には、そのような意識が時々透けて見える。

ロシアに対する欧州のアプローチも、基本的にこの方針に沿っている。欧米対ロシアの二元論を超えた、双方を包括する枠組みを築こうと試みてきたのである。ソ連崩壊後一貫して、いやもっと以前の冷戦時代から、パワーゲームの敵方であるソ連とロシアそのものに欧州の価値観を浸透させる枠組みを構築することで、欧州とロシアを取り巻く世界全体の秩序の方向性を定めようと画策したのだった。

ロシアは確かに、その領土の相当部分がアジアにあり、欧州と異なるメンタリティーを持ち、欧州が顔をしかめるような粗暴な振る舞いをしばしば見せる。一方で、欧州と交流を続けた長い歴史を持ち、欧州から多大な影響を受けてきたのは、トルストイの小説やエルミタージュ美術館の西洋画一大コレクションを引き合いに出すまでもない。それに、ソ連を生み出した社会主義こそ、紛れもなく欧州の産物なのである。

だから、欧州の価値観をロシアも共有できるのではないか。ロシアに欠けている部分を欧州が支援して補えば、欧州の一員として、あるいは互いに理解し合えるパートナーとして、ともに歩んでいけるのではないか。そのような意識が、欧州には根強い。

うがった言い方をすれば、欧州にとって自分たちは教師であり、ロシアはできの悪い生徒なのである。ウクライナ紛争でのロシアの行為はいわば、生徒の反乱だ。それは大変な事態だが、だからと言ってこの一件で学校全体が揺らぐわけではない。荒っぽい行動に出たのは、ロシアにまだ勉強が足りないからだ。お灸を据える必要がある。

欧州の教室で、最も重要な授業は「人権」の時間である。欧州にとって人権の尊重は国家が存立するための原則であり、人権への配慮が行き届くことは欧州の一員になるための第一歩でもある。前章で見たウクライナやグルジアが、まだ完全に欧州の一員と見なされない最大の要因は、人権が十分に確保されていると言い難いからだ。

ウクライナ危機での行為を見る限り、ロシアの人権意識はさらに遠く、後方にあるように見える。ただ、そのようなロシアでも、ソ連崩壊後の二十年あまりで市民社会が少しずつ形成され、様々な人権団体が活動を展開するようになった。ソ連時代に比べると、人権意識は間違いなく定着している。それは、ロシア自身がソ連の影を払拭し、国際社会の一員として歩んでいこうと、望んで進めてきたことでもある。

欧州の教室の生徒は、ロシアや旧ソ連諸国など欧州周辺にとどまらない。歴史的につながりの深い中東、アフリカ、中南米はもとより、中国、アジア、さらには米国や日本も、教育の対象と見定めている。「経済」や「軍事力」の授業では先生面をしている米国や中国だが、「人権」の授業では、反発しながらも欧州先生のいうことを無視できない。少なくとも、先生の方はそう信じている。

「人権の尊重」は欧州にとって、かけ声や理想主義にとどまらず、極めて現実的な、欧州というブランドを浸透させるための戦略コンセプトでもある。経済力や軍事力でつくられた序列を、「人権」という価値観を基準に並び替えることで、より多くの国々を結集できるからだ。人権尊重が世界のスタンダードとして広まるほど、求められる人権擁護の水準が上がるほど、欧州は優位に立てる。人権擁護を政策や外交の基準とすることは、知識層が強い発言力を持つ国内世論をまとめるうえでも有効だ。

世界各国で「人権」を欧州レベルに引き上げるための制度イノベーションを支援するために、欧州は独自の仕組みを構築し、思い切った取り組みを重ねてきた。その試みは時に自信過剰であり、説教臭い。親切が高じて、余計なお世話となることも少なくない。人権を重視するあまり「人権原理主義」に陥って暴走する場合も見られる。

その実情をまずは、欧州連合（EU）よりも長い伝統を誇りながら、日本では一般にまだそれほど知られていない国際機関「欧州評議会」（CE）と、評議会が運営する「欧州人権裁判所」に見たい。

国家を裁く法廷

フランス東部の都市ストラスブールは、神聖ローマ帝国時代から自由都市として栄えた街である。中心部全域が世界遺産に登録されており、一四三九年に完成してゴシック建築の最高傑作と言われる「ノートルダム大聖堂」が、その真ん中にそびえている。尖塔は百四十二メートルあり、長らく世界一の高さと言われていた。西側の街路から正面を眺めた風景は圧倒的な迫力を持ち、作家ゲーテを感動させた逸話を持っている。

街は、人口二十七万あまりとは思えないほどの落ち着きを保っている。運河と木骨造の町並みが続く旧市街「プティット・フランス」、やや甘酸っぱいブドウ「リースリング」を使ったアルザスワインに、名物料理のキャベツの酢漬けシュークルートと、魅力は多い。クリスマス期間中に立つ市「マルシェ・ド・ノエル」（クリスマス・マーケット）は、欧州各国からの観光客を集めている。

ストラスブールは路面電車が発達した街で、数分おきに来る最新鋭の静かな車両で、市内どこにでもすいすいと行くことができる。中心部から電車に乗って北東に向かうと、市街地から緑の住宅街に入るあたりで「欧州議会」電停に差しかかる。目の前に、巨大な議会棟がそびえる。EUの主要機関はブリュッセルにあるが、欧州議会の毎月の本会議はここで開かれる。ストラスブールはライン川を挟んでドイツと向き合い、戦争のたびに独仏の間で領有が移った歴史を持つことから、欧州統合の基本となる独仏の和解を象徴する街と見なされている。

「欧州議会」電停の一つ先に、「人権」という名の電停がある。電停の真正面にある建物は、円筒形の建物を二つ並べた奇妙な風貌だ。石油タンクのようでもあり、強大な惑星探査船のようでもある。

これが「欧州人権裁判所」である。総面積は二万八千平方メートルで、大法廷、小法廷、評議室に加え、五百三十五室のオフィスを含んでいる。一九九四年、英国人リチャード・ロジャースの設計で完成した。ロジャースはパリのポンピドー・センターの設計にも参加した建築家で、工業施設をイメージさせる意匠は双方に共通している。

欧州人権裁判所は、世界でも極めてユニークな存在である。人権侵害を裁く国際的な裁判所としては、米州人権条約の適用や解釈を担う米州人権裁判所などがあるが、欧州人権裁の特徴は、当事者自ら、国を相手に人権侵害を訴え出るのが可能なことだ。

「この裁判所で裁かれるのは、人ではなく国家です。国家が主権を一部移譲し、自らを裁く権利をこの裁判所に認めているのです」

欧州人権裁判所の官房長パトリック・ティティアンが説明した。

例えば、逮捕された市民が、取り調べで警察から暴行を受けたとしよう。市民は国を相手に、賠償を求めて裁判を起こす。国内の裁判所で訴えが認められないと、賠償を受けられない。日本や米国の場合、それで終わりである。

ただ、市民と国が裁判で争う場合、いかに三権が分立しているとはいえ、裁判所が国に甘い判断を下しかねない。そのような市民の懸念を吸い上げ、国家の枠組みから離れた立場から判断を下すのが、欧州人権裁判所だ。国内の裁判で敗れた市民は、ここに申し立てることができる。受理されると、裁判所は欧州人権条約に照らし合わせて審理する。

裁判官は、欧州評議会に加盟する四十七カ国から一人ずつ選ばれ、出身国から独立して活動する。小法廷は七人の裁判官で、大法廷は十七人で構成される。判決で条約違反が認められた場合、その国には賠償の義務が生じる。

裁判所の広報官トレーシー・ターナー＝トレッツに、所内を案内してもらった。大法廷は、法廷というより、モダンな国際会議場の風情だ。四十九人分の裁判官が一列に座れるようつくられているため、裁判官席が異様に長い。会場には二百四十三人分の傍聴席スペースのほか、原告のための席も二十二人分用意されている。裁判を追うジャーナリストのほか、法律を学ぶ学生らが傍聴に来るという。

地下には、膨大な文書保管庫がある。これまでの裁判所の審理記録を収蔵している。八万件に及び、積み重ねるとノートルダム大聖堂の四十倍の高さに達するという。もっとも、全体の約九割を占めるのは、受理の可能性に乏しい申し立てで、裁判官一人によって審理される。その記録は、電子版のデータベースに収められているという。

各国の市民からの申し立てを受け付ける窓口は、所内の郵便課である。運河を望む明るいオフィスで、数人の男女が手紙の開封と仕分けに勤しんでいた。申し立ての数は、何と年間五万通以上に達するという。一日あたりざっと二百通にあたる。

申し立ての多くは郵送で届く。月曜日と金曜日に多く、水曜日には少ないという。

「国によるばらつきが多く、一つの国に対してたくさん届くこともあれば、例えば今日はアルメニアに対して二、三件だけだったりもします。ルクセンブルクに対する申し立ては、ここ十日間ゼロですね」と、アゼルバイジャン出身の裁判所郵便課長ニゲール・シュクロワが説明した。

郵便物は、投函の場所から類推して言語別に仕分けされる。三十言語以上に分かれるという。それぞれの言語の担当スタッフが開封して日付を刻印し、すでに同じ申し立てが起こされていないかをチェックしたうえで、訴えられた国の法務担当者に連絡を取る。

裁判所手続規則第三十九条に定められている仮保全措置の申し立てについては、緊急性が高いと見なして、FAXでも受け付けている。多くの場合、国外退去や外国政府への引き渡しを中止するよう求めるもので、そのためのスタッフが三交代で常時詰めている。メールでも受け付けようと試みたが、スパムメールばかり届くようになって諦めたという。

違反最多はやはり……

欧州人権裁判所は、実際にどのような事件を裁くのか。どのような判決が出されるのか。判例から拾ってみた。

一つの例は、一九七四年にアルジェリアに生まれ、五歳の時に家族とともにフランスに移住したコンピューター技師カメル・ダウディのケースである。大学中退後にアルカイダ系のイスラム過激派に接近し、アフガニスタンで軍事訓練も受けたダウディは、二〇〇一年にフランス国籍を取得した。しかし、在仏米大使館爆破を狙ったテロの準備にかかわったとして間もなく逮捕され、翌年フランス国籍を剝奪された。二〇〇五年、パリ大審裁判所（地裁）は彼に対し、フランス領土への立ち入り禁止の判決を言い渡し、控訴院もこの判決を概ね追認した。ダウディはアルジェリアに追放されることになったが、テロリストに厳しい国柄だけに、入国後の身の安全が覚束ない。二〇〇八年、ダウディから仮保全措置の申し立てを受けた欧州人権裁は即日、送還を凍結するようフランスに指示した。

欧州人権裁は二〇〇九年、ダウディがアルジェリア当局から虐待を受ける恐れがあるとして、「フランスの決定は拷問を禁止した欧州人権条約第三条に違反する」との判決を言い渡した。ダウディは送還を免れたが、フランス国内でその後、事実上の軟禁状態に置かれた。

国家に対して個人が不服を申し立てる欧州人権裁の性格や、国内司法機関の判断を欧州人権裁が容赦なく断罪している様子が、このケースでうかがえる。言うまでもなく、国際社会を構成する基本は国家であり、国際法や国際機関は国家が承認する条件の下で機能するに過ぎない存在だ。国際機関によって運営される欧州人権裁判所は、通常だと国家の上に立つ存在ではありえない。その裁判所から違反を指摘されたり罰金を払わされたりするのは、主権国家にとって耐え難い屈辱であろう。独裁国家とか権威を振りかざす内向きの国々とかだと、到底容認できないに違いない。逆に言うと、にもかかわらずそれを受け入れ、主権を制限されてでも人権を擁護しようとする姿勢を取ることが、欧州人権裁判所に参加する資格なのである。それが、欧州の一員となる条件ともなっている。

もう一例は、バルト三国の一つラトヴィアのロシア系女性国会議員候補イングリーダ・ポドコルジナのケースである。ラトヴィアでは、ソ連時代に移住してきたロシア系が全体の三割程度を占め、社会問題となっている。ロシア本国の影響力を恐れるラトヴィア政府は、ロシア系に対して厳しい態度を取り、一定のラトヴィア語の能力を持つことを総選挙での立候補の条件としてきた。ロシア系が多い街ダウガフピルスに暮らすポドコルジナは、一九九八年の総選挙に立候補したが、言語試験の場で監督官とけんかをしてしまった。言語能力に欠けると見なされた彼女は、中央選管によって候補者リストから削除され、国内法廷でもその対応が認められた。彼女は翌年、この対応が「被選挙権の侵害」にあたるとして、欧州人権裁判所に申し立てた。

欧州人権裁は二〇〇二年、自由選挙に関する権利を認めた欧州人権条約議定書第三条に当局の対応が違反したとして、ラトヴィア政府に損害賠償の支払いを命じた。

民族問題が表面化する機会の少ない日本と異なり、諸民族がモザイク状に暮らす欧州では、少数民族が不利に扱われる場合が少なくない。ベルリンの壁崩壊以降、民族問題を多く抱える旧東欧諸国や旧ソ連諸国が加わったため、国内の民族問題にかかわる紛争も目立っているが、国家は往々にして多数派民族の利害を代表する。その際、国家から独立した立場で判断を下す役割を、欧州人権裁判所は担っている。

なお、ポドコルジナの判例については、ロシア系を少数民族と見なすかどうかで評価が分かれる。ラトヴィアはロシア系を移民と見なし、少数民族としての地位を認めていない。

後に詳しく述べるが、欧州人権裁判所を運営する欧州評議会は、EUの東方拡大に先立って東に広がっており、二〇一三年現在ではロシアやウクライナ、アルメニア、アゼルバイジャンといった旧ソ連諸国を含んでいる。これに伴い、裁判所が扱うケースも、旧ソ連のものが増大している。

二〇一三年の一年間で、少なくとも一つの違反が認定された判決を受けたのは、以下のような国々だった。

ロシア　百十九件
トルコ　百十八件
ルーマニア　八十三件
ウクライナ　六十五件
ハンガリー　四十件
イタリア　三十四件
ギリシャ　三十二件

ロシアが多いと知って「やっぱり」と思う人は多いだろう。その内訳を見ると、「自由と安全への権利」に関するものが六十三件、「非人間的屈辱的扱い」が四十九件を占める。他の国にはあまり見られない「拷問の禁止」にかかわるものも七件含まれている。

ロシアの人権状況が、ソ連時代とは比べものにならないほど改善されたのは、確かである。ソ連時代は、少なくともこのような申し立て自体が不可能だった。一方で、プーチン政権になって野党や市民団体、メディアに対する締め付けが厳しくなったともいわれていた。違反判決の件数は、そのような見方を裏付けている。

一方で、西欧諸国でもかなりの数の違反判決があった。一年間ゼロだったのは、アンドラ、デンマーク、アイスランド、オランダ、サンマリノの五カ国に過ぎない。英国については八件、ドイツについては三件、フランスについては二十八件の違反判決である。これを多いと見るかどうか。ただ、日本を対象とする同じような裁判所ができた場合、もっと多くの違反が出るかも知れない。

「民主主義の学校」として

欧州人権裁判所を運営するのが、「欧州評議会」である。その本部は、裁判所と川を隔てた反対側に立っている。

欧州評議会の歴史は古い。ＥＵの前身である「欧州石炭鉄鋼共同体」（ＥＣＳＣ）が一九五二年に発足したのに対し、欧州評議会の設立はその三年前の一九四九年にさかのぼる。

設立を提案したのは、キリスト教文明や思想表現の自由といった欧州の価値観を広げようと欧州の政治家や著名人がつくった超党派組織「ヨーロッパ運動」だった。一九四八年、オランダのハーグで開いた会議で「欧州議会」の設立を提案した。この動きは当時、市民のメディアの注目を集め、各国政府も賛同して翌年の「欧州評議会」設立につながったのである。

当時まだ、ＥＵは影も形もなく、国連でさえ四年前にできたばかりだった。「そのような時期に活動を始めた欧州評議会は、極めて実験的、野心的な国際機関だった」と、フェリス女学院大学教授の上原良子は評価する。

上原の研究によると、「人権」や「自由」「民主主義」といった理念を掲げる欧州評議会の当初の主な狙いは、ファシズムの復活を封じ込めることにあった。ただ、冷戦が進むにつれて、対抗相手はファシズムから共産主義へと変わっていった。また、欧州評議会は欧州の「多様性」「創造性」を強調することで、経済的に優位に立つ米国との違いも際立たせようとした。米国と欧州が掲げる理念は重なっていたものの、米国が自由主義に基づいていたのに対し、欧州が立脚したのはキリスト教民主主義など独自の政治文化だった。

後発のEUが主に経済問題を扱ったのに対し、欧州評議会は主に人権や民主主義の問題を対象として活動の範囲を広げていった。国際協定を多角的に結ぶことで加盟国の国内法の均質化を促すと同時に、展示会や映画賞、奨学金や出版活動などを通じて欧州の価値観を広める活動にも乗り出した。

ちなみに、青地に十二の星を配している旗は現在、EUの旗として知られるが、実は欧州評議会が一九五五年に採択した図柄である。長らく評議会の旗として使われていたが、EUの前身の欧州共同体(EC)が一九八五年、流用する形で採用した。

冷戦構造の崩壊以降、欧州評議会はそのウイングを東に大きく広げた。ハンガリーが一九九〇年に加盟したのを皮切りに、九一年にはポーランドとチェコスロバキアが続いた。以後も、旧東欧諸国やバルト三国が次々と加わった。社会主義と決別したこれらの国々に対する民主化支援は、欧州評議会にとって何より重要な責務だと受け止められていた。各国の側も、欧州評議会への加盟をEU加盟の前段階として位置づけた。民主化に積極的に取り組み、欧州評議会に加盟できれば、それがEUへの参加資格となると受け止められたのである。

実際にEU側も、欧州評議会への加盟をEU加盟の条件と考えていた。一九九〇年代、欧州評議会は「民主主義の学校」との別名を与えられ、EUに加わるためのレッスンを施す機関として位置づけられた。

もっとも、EUにはそう簡単に加盟しそうにない国も、相次いで欧州評議会に加わった。九五年には、アルバニア、モルドヴァ、ウクライナが続いて加盟した。九六年には、ロシアまで加わった。ウクライナに対して軍事圧力を強めている二〇一四年現在のロシアからは想像しにくいが、九〇年代のロシアはソ連崩壊後の混乱と経済的な苦境にあえいでおり、時のエリツィン政権は欧米への接近をしきりに図っていた。ソ連には、まともな選挙を実施した経験もなければ、西欧型の人権擁護の意識さえ存在しない。そのような負の遺産を引き継いだロシアが、ソ連時代の制度を改革し、国際社会の一員として認められるためには、欧州評議会の支援が不可欠だった。ロシア国内では、与党のみならず共産党から右翼まで、こぞって欧州評議会加盟を求める状況だった欧州評議会の加盟国が急に増えた背景には、この頃激化した旧ユーゴ内戦も大きく作用していたと言われる。その悲惨な殺戮ぶりを見た欧州評議会は危機感を抱き、旧東欧や旧ソ連の国々が同じ状況に陥る前に自らの内部に抱え込んでしまおう、と考えたのである。

ただ、急速な拡大には欧州評議会内で異論も少なくなかった。特に、ロシア加盟を巡っては反対が強く、チェチェン紛争によって加盟手続きが一時凍結される場面もあった。

どこまで広げるかについても、議論が起きた。通常、欧州とアジアの境目は「ウラル山脈からボスポラス海峡」と言われるものの、山脈と海峡の間をどう結ぶかによって境目も異なる。慶応義塾大学教授庄司克宏の研究によると、欧州評議会は当初、ブリタニカ百科事典を引用してアルメニア、アゼルバイジャン、グルジアを「アジアであって、欧州ではない」と見なし、加盟候補国から除外した。しかし、ブリタニカ百科事典が欧州製ではなく米国製で、しかもソ連の地理学者の見解に基づいていることが判明し、一転して含めることになった。グルジアは一九九九年に、他の二カ国は二〇〇一年に加盟を果たした。

欧州評議会への加盟にあたっては、民主主義、法の支配、人権尊重に基づいた制度が整備されていること、普通選挙やメディアの自由が保障されていることが必要とされ、欧州人権条約への署名も求められる。ただ、こうした要素は次第に、「条件」から「目標」へと移っていった。必要条件が揃って民主化された国だけを受け入れるのではなく、その営みが不十分な国でも内部に引き入れ、支援しつつ民主化を進めよう、との考えに変わったのである。

その結果、二〇一四年現在ではEUの二十八カ国に加え、トルコやロシア、旧ユーゴ諸国も含む計四十七カ国が加盟している。日米やバチカンなど五カ国はオブザーバーとして参加している。

憲法起草の家庭教師

欧州評議会は、様々な事業でEUと協力体制を築いてきた。一方で、欧州評議会にとってEUは、ねたみとひがみの対象でもある。何せ、欧州議会の巨大な議会棟がすぐ隣にそびえ、格の違いを日々見せつけられる。自分たちが先輩であるにもかかわらず、金回りでは到底かなわない。「欧州評議会の年間予算は、ＥＵ予算の一日分の額ですよ。加盟国はこちらの方が多いのに」欧州評議会広報官のパノス・カカヴィアトスが自虐的な表情で漏らした。確かに、欧州評議会の年間予算四億ユーロあまりで、千五百億ユーロ近くに達するＥＵの年間予算の三百何十分の一かにあたる。欧州評議会の職員数は二千三百人あまりで、こちらは四万人弱のＥＵの十数分の一となっている。

知名度の点でも、ＥＵと欧州評議会との差は歴然としている。一例を挙げると、欧州評議会は日本語訳の表記さえ一定していない。外務省は「欧州評議会」を使うが、学界では「欧州審議会」の訳が普通である。一部のメディアは「欧州会議」と訳す。表記がぶれても問題にならないのは、ニュースで取り上げられる頻度がそれだけ低いからだ。

ただ、ＥＵが主に経済を対象とするのに対し、欧州評議会には人権や民主主義といった「これぞ欧州」の分野の活動が多い。欧州人権裁判所の運営、人権啓発活動のほか、近年は薬物対策やテロ対策、サイバー犯罪の防止など、多様なプロジェクトを展開している。「国連の任務が紛争防止とすれば、私たちの任務は人権抑圧の防止です。欧州人権条約を世界に広げるのが目的です」とカカヴィアトスが説明した。

なかでも重視されているのは、人権侵害に対する監視である。欧州人権裁判所の運営もこの活動の一環だと受け止めることができる。

「ただ、私たちは、人権団体ではありません。大切なのは対話です。人権違反があっても、それを大っぴらに批判するのではなく、加盟国に伝えて改善を促す圧力をかけます。それぞれの国と対話を重ね、ゆっくり、しかし確実に人権意識を浸透させるのが目的ですから」

もう一つ重要なのは、人権や民主主義といった欧州の理念を浸透させることだ。そのための機関が「ヴェニス委員会」である。正式には「法による民主主義のための欧州委員会」といい、各国の最高裁判所の裁判官や大学の研究者、議員らが委員として参加する。欧州評議会の加盟国以外でも参加が可能で、韓国は正式メンバーだが、日本はまだ加わっていない。あまり知られていないものの、その役割はなかなか画期的だ。

ベルリンの壁崩壊から間もない一九九〇年五月、旧東欧の民主化を支援するために発足した。社会主義を脱して新たな憲法を制定しようとする旧東欧諸国に対し、助言を与えるのが目的だった。欧州人権条約などをもとに当事国の憲法起草者にアドバイスを重ね、できあがった草案が欧州の一般的基準に達しているかもチェックする。いわば、憲法起草の家庭教師である。助言や勧告に強制力はないが、実際には旧東欧のほとんどの国が支援を求めてきた。それなりの水準の憲法を定め、欧州各国のお墨付きを得ることは、旧東欧諸国や旧ソ連諸国にとって欠かせないステータスだった。

旧東欧の民主化が一段落した後も、活動は続いている。例えば、グルジアは二〇一〇年、大統領制から事実上の議院内閣制に移行する憲法改正を実施した。ヴェニス委員会は、グルジア政府の要請に基づいてこの改憲作業への助言を担当した。

グルジア政府が当初用意したのは、外交や軍事、非常事態時の分野で大統領にも政治的な権限が残る改正案だった。ヴェニス委員会はこれに対し、大統領と他の政府機関とが衝突する恐れがあると指摘した。首相の任命に対して大統領が拒否権を持つ案も含まれていたが、委員会は「大統領の新たな地位と矛盾する」として削除を求めた。内閣不信任案が提出された際、議会で少なくとも一カ月の審議を要するよう定められていたことに対しても「手続きに時間がかかり過ぎる」と苦言を呈した。「首相が知事を任命」とあったところは「首相でなく内閣では」と疑問を述べた。

このように、助言は極めて細かく、具体的だ。法的な整合性を持たせるよう気遣うと同時に、民主主義の確立や人権擁護の原則と合致させることも目的としている。旧西欧が培ってきたこれらの原則を旧社会主義国に受け入れさせ、その国の安定を目指すと同時に、欧州の価値観を共有する国を増やすことで勢力を拡大しようとする戦略的な意図がうかがえる。

もっとも、ストラスブールで会ったヴェニス委員会の事務局長トーマス・マルケルトは「私たちが定着を目指すのは、欧州の価値観というよりも、世界共通の価値観です」と語った。

マルケルトによると、ヴェニス委員会の活動にはEUも注目しているという。旧社会主義諸国の中にはEU加盟を目標としている国が少なくない。これらの国がEU加盟にふさわしい憲法を擁しているか、ヴェニス委員会の助言をどれほど聞いているかが、判断の材料になるという。

「ヴェニス委員会に対し、旧東欧の問題が解決するまでの暫定的な組織だと見なす人も、当初はいました。でも、問題はそれほど単純ではなかった。憲法の文面を修正すればそれで問題が解決するわけでもない。結局、その任務はずっと続き、旧東欧で得た経験を他の地域に役立てるようになったのです」

　彼の言う通り、ヴェニス委員会の支援の対象は旧東欧の枠を超えて拡大した。リヒテンシュタインの憲法改正など欧州内部にかかわる一方、欧州の枠組みを超えてアフリカや中南米の国々の憲法づくりにも助言を続けている。また、憲法に限らず各国の選挙や国民投票にも関与を深め、選挙慣れしていない旧社会主義国の担当者を集めて選挙管理に関する勉強会を開いたり、旧ソ連での選挙への支援団を派遣したりした。

「ただ、憲法の条文を変えたとしても、法の背後に潜む文化の差異を埋めるには、時間がかかります。例えば、旧東欧諸国の一部には『勝てばすべて』の慣習があります。民主主義の基本が多数決だとして、多数を得たら何をしたっていい、との考えです。このようなメンタリティーこそが問題で、これを正す営みは、ヴェニス委員会だけでは荷が重い。様々な国際機関や二国間交渉などで少しずつ埋めていくしかありません」

　実際、人権や自由、民主主義といった欧州理念を広げようと試みているのは、欧州評議会だけではない。EUが同様の取り組みを進めているのは言うまでもなく、欧州安保協力機構（OSCE）など国際機関、各国政府、各国の市民団体や人権団体から個人レベルまで、様々な取り組みがある。これらの活動が絡み合って、欧州の人権戦略を形づくっている。

　また、その対象も欧州の内部またはその周辺にとどまらない。むしろ、欧州からの距離にかかわらず世界全体を視野に入れた活動が次第に比重を増していると言えるだろう。

標的は聖火

欧州の「人権教室」で困った生徒の右代表がロシアとすれば、世界の「人権教室」の問題児は言うまでもなく中国である。欧米が冷戦崩壊やイスラム社会との摩擦に気を取られている間に、中国は経済力を蓄え、発言力を高め、世界政治の無視できない存在に成長した。一方で、欧州型の人権基準に関心を示さないどころか、人権擁護や民主化を敵視する姿勢さえ隠さない。「力さえあれば何をしてもいいのだ」といった理念を世界に輸出しかねない勢いだ。

欧州各国も、中国に対しては及び腰だ。経済力や軍事力を年々蓄え、商売相手として軽視できないからである。何かのテーマで交渉する際、人権カードをちらつかせる場合がないわけではないものの、中国側の露骨な反発に遭うのは避けられない。政府は人権問題を棚上げしがちになる。ただ、欧州内部の世論はそれだとなかなか納得しない。その結果、中国国内の人権運動家への支援活動など、市民レベルの取り組みが欧米で盛んになっている。

その一例を、市民団体「国境なき記者団」（ＲＳＦ）が二〇〇八年の北京五輪を前に進めた運動に見たい。それは、人権擁護を掲げる市民レベルの取り組みの可能性と限界を示すことにもなったからである。

北京五輪が開かれる年の三月、中国のチベット自治区で騒乱が起きた。中国の統治や宗教弾圧に抗議するラサの僧侶や住民が治安当局と衝突し、それが引き金となって暴動が拡大した。詳細はその後も明らかにされていないが、混乱はチベット自治区外のチベット族居住地域にも波及し、多数の死傷者が出たと言われる。この事件を受けて、中国に対して圧力を強めるよう求める声が欧州で高まり、北京五輪の開会式ボイコット案も出た。

言論の自由を掲げ、紛争地での記者の活動支援にも携わる「国境なき記者団」は、以前から中国当局のメディアに対する対応に極めて批判的だった。五輪の北京開催には二〇〇一年の開催決定時から異議を唱え、輪を手錠で描いた五輪マーク「手錠五輪」をシンボルに掲げ、批判のキャンペーンを続けてきた。

ただ、五輪そのもののボイコットだと、スポーツを政治の犠牲にすることになる。「国境なき記者団」が五輪本体に手を付けず、国家の威信を示す手段となりがちな「開会式」を標的にしたのは、なかなか理にかなった戦術だった。中国は、開会式に各国首脳をずらりと並べるパフォーマンスを目論んでいた。

この時のフランスの大統領サルコジは五輪の前年に訪中し、国家主席の胡錦濤との会談で開会式出席を約束していた。人権問題に関心の薄いサルコジは、中国についても「魅力的な商売相手」程度の認識しか持っていない。開会式をボイコットして中国に説教をすることなどに、何の価値も見いださなかった。

一方、フランスの大手調査機関ＣＳＡが公表した国内世論調査では、開会式ボイコットに五三％が賛成し、反対の四二％を上回った。しかも、世論は次第に先鋭化した。その標的と定められたのが、聖火だった。

五輪の開会式に聖火は不可欠である。政治化した五輪の象徴として開会式が標的となった以上、聖火も同様に標的となるのは当然だった。聖火はまさに国際政治そのものなのである。逆に、モスクワ五輪やロサンゼルス五輪で起きたような競技そのもののボイコットは、ほとんど議論にならなかった。

事の始まりは、ギリシャで三月二十四日に催された採火式だった。古代オリンピア遺跡の神殿で、古代の装束に身を包んだ女性たちが太陽の光から火をともす、おなじみの儀式である。この場に、事務局長のロベール・メナールをはじめとする「国境なき記者団」のメンバーらが乱入し、「手錠五輪」の旗をテレビカメラに向けて掲げた。現場が混乱する映像は世界に中継されたものの、メナールがしでかした行為自体はごくおとなしいもので、本人らがその場で拘束されて終わった。

ただ、メナールらの行為は、聖火自体が標的となり得るのだと世界に知らしめることになった。その後の聖火リレーへの妨害の流れをつくったのが、この一件だった。

いくら狙われるからと言って、聖火リレーをやめるわけにもいかない。そんなことをすれば、中国の面目が丸つぶれだ。中国側はリレーの周囲をがちがちの警備で固める戦法を採った。このため、本来なら平和と自由の象徴であるはずの聖火リレーが、そのまま中国の強権ぶりを周囲に知らしめる存在となってしまった。

北京五輪の聖火リレーは、四月一日に北京を出発した。トルコ、ロシアからイギリス、フランスに回り、米国を経てアジア各国に行く行程だった。

四月六日、聖火はロンドンに入った途端、相次いで襲われた。聖火を奪おうとする人々が道端から次々と飛び出し、警察官や警護スタッフとの間でもみ合いになった。聖火を消そうと消火器まで持ち出す人もいた。周囲はブーイングに包まれ、五輪の祝賀ムードなどどこにもなかった。最後には、聖火はバスで運ばれていった。

聖火は翌七日、「国境なき記者団」が待ち構えるパリに入った。四月には珍しく雪が時折舞う街で、事態は最初から大荒れとなった。

午後零時三十一分、聖火リレーがエッフェル塔の中階をスタートした。セーヌ川に沿って走り、シャンゼリゼ大通り、パリ市庁舎前を巡ってパリ南部の競技場まで、二十八キロを八十人の走者が受け継ぐはずだった。

最初の走者、男子四百メートル障害元世界王者のステファン・ディアガナがエッフェル塔の階段を下りたところまでは、問題なかった。十五台のオートバイ隊を先頭に約五十台の車両が走者の前後を固め、左右は警察ローラースケート隊など計二百人が並走して、公道に出た。一団は四百人を超え、聖火がどこにあるのかわからないほどだった。しかし、第二走者が引き継いだ途端、道端からの一斉攻撃が始まった。零時四十八分、チベットの旗を持つ数人に、走者が突き飛ばされた。その一分後には、聖火がバスに避難した。零時五十三分、なだれ込んできた群衆で隊列が立ち往生した。

攻めるのは、「国境なき記者団」だけではない。欧州各地から集結したチベット人、チベットでの騒乱に対する中国当局の弾圧を非難する支援者ら、人権擁護を掲げる団体のメンバーらも加わり、沿道の人混みから襲いかかった。

セーヌ川の警備艇や上空を飛ぶヘリの乗組員を含むと、警備に携わる人数は三千に達し、「国家元首が来てもここまではしない」とあきれられるほどの陣容だった。聖火ランナーは、屈強の男たちに囲まれた。フランスの警察官や、素性不明の中国人スタッフらである。守備側は、飛び込んでくる攻撃側を組み伏せ、容赦なくぶん殴り、蹴飛ばした。しまいには、乱闘ぶりを撮影していた報道陣にも襲いかかり、けが人が出たテレビ局から抗議を受ける有り様だ。パリの街角を舞台としたこれほどのスペクタクルは、ひょっとするとパリ・コミューン以来か、と思えるほどだった。

聖火リレーがこんな騒ぎに発展すると、つい二週間前には誰も予想していなかった。多少の抗議はあっても、粛々と進むはずだった。それが、一大舞台に変わったのは、メナールの戦略が的中したからだ。聖火奪取の波状攻撃は止まらず、聖火ランナーは走るたびにバスへの避難を余儀なくされた。結局、行程のかなりの部分が車で代行され、この間聖火は計五度消えたという。沿道には五輪支援の中国人たちも国旗を掲げて大勢押し寄せ、チベットの旗を持つグループと言い合い、取っ組み合いを続けていた。

聖火リレーが欧州を離れ、日本に回る直前だった四月二十一日、私はパリの「国境なき記者団」本部を訪ね、メナールに会った。彼は「聖火はもはや、平和や調和といった五輪の理想の象徴ではあり得ない。中国の独裁を体現する存在になった」と語った。日本政府に対して「人権問題に慎重すぎる。世界第二の経済大国としての立場を生かして発言してほしい」と、中国に対する行動を求めた。

ただ、フランスでは市民の動きに対して、政府が呼応しようとはしなかった。聖火妨害行動の後、中国国内ではフランス製品の不買運動が起き、フランス系スーパーに対する抗議デモが頻発した。事態はなかなか沈静化せず、中国との関係を修復したいサルコジ政権は浮足だった。結局、大統領のサルコジが五輪直前に北海道で開かれた洞爺湖サミットの席で、招待されていた国家主席の胡錦濤と会談し、北京五輪開会式への出席を正式に告げた。加えて、チベット仏教の最高指導者ダライ・ラマ十四世との間で予定されていた会談を見送るなど、中国への配慮を見せた。フランスは中国の圧力に屈した形となった。

「人権」は、欧州が欧州以外に課そうとしている基準である。しかし、それを求めるためには、欧州自体が毅然としていなければならない。自らの態度がぐらぐらすると、お説教を聴く人もいなくなる。フランスは、市民レベルで説教の声を届けたものの、政府レベルで腰砕けになってしまったのである。

「死刑廃止」の論理

ただ、「人権」を旗印にして市民と政府の歯車がうまくかみ合うと、世界の大きな流れをつくることができる。それは、欧州の価値観に基づく世界の標準化であり、欧州発のグローバル化と言ってもいいだろう。流れができると、趨勢に理屈で対抗するのは難しい。各国個別の事情や特性が通用しにくくなる。こうして、欧州やその周辺、ロシアや中国といった人権落第生だけでなく、米国や日本までも巻き込む流れになるのである。

欧州評議会やEUが近年、特に力を入れている「死刑廃止」は、その典型的な例だ。欧州人権条約は、付属議定書で死刑の廃止をうたっており、死刑を存続したままだと欧州評議会に加盟できない。EUも新規加盟国に死刑廃止を条件として要求しており、これに応じて加盟候補国のトルコは二〇〇二年に廃止に踏み切った。

アムネスティ・インターナショナルによると、二〇一三年に死刑を執行した国は二十二カ国で、少なくとも七百七十八件に及ぶ。ただ、この件数の中に最大の執行国である中国は含まれていない。国別では、中国が数千件に及ぶと見られるが、数が公表されていない。続いて、イランが三百六十九件以上、イラクが百六十九件以上、サウジアラビアが七十九件以上と、人権上の問題がある国ばかり上位に並ぶ。その次に、三十九件の米国が来る。

主要国首脳会議のメンバー国で死刑を存続させているのは米国と日本だけで、欧州の働きかけの主要な部分もこの二カ国に向けられている。日本での死刑廃止への機運はまだ薄い。政府が二〇〇九年に実施した世論調査では、八五・六%が死刑を容認した。この調査は公平性に疑問が持たれているものの、死刑存続の世論が根強いのは間違いない。ただ、日本の立場は世界の中で次第に孤立してきている。その流れに私が気づいたのは、フランス元老院（上院）議員のロベール・バダンテールとの二度にわたる会話がきっかけだった。

欧州でも、世論は決して死刑廃止を望んでいなかったと言われる。一九八一年に廃止に踏み切ったフランスでも、当時は過半数が「死刑存続」を支持していた。にもかかわらず廃止したのはなぜか。二〇〇九年八月、パリの自宅にバダンテールを訪ねたのは、その経緯を知ろうと思ったからだった。

火あぶりとなったジャンヌ・ダルク、断頭台の露と消えたマリー・アントワネットの例を挙げるまでもなく、死刑はフランスの刑罰の中で重要な地位を占めてきた。廃止論が登場したのも古く、フランス革命時にすでに真剣に論議された記録が残っている。作家ビクトル・ユゴーが『死刑囚最後の日』などで廃止の論陣を張るなど、死刑制度の是非はその後もしばしば議論の的となった。一九〇六年には、死刑を事実上廃止する法案が成立寸前まで行ったが、直前に凶悪犯罪が続発し、存続を求める声に押し返された。

中南米や米国では十九世紀以降、死刑を廃止する国や州が相次いだ。欧州でもナチス・ドイツによるホロコーストを経た第二次大戦後、各国が死刑を廃止した。気がつくと、フランスは西欧で死刑を続ける唯一の国になってしまった。欧州各国からの批判をものともせず、フランス革命以来の伝統であるギロチンを使用し続けていた。

バダンテールは一九二八年生まれで、弁護士として高い評価を得ており、フランス各地の大学で教壇にも立っていた。妻は、著名な哲学者エリザベート・バダンテールである。ただ、彼が最初から強硬に死刑廃止を訴えていたわけではなかった。

「私は、同世代のインテリ諸氏と同じ程度に死刑廃止を望む男でした。だけど、一つの法廷体験を機に、廃止のために全力を尽くす闘士となったのです」

一九七一年、フランス中部トロワ近くの刑務所で、脱走を図った二人の男が、看守らを人質に取って立てこもる事件を起こした。殺人の罪で終身刑を受けたクロード・ビュッフェと、強盗の罪で禁固二十年の刑に服していたロジェ・ボンタンである。二人は最終的に拘束されたが、その過程で人質二人が殺害された。

殺害を実行したと見なされたビュッフェは法廷で自ら極刑を望んだ。その共犯と見なされたボンタンの弁護をバダンテールが担当した。

ボンタンは殺害に直接かかわっていなかった。にもかかわらず、翌年の判決はビュッフェに対してと同様、事件の共犯としてボンタンにも死刑を言い渡した。期待した大統領恩赦も実現せず、ボンタンはその年、パリのサンテ刑務所で処刑された。その場に、バダンテールは立ち会った。

「私が弁護した男、自ら殺害に手を染めていない男がギロチンにかけられる姿を、私はこの目で見ました。死刑とは、生きたまま人間を二つに切り裂くことだった。人間の片方の塊の隣に、もう一つの塊が横たわる。その様子を見て刑務所を出た私は、人生を死刑廃止に捧げようと決意したのです」

バダンテールは以後、死刑判決を受ける可能性がある被告の弁護にあえて取り組んだ。死刑廃止を求めて政治的な働きかけも強めた。その意見を、旧知の仲だった社会党のフランソワ・ミッテランが大統領選の公約の一つに取り込んだ。かつて法相だったころに死刑を容認したことがあるミッテランは、その後廃止論者に転じていた。

八一年に大統領に就任したミッテランは、第二次モーロワ内閣でバダンテールを法相に抜擢した。バダンテールが用意した死刑廃止法案は、議会で多数を占める左派だけでなく、後の大統領シラクら右派の一部の支持も得て採択され、同年成立した。

当時の世論調査では六二％が死刑の存続を支持していた。ミッテランはあえて不人気な廃止を政策として掲げたのである。「死刑廃止の決め手となったのは、ミッテランが持ち合わせていた『政治的勇気』だった」と、バダンテールは振り返った。

死刑廃止後も、復活を求める声はくすぶった。凶悪な犯罪が起きるたびに、人々の間で死刑への郷愁が呼び起こされた。八四年から九五年までの間、死刑復活を求めて国民議会（下院）に出された法案は二十七に達した。

「そんな状態が十年あまり続いたかな。それが何の解決にもならないとみんな理解し始めた。市民の念頭から死刑という発想が消えていった」

二〇〇六年の世論調査で死刑への支持が四二％に減り、反対が五二％になった。政治的イニシアチブが少しずつ世論を変えたと言える。〇七年、やはり廃止論者だったシラクは大統領退任直前の憲法改正で、死刑廃止を条文に盛り込んだ。フランスで死刑が復活する可能性は消えた。

フランスを含む各国は、死刑を廃止する論拠として「犯罪者であれ人命は絶対的に尊重されなければならないこと」「死刑の抑止効果が統計上認められず、刑罰として効果がないこと」などを挙げてきた。バダンテールはこれに加えて「死刑が持つ三つの不当性」を指摘し、死刑が現実的にも妥当な刑罰となり得ないと語った。

▼絶対的不当性

後に誤審だと判明しても取り返しがつかない。無実なのに処刑される可能性は「確かにまれだが、常に存在する」。バダンテールによると、米大学が米国での死刑の例を再調査したところ、無実の可能性のほか違法な捜査、調査不足、法手続きの誤りなどで処刑に問題が残る例が三分の一に達したという。

▼相対的不当性

州によって対応が異なる米国で、死刑執行州は南部に集中する。黒人差別の慣習が根強く残ることと無縁でないと、バダンテールは考える。「黒人男性が白人女性を暴行して殺す方が、白人男性が黒人女性を暴行して殺すより、死刑となる確率は高い。大っぴらにはいわれないことだが、統計がすべてを証明している。フランスでもかつて、白人よりアラブ系や黒人の方が、同程度の罪を犯しても死刑になる確立が三倍ほど高かった。偏見が人々を死刑に追い込んでいた」

▼社会的不当性

死刑か否かは、一見司法の厳正な判断によるようで、実は社会の状況や被告を取り巻く環境に大きく左右される。「もし裁判中に偶然おぞましい犯罪が起きたら、死刑判決が下される確率も高まるだろう。もし有能な検察官に巡り合わせたら、もし無能な弁護士しか雇えなかったら、やはり確率が高まる」。司法の基準がぶれた例として、バダンテールは一九九四年に米国で起きた「O・J・シンプソン事件」を挙げる。元妻とその友人を殺したとして無期懲役を求刑された元人気フットボール選手シンプソンは、数百万ドルをかけて「ドリーム・チーム」と呼ばれる弁護団を結成、疑惑の中で無罪を勝ち取った。「金次第で判決が覆される可能性は否定できないのです」

「日本も早晩仲間になる」

子どもを標的とした残酷な犯罪や無差別殺人がメディアで大きく取り上げられると、死刑を求める声が上がるのは、日本もフランスも変わらない。しかし、バダンテールは反論する。

「『被害者の立場を考えろ』と言い出す人がいますが、それは被害者の気持ちにつけ入るデマゴーグに過ぎません。犯人の命を生け贄にしても、何も解決しない。確かに被害者の不幸に議論の余地はないし、犯人を殺してしまいたい苦しみも理解できます。ただ、司法がそのような苦しみを代弁する機関であってはならない。司法が代弁するのは、あくまで社会の価値観なのです」

死刑廃止の論理はこれまで、日本の世論に受け入れられたと言い難い。世論調査でも、死刑存続への支持が高い。しかし、バダンテールは世論に寄り添うべきでないと訴えた。

「人々が十分な情報を与えられない結果、復讐の論理に絡め取られることはあり得ます。世論を喜ばすかどうかに判断基準を置くべきではありません。政治家が支持を失うのを恐れるあまり、真実をいう勇気を持たないなら、日本でこの制度はまだ続くでしょう。ただ、死刑廃止は人類の進歩の一過程です。今や、世界百三十カ国以上が死刑を廃止した。日本も早晩、私たちの仲間になるのです」

彼にとって、世界のスタンダードが死刑廃止にあるのは明らかだった。死刑は、いずれ消えていく行き止まりの流れに過ぎない。日本もいずれ、本流に呑み込まれるだろう。バダンテールの言葉の裏には、そのような意識がうかがえた。自らがその本流をつくっている、という自信でもあった。

その一年後にあたる二〇一〇年九月、バダンテールの自宅を再び訪ねて会話を交わした際にも、自信は揺らぎないように思えた。

「民主主義国家と死刑制度は共存できません。人命尊重は人権思想の基本であり、民主主義は人権に立脚しているからです。日本は、死刑制度を維持する仲間がどんな顔ぶれか、一度振り返った方がいい。世界で最も死刑が多い国は中国です。続いて宗教法に固執するイラン、サウジアラビア。それに内戦状態のイラクです。五十カ国近い欧州各国の中で死刑を維持しているのは、最後の独裁国家ベラルーシだけです」

ただ、死刑は米国にも残っている。

「維持している州は、テキサスなど南部で人種間の緊張が強い州が多いですね」

彼に動じる様子はなかった。

当時、日本は民主党政権で、死刑廃止論者だった千葉景子が法相として二人の死刑執行を命じ、論議を呼んでいた。廃止を主張していた人物がなぜ自ら執行を命じたのか、本人のメディアでの説明は要領を得なかった。バダンテールは千葉を厳しく批判した。

「私には、理解できない。廃止論者なら廃止に向けて闘うべきで、存続を望む人々に口実を与えてはなりません」

日本で一般的に抱かれている疑問を彼にぶつけてみた。彼も反論し、私たちの会話はちょっとした議論のようになった。

人を殺したら命をもって償うべきだ、との考えが日本では根強いと思います。

「『目には目を、歯には歯を』という発想でしょうが、でも、命を差しださせて何になるでしょう。償ったら誰かの寿命が五十年延びる、とでもいうのか。命では何も償えません」

しかし、被害者の遺族に対して申しわけが立たないのでは。

「つまり、復讐が重要という意味ですか」

復讐というより切腹に近い発想かもしれません。死んでおわびをしてもらうという意味です。

「もちろん、自殺するのは勝手です。もし死にたいなら、死んだらいい。だけど、人が自由に操れるのは自分の命です。他人の命ではありません」

ならば、復讐の権利はないと。

「それは国家に移譲されています」

復讐したい人に代わって国家が執行するなら、死刑は正当化されませんか。

「復讐を認めるなら、殺人犯を被害者の遺族に手渡せばいいでしょう。ただ、それは古代への逆戻りです。人類の進歩の一つは、個人的復讐から司法制度に移行したことにあります」

現代では認められない、という意味ですか。

「ただ、このような哲学的側面だけから死刑を論じてはなりません。死刑は、人の命を奪う法的現実なのです。その過程で様々な不平等があります。処刑された人物よりも重大な罪を犯した人物が処刑を免れる。メディアの批判を受けたり、大統領が偶然死刑を支持する発言をしたりという巡り合わせも判決に大きく影響する。司法は極めて人間的で、か弱いからです。裁判は被告の社会的環境とも無関係ではありません。死刑の陰には必ず、社会的不平等や差別が隠れています」

日本の今後をどう予想しますか。

「死刑を続けることで、日本の国際的な立場は大きく損なわれています。だが、日本は民主国家であり、世界の大きな流れにいずれ加わるでしょう」

彼は逆に、私に尋ねてきた。

「今、日本には死刑囚が何人いるの?」

百人ほどにはなります。そう答えた私に彼が示したのは、意外にも技術的なアプローチだった。

「いったい彼らをどうするつもりですか。死ぬまで何十年も収監するのでしょうか。あるいはある日、三日間で全部執行するのでしょうか。このままだと、展望が開けません。死刑を廃止する以外、解決法がないと思うのですけど」

バダンテールが挙げた死刑廃止の理由付けは他にも、「死刑判決には常に疑義が残る」「死刑か否かの境目が安定していない」など、極めて現実的な発想に基づいていた。この現実性こそが、彼の運動、ひいては欧州評議会やEUの死刑廃止運動の根底にある。死刑は、存続するより廃止する方が社会にとって面倒が少なく、理にかなっている、というのである。

この合理性の発想が、欧州の「人権擁護」の主張の背後にも流れている。「人権」はしばしば、ある種の「理想」と見なされがちだが、実際には、極めて現実的な概念だ。人権を守ることは、多くの国家にとって長期的には利益となる。だからこそ、欧州は「人権」を旗印に世界戦略を組み立てられるのである。

人権擁護を訴える。人権を守るためのノウハウを伝授し、憲法起草のお手伝いもする。人権軽視の国には警告を発して揺さぶりをかける。このような欧州の一連の人権戦略は、欧州流の秩序を広め、世界への欧州の影響力を高めるために大いに役立っている。その意味で、「人権」をお題目に掲げて年一度メーデーにデモ行進する意識などとは、思考回路がかなり異なると言える。欧州にとって、「人権」はあくまで合理的で、現実的な道具なのである。

第7章

「正義」の話をしよう

スペイン内戦の発掘現場

他国の犯罪を裁く時

旧ソ連諸国に民主化革命を輸出し、ロシアや中国に人権擁護を説教し、米国や日本に死刑廃止を働きかける。第五、第六章でみたような欧州の試みは、自らが「民主主義」や「人権」といった理念を実現させるために苦闘した歴史と、分かちがたく結びついている。自分たちが培ってきた理念を、世界の人々にも享受してもらいたい。その願いは、ある意味で親切心に基づく、ありがたい気遣いでもある。独裁に苦しむ人々、自由に向けて闘う人々の間では、共感を広げるかも知れない。

一方で、先輩面をした欧州が「旧ソ連や途上国を鍛えてやろう」と出しゃばっているように、映らないでもない。「余計なお世話だ」と反発する声も上がるだろう。何様のつもりか。自分たちのことは自分たちでするから放っといてくれ。植民地主義の反省でもしたらどうか。そう開き直る国もあるに違いない。

現在の国際社会を構成する基本的な単位は依然として「国家」であり、どの国も自らの将来を自ら担う権利を持つ。国内の安定や秩序も、基本的にはその国が担うべき事柄だ。国家同士は互いに尊重し、他国の内部に干渉するのを極力避ける。それが、主権国家間の健全な関係だと、長い間見なされてきた。

国家の主権の根幹を成しているのが「司法」である。自国で起きた事件を自国で裁く権利なくして、国家の独立はあり得ない。だから、日本での犯罪は日本で裁かれるが、例えば米国での犯罪は米国で裁かれる。それぞれの国が国内の裁判管轄権を持っているのである。

しかし、ここでもそのような常識を覆す考えが、欧州で台頭してきた。ある国での犯罪を別の国が裁くこともあり得るし、場合によっては裁くべきだ、とする理論である。その条件や法理論は極めて複雑で、国際法の世界でもいまだに論争が続いているが、典型的な例で言えば、ジェノサイドや「人道に対する罪」への対応だ。

これらの犯罪は、単に一国の内部の問題として片付けるには重大すぎる。国際社会が一致して取り組むべき性格を帯びている。出来事自体が国際秩序を脅かす性格を持ち、その影響も国内にとどまらない。

また、この種の罪には往々にして権力者自身や国家機関が手を染めている。その国の法制度を適用するだけだと、張本人が罰を免れかねない。

だから、管轄権を持つ当の国とは異なる国も、時と場合によっては犯罪の捜査や訴追に乗り出す権利を持つべきではないか——。このような考え方を、国家に縛られない管轄権であることから「普遍的管轄権」と呼ぶ。

「普遍的管轄権」はもともと、主に海賊を取り締まるために構築された理論だった。

海賊は、どの国の領域にも含まれない公海を主な活動場所とする。公海での原則は「旗国主義」と呼ばれ、船が掲げる旗の国が管轄権を持つ。しかし、海賊自体はもちろん旗など掲げていないし、被害船籍に基づいて管轄権を設定しても神出鬼没の海賊相手では取り締まりが追いつかない。だから、「海賊への捜査や裁判の権限を持つのは特定の国でなく、あらゆる国」と定める必要が生じたのである。

国際法学者らは十七世紀以降、手に負えない海賊を非難する際に「人類共通の敵」という言葉を使ってきた。まるで特撮映画にでも登場しそうなこの名称は、その後十八世紀から十九世紀にかけて国際法が発展する中で定着した。これら海賊は特定の主権国家の管轄下にあるのでなく、人類が団結して取り組むべき普遍的課題だ、と位置づけたのである。この考えに基づいて、国連海洋法条約は海賊を「いずれの国も拿捕《だほ》できる」と規定した。

ただ、この場合の「普遍的管轄権」は、主権国家が地球を分割し合った結果生じた空白地域を埋める措置に過ぎない。既存の国家の管轄権とは重複せず、だからこそ各国のコンセンサスを得ることができ、海賊対策の国際協力も進んだ。これに対し、ジェノサイドや「人道に対する罪」を対象とした現代の普遍的管轄権は、もっと議論をはらんだ、容易には各国が合意しにくい概念である。海賊の時のようにどの国の管轄権にも含まれない部分を対象とするのでなく、他の国の管轄権下にある他の国の人々の行為をあえて対象とするからだ。

現代の普遍的管轄権は、一九四九年のジュネーブ諸条約に始まると言われている。第二次大戦の反省に基づいたジュネーブ諸条約は、戦地での傷病兵の保護、難破した人の保護、捕虜の保護、戦時での文民の保護をそれぞれ定めた四つの条約から成る。注目すべきなのは、「重大な違反行為」をしたり命じたりした人物について捜査をし、国籍を問わず起訴する義務を、条約が締約国に課したことだった。条約を締結した国は、戦争犯罪を裁く権限を得るとともに、義務も背負うことになった。多くの学説は、この条約が普遍的管轄権を肯定したと受け止めている。

ジュネーブ諸条約を受けて、欧州各国で普遍的管轄権的な要素を含んだ国内法の整備が進んだ。だから、欧米諸国の多くはすでに、普遍的管轄権に基づく法制度を備えている。実は、日本も同様だ。例えば、刑法第四条の二にある「条約により日本国外において犯した時であっても罰すべきものとされているものを犯したすべての者に適用する」との条項が普遍的管轄権を意味する、と受け止められている。

ただ、日本でこの条項が適用された例はほとんどない。普遍的管轄権はそれを行使した場合、行使された国との間で主権を巡る係争が起こりかねない。多くの国は、そのように面倒なことはしないのである。

その中で、普遍的管轄権をあえて積極的に利用したのが、スペインとベルギーだ。普遍的管轄権の行使に関する一般的な解釈は、容疑者が国内にいる場合を想定している。他国で罪を犯した人物が自国に逃げてきた場合などである。しかし、スペインとベルギーの法制度は、容疑者が国内にいるかどうかを問わない「『不在』普遍的管轄権」である点で共通していた。つまり、世界中どこの誰に対しても、勝手に捜査を始められるのである。この制度こそ、両国が後に起こす騒ぎの伏線となっている。

スペインは一九八五年に「司法権組織法」を制定し、その第二十三条で、ジェノサイドやテロ行為、未成年者の買春などを対象に「スペイン国外での犯罪に対して、スペインは管轄権を有する」と明言した。一九九〇年代末から二〇〇〇年代にかけて、スペインの法曹界はこの法律を最大限に利用し、他国の独裁の責任を次々と追及した。その中心となった全国管区裁判所の予審判事バルタサル・ガルソンは、チリの独裁者である元大統領アウグスト・ピノチェトを手配するなどの派手な立ち回りを演じ、犠牲者の遺族や人権団体からの喝采を浴びた。日本でこそ彼の名はあまり知られないが、欧米ではメディアの寵児となった。

ベルギーも一九九三年、戦争犯罪を対象に普遍的管轄権を設定した「人道法」を成立させた。一九九九年にはこれを大幅に強化して、ジェノサイドや「人道に対する罪」に関する捜査を展開した。

普遍的管轄権に詳しい早稲田大学教授（国際法）の最上敏樹は、両国の試みについて「大規模な人権侵害が処罰されないできた文化を克服しようとしており、国際法の世界に新しい流れをつくり出した。これを大国がしたら帝国主義になってしまうが、さほど大きな国ではないベルギーやスペインが国際法理論の先端を切っているところに、興味深さを感じる」と評価する。

普遍的管轄権はまた、国ごとに分割されている法体系を見直す試みともなった。国別の法体系に固執すると漏れが生じ、特に国家の法秩序の崩壊過程で生じるジェノサイドや「人道に対する罪」を裁ききれない可能性が生じるからだ。「試みの背景には、国家の枠組みを超える普遍的な法理念があるはずだ、といった考えがある」と最上は指摘する。

一方で、両国の取り組みは大きな軋轢を招いた。捜査の対象となった国は「独断的」「何様のつもりか」と反発し、外交ルートを通じて圧力をかけた。逆に、人権団体は「もっと積極的に取り組め」と背後から突き上げた。喝采と同程度のブーイングが浴びせられた。

画期的な制度イノベーションであるはずだった両国の法制度がいずれも長続きしなかったのも、そのような批判に政府が屈したからだ。ベルギーの人道法は早くも二〇〇三年に改正され、弱められた。スペインの司法権組織法も二〇〇九年に大幅な後退を強いられ、ガルソン自身も二〇一〇年に失脚した。

「法の支配」は、長年その文化を培ってきた欧州が最も得意とする分野である。そこで最も先鋭的な取り組みと言える普遍的管轄権の興亡を追うことで、欧州の可能性と限界を考えてみたい。

法曹を天職として

欧州大陸諸国の司法制度には、日本だと聞き慣れない「予審判事」という職が設けられている。「判事」という名前から、中立公正な裁判官に近い仕事のように思えるかも知れない。実際には、犯罪捜査を担う役職だ。日本の場合、事件が起きると検察や警察が捜査にあたるが、欧州の大陸法では「予審」という捜査形態が取られる。検察や警察から独立して裁判所に所属する予審判事が初動捜査にあたり、容疑者を起訴するかどうかを判断する。だから、ドストエフスキー『罪と罰』で、高利貸の老婆を殺害したラスコーリニコフを追い詰めるポルフィーリは、警察官でも検察官でもなく、予審判事なのである。

捜査の中立性を保つために、裁判所自身や他の捜査機関、政府からも独立して行動できるため、極めて強い権限を持っている。何かと組織に縛られがちな日本の検察や警察に比べ、大胆で、時に独断的な判断を下す。

独自の正義感を抱くガルソンにとって、予審判事はまさに天職だっただろう。

バルタサル・ガルソンは一九五五年、南スペイン南部のトレスに生まれた。太陽の光まぶしいアンダルシア地方の中都市ハエン近く、世界最大規模のオリーブの畑が広がる風景を眼下に望む白壁の村である、ガルソン家は農家で、法曹関係者はおろか、大学を出た者さえ家族にいなかった。五人の子どもを抱えた一家が、父親の月収七万ペセタで暮らしていた。

スペインは、一九三六年から三九年にかけての内戦を経て誕生したフランコ独裁の時代が続いていた。ガルソンは子どもの頃、内戦を経験した伯父ガブリエルの体験談から、残虐行為が繰り返された内戦の実態を知った。「その不条理さは、子ども心に深く刻まれた。こんなことは二度と起こしてはならないと、私は深く心に誓った。その意識が、学問を選択する時に法律と決めた理由ともなった」

ガルソンは、自らの子どもたちに宛てた手紙形式の自伝『恐怖なき世界』（未邦訳）で、当時をこう振り返っている。

十七歳で入学したセビリア大学法学部で、当初味わったのは孤独だった。同級生のほとんどが、弁護士や裁判官の家系の出身だった。農民の息子は自分一人である。「君のお父さんは何してるの」と尋ねられるのをガルソンは極度に恐れ、入学して二カ月ほど誰一人とも会話を交わさなかった。

「でも、考えてみると、私は実直で働き者の百姓の家庭で育ち、その精神を受け継いでいる。何も偽ることはない。そう感じた意識が、その後の私の闘いを支えることになった」

一九七五年、総統フランコが死去し、独裁が終結した。国際社会から孤立してきたスペインは、元首となった国王フアン・カルロス一世の下で、後に「奇跡」と呼ばれる民主化に向かって走り出した。一九七九年に大学を卒業したガルソンは、八一年からスペイン南西部の山あいの街ヴァルヴェルデ・デル・カミーノの地裁で予審判事の職を務めた。

八七年、彼はマドリードの裁判所副監察官職に異動した。そこで偶然目にしたのが、全国管区裁判所の公募通知だった。各地の裁判所がそれぞれの地域を担当するのとは異なり、全国管区裁判所は全国的、国際的な規模の犯罪を対象とする。

その判事二人分が空席だというのである。想像外の役職だったが、当時スペインで大問題となっていたテロの捜査に携われそうに思えた。ガルソンは採用され、一九八八年二月十六日、第五中央予審法廷判事として着任した。テロ、組織犯罪、マネーロンダリングの捜査が担当で、あえて日本で例えると東京地検特捜部に近い役回りである。

最大の捜査対象は、スペイン北部バスク地方の独立を掲げる武装組織「バスク祖国と自由」（ＥＴＡ）だった。バスク地方は独自の言語と文化を持ち、スペイン国内でも経済的に恵まれた工業地帯であるだけに、首都マドリードへの反発が強い地域である。ＥＴＡはここで一九五九年、急進的な独立派の非武装組織として結成された。フランコ独裁政権から徹底的な弾圧を受けて武装闘争に転じ、政権との間でテロと暗殺の激しい応酬を繰り広げた。しかし、七五年の民主化以降は地元社会からも孤立し、自分たちに批判的なジャーナリストや取り締まりにあたる警察官を狙う暴力組織に成り下がった。

ＥＴＡの捜査で、ガルソンは目覚ましい成果を上げた。同時に、自らもテロの標的となった。単なる脅しにとどまらない。ガルソンとともにＥＴＡ捜査を率いた検察官のカルメン・タグレは八九年、ＥＴＡに暗殺された。判事たちも次々に襲われた。ガルソンには警護が付いた。どこに行くにも警護官を伴わなければならず、プライバシーが全く保てない生活だった。

一九八九年、ガルソンは検察官や捜査機関などとともに、麻薬取引に関する国際条約の批准に伴う国内法の見直し作業に携わった。この作業は、犯罪捜査での国際協力の重要性をガルソンに再認識させることになった。麻薬取引にしろ、先のテロ組織にしろ、スペインで捜査を進めようとすると、同じスペイン語を介して行き来が頻繁な中南米諸国との密接な協力が欠かせない。

国外に関心が向き始めたガルソンの目にとまったのが、四年前の八五年に制定された司法権組織法第二十三条第四項、いわゆる「普遍的管轄権」条項だった。

ピノチェト手配

「バスク祖国と自由」への捜査で名を上げたガルソンは、続いて北部ガルシア地方の大規模な麻薬密輸組織の摘発に取り組み、こちらでも成果を収めた。予審判事としての彼の手腕は、疑いようもなかった。正義のヒーローとして、彼の名は広く国民に知られた。

ガルソンが一九九三年、全国管区裁判所を休職し、社会労働党の候補として総選挙に立候補したのも、ガルソンの正義漢としてのイメージを党が利用しようとしてのことだろう。ガルソン自身にも、それなりの野心があったに違いない。当選を果たした彼は、ゴンザレス内閣で担当相級の麻薬対策国家計画部長に任命された。

しかし、腐敗一掃を求めるガルソンの立場と政治の現実とのギャップはすぐに現れた。彼は政府で孤立し、一年も経たずに辞任した。彼は自伝で「正義の理想のために闘い、政治への信頼を市民に取り戻すことができると信じていた。多分私は、政治の暗部をカムフラージュするために雇われた、単なるばかでしかなかった。政治の世界に足を踏み入れたのは失敗だった」と振り返っている。

日本では、官僚から政治家に転身するとそれで公務員生活も終わりだが、欧州では政界を引退すると公職に再び戻ることができる。ガルソンは、全国管区裁判所の予審判事に復帰した。そこで取り組んだのが、アルゼンチンの独裁政権下での残虐行為だった。アルゼンチンでは、七〇年代から八〇年代にかけての軍政時代の弾圧で、多数の市民が犠牲になり、その中に約六百人のスペイン国籍保有者が含まれると見られていた。

元アルゼンチン海軍将校のアドルフォ・シリンゴは、この弾圧にかかわった一人である。彼は一九七七年、拘束した人権活動家ら三十人を飛行機に乗せ、大西洋に突き落として殺害した。その事実を、民政移管後の九五年になって地元紙に告白した。政権幹部の責任を問う意図からだったと言われる。

シリンゴは九七年、スペインを訪れ、テレビに出演して同様の内容を証言した。これを受けて面会したガルソンにも、同じ話をした、ガルソンはその場で、ジェノサイドや拷問の罪でシリンゴを拘束した。驚いたシリンゴの抵抗もあって、裁判が始まったのは二〇〇五年だった。シリンゴは禁錮九千百三十八年を求刑され、最終的に禁錮六百四十年の判決が出された。二〇〇七年の上訴審は、拷問の罪を認めない代わりに人道に対する罪も問い、禁錮の期間を千八十四年に延ばした。

アルゼンチン独裁政権の行為に関して、ガルソンは計九十八人に対する訴追を試みた。シリンゴはその一例だが、もう一人裁判に持ち込むことができた例がある。アルゼンチン元海軍将校リカルド・カヴァリョで、メキシコに滞在していた二〇〇三年、ガルソンの要請によってスペインに移送された。スペイン国籍者を含む多数の市民を誘拐して拷問にかけたとして、ジェノサイドなどの罪に問われたカヴァリョは、最終的に母国で裁判を受けた。

両裁判は厳密に言うと、普遍的管轄権に基づいたものではなかった。普遍的管轄権は「場所がどこか」「当事者が誰か」を問わない。アルゼンチンのケースは、犠牲者がスペイン国籍を持っていたことを根拠とする「消極的属人主義」に基づいて管轄権を設定していた。国家管轄権は通常、領土領域をその範囲とする「属地主義」を取るが、当事者の国籍に基づいて管轄権を設定する場合もある。加害者の国籍に基づくのが「積極的属人主義」、被害者の国籍に基づくのが「消極的属人主義」である。

ただ、国外の人権侵害の追及にも取り組むスペイン司法界の意欲を、これらの裁判が広く知らしめたのは、間違いない。

ガルソンを一躍有名にしたのは、これに続くチリの元独裁者ピノチェトの国際手配だった。アウグスト・ピノチェトは、チリの陸軍総司令官だった一九七三年、アジェンデ社会主義政権をクーデターで倒し、大統領に就任した。以後九〇年に退任するまで強圧的な独裁体制を敷き、民主化の活動家や文化人らに対する拷問、虐殺を繰り返した。その間の犠牲者は三千人を超えると言われ、多数の市民が周辺諸国に亡命した。ピノチェトは、フィリピンの大統領フェルディナンド・マルコス、ハイチの大統領ジャン＝クロード・デュヴァリエらと並び、米国の反共主義戦略に手厚く支えられた権力者であり、冷戦時代に中南米が置かれた戦略的状況を象徴する人物でもあった。

大統領辞任後も引き続き陸軍総司令官として影響力を保ち、九八年三月の退役後は終身上院議員としての身分を得ていた。

ピノチェト政権による弾圧の犠牲者には、スペインからチリに移住した後もスペイン国籍を保持していた人が含まれていた。その遺族らの意向をくんだ司法団体が九六年、ピノチェトをジェノサイド、テロ行為、拷問の罪に問い、スペイン国内で告訴した。全国管区裁判所はその訴えを受理したが、担当はガルソンの第五予審法廷ではなく、隣の第六予審法廷だった。ガルソンは関心を持ったものの、手を出すわけにもいかない。念のために法規を調べ、訴追の可能性を探った。

異変が起きたのは一九九八年十月、ピノチェトが病気の治療のためひそかに英国に渡航した時だ。十三日、「どうやらピノチェトが英国にいるらしい」との情報がガルソンにもたらされた。知り合いの弁護士がアムネスティ・インターナショナルから聞いた話だった。チリ国内でのピノチェトの逮捕は無理だが、英国内なら可能性があるかも知れない。ガルソンは担当する同僚の予審判事に情報を伝えるとともに、自らも情報収集に乗り出した。

間もなく、情報の確認が取れた。これを受けて、ガルソンは十六日、いざという時に自ら動くことができるよう、ピノチェトへの告訴の一つを自らの法廷で引き受ける手続きを取った。

その数時間後、「ピノチェトが退院して出国しそうだ」との情報が届いた。十六日は金曜日で、第六法廷の関係者はみんな、すでに週末休暇に出かけて留守だった。ガルソンは英国への仮拘禁要請状を自ら起草した。ピノチェトに対し、ジェノサイドやテロの罪を問うものだった。この要請状がどのような結果をもたらすか、ガルソン自身にも予想がつかなかった。「正義を示すせっかくの機会に何もしないでは、遺族に申しわけが立たない」との思いはあった。一方で、英国が要請をすんなりと受け入れるとも思えなかった。国際刑事警察機構(インターポール)を通じて要請を伝える手続きを終えると、ガルソン自身も週末の休みを取るため、故郷の南スペインに旅立った。

驚くべき連絡をガルソンが受け取ったのは、この日の夜になってからだった。ガルソンの要請状に基づいて英治安裁判所が仮拘禁令状を発行し、これを受けてスコットランドヤード(ロンドン警視庁)がピノチェトの拘束に踏み切ったのである。

劇場化する捜査

チリの首都サンティアゴでは、独裁者逮捕を伝えられた民衆が歓喜のデモに繰り出した。一方、ピノチェト支持者らは抗議のため英国大使館に押しかけた。チリ政府は英国にピノチェトの釈放を求めたが、欧州議会はピノチェトのスペイン移送を求める決議を採択した。

ガルソンの要請状は、法理論上少し複雑な構成を持っていた。十六日に出した要請状は、実は普遍的管轄権を根拠にしたものでなく、一部の被害者がスペイン国籍を持つ点を訴追の根拠とする「消極的属人主義」に基づいていた。ただ、ガルソンは十六日に続いて、十八日にも新たな仮拘禁要請状を送付した。この要請状は、被害者がスペイン人かどうかにかかわらずピノチェトが虐殺や拷問の共同謀議にかかわった罪を問うもので、普遍的管轄権に明確に基づいていた。英国側はこれも認め、第二の仮拘禁令状を発行した。

ガルソンの行為を認めるかどうか、スペイン国内でも意見が割れた。外交問題に発展するのを恐れる政府からは、捜査を妨害する動きも出た。議論の末、ピノチェトの引き渡しを求める方針で決着を見た。

英国の対応も曲折を経た。英高等法院は、ピノチェトが元国家元首としての免責特権を持つことなどを理由に、治安裁判所が出した二つの仮拘禁令状を取り消す判断を示した。これに対し、当時英国で最高裁にあたる役目を担っていた貴族院は「拷問については元国家元首も責任を免れない」として、スペインがピノチェトを裁く権限を認めた。

英国では一九九七年、保守党政権が選挙で敗れ、ブレア労働党政権が誕生していた。透明性と刷新を掲げた労働党政権だったからこそ、ピノチェト拘束が可能になったと、早稲田大学教授（国際法）の古谷修一は分析する。それまでも、ピノチェトは英国やオランダを何度も訪問し、そのたびに彼の罪を問う声が現地で上がっていたが、外交問題に発展することを懸念する両国は何の対応もしないできた。「この時、英司法当局があえて拘束に踏み切った背景には、『法の支配』『正義の実現』といった冷戦後の欧州政治の基本的トーンに沿おうとしたブレア政権の政治的な決断がありました。その意味で、国際法は間違いなく国際政治の一部であり、政治がどこに向かっているのかを示す要素でもあるのです」と古谷は語る。

もっとも、英国の最終的な対応も政治的判断に委ねられた。ピノチェトをスペインに引き渡すか。自ら裁くか。チリに戻すか。スペインは引き渡しを求めたが、スペインの法制度にある「不在」普遍的管轄権の有効性を問う指摘も出された。最終的に、英国はピノチェトを釈放し、チリへの帰国を認めた。ピノチェト本人の健康状態が理由とされたが、ピノチェトと親しかった英元首相マーガレット・サッチャーの意見も影響を与えたと言われている。

英国の決定に対し、ガルソンは悔しさをこう振り返った。

「涙を抑えることができなかった。正義がいつか実現される、との願いは、政治的な秘密交渉や妥協によってとどめを刺されたのだ」

「ただ、すべての努力が無になったかというと、そうは思わない。一連の経緯は、司法への信頼感を取り戻すことにつながった」とも、ガルソンは記している。実際、ピノチェト拘束はチリ国内の市民活動を覚醒させた。独裁の責任を問う声が高まったのを受けて、ピノチェトは終身免責特権を奪われ、チリ国内で起訴手続きが進められた。結局、病気のため裁判が開かれないまま、ピノチェトは二〇〇六年に死去した。

以後、ガルソンは普遍的管轄権に基づいた捜査を次々と試みた。中米グアテマラでのジェノサイドに関する捜査はその一つである。この捜査は、グアテマラの先住民人権活動家でノーベル平和賞を受けたリゴベルタ・メンチュウらが一九九九年、独裁政権を率いた元大統領エフライン・リオス＝モントらを対象にスペインの裁判所に出した告訴に基づいていた。リオス＝モントらは最終的に、グアテマラ国内の裁判所で裁かれた。

ガルソンの長女マリアは、当時をこう振り返る。

「犯罪、特に人道に対する罪は、どこであろうと告発されなければならない。父はそう考えていました。『予審判事たる者は、そのような犯罪の追及を可能とする法令を自ら探し出すべきだ』とも語っていました」

スペインでは、ガルソンにならって他の予審判事も普遍的管轄権の行使を試みた。同時に、捜査は次第に政治化、劇場化の様相を見せ始めた。主要国の要人ら現実には手出しのできない人物を対象とするようになったのである。

実際、本当の巨悪は上司の命令で手を下した軍人や官僚でなく、ジェノサイドや拷問の判断を下した政治家だ。その意味で、首脳や閣僚を追及するのは、倫理的に正しい。ただ、当然それは抗議や反発を招く。スペイン司法界は次第に、現実の枠を踏み外そうとしていた。

一例は、中国を対象とした試みである。二〇〇八年三月に起きたチベット自治区の騒乱に関する市民団体からの告訴を受けて、全国管区裁判所の予審判事サンティアゴ・ペドラスが同じ年の八月、当時の中国国防相梁光烈や政府高官、軍人ら計七人に対して「人道に対する罪」で捜査に乗り出した。中国側は捜査に協力するどころか、「国際関係の基本原則を尊重すべきだ」と不快感をあらわにし、撤回するよう外交ルートを通じてスペインに圧力をかけた。スペインは結局、何の手出しもできなかった。

二〇〇九年、スペイン司法当局は米グアンタナモ収容所での虐待を巡って米ブッシュ政権幹部らを手配する構えを見せた。同じ年には、イスラエルによる二〇〇二年のパレスチナ自治区ガザ空爆で民間人が殺害されたとして調査を表明した。いずれも、相手側からの猛反発を受けた。

かつて、どこにでも出かけて武力を使う米国は「世界の警察官」と揶揄されたものだが、こちらはいわば「世界の予審判事」である。確かに、世界に不正義は多い。虐殺や拷問に手を染めた人物が罪を免れるのも、許されるべきことではない。しかし、この場合どれを罰してどれを罰しないか、判断するのはスペインなのである。

これらの行為を、国際人権団体は歓迎した。普遍的管轄権が国際的に広がることで、重大犯罪の加害者が逃げ込む場所をなくすことができる、と期待した。世界の不正を告発し、正義への意識を高めるための「政治メッセージ」としても有効だと見なした。

一方で、司法は現実の裁判に持ち込んでこそ、その価値が認識される。裁判になりそうにない人物を捜査すると、逆に司法の無力さをさらけ出すことになりかねない。スペインの行為は、各地で議論を呼んだ。

ところで、独裁は中南米諸国の専売特許でも何でもない。むしろ、スペイン自身が一九七五年まで、総統のフランコの下で味わってきた体制である。ガルソンが法曹界を志望したきっかけも、伯父が語るスペイン内戦の体験談だった。中南米諸国の独裁の被害者のために闘ってきたガルソンが、自国の歴史に目を向けるのは、ある意味で当然だった。

フランコ独裁政権時代の残虐行為が「人道に対する罪」に当たるとして、ガルソンが実態解明に乗り出したのは二〇〇八年だった。

自国の歴史が問われる時

スペインでは、一九三六年に誕生した左派の人民戦線内閣の下で左右の対立が激化し、各地で軍が蜂起して内戦状態となった。米作家アーネスト・ヘミングウェーや仏作家アンドレ・マルローが義勇兵として人民戦線側に立って戦ったが、モロッコの反乱軍を率いた将軍フランコが三九年に勝利を収め、以後フランコ独裁体制が確立された。この間に虐殺や処刑が繰り返され、人民戦線政府側の兵士や市民を中心に十一万人以上が行方不明になったと言われる。ただ、フランコ側の証言は乏しく、多くの処刑や虐殺の実態が解明されないままになっていた。

独裁末期、その証言が少しずつ表に出るようになった。七五年の民主化以降、まず歴史家らの検証が始まった。一九九〇年代には国会でも論議の対象となり、実態解明を望む遺族の声が各地で高まった。市民団体「記憶フォーラム全国連合会」が結成され、二〇〇〇年代以降、各地で証言の収集や犠牲者の遺骨の発掘に乗り出した。

二〇〇七年に成立した「歴史記憶法」が、この動きに拍車をかけた。身元不明遺体の捜索のほか、犠牲者の名誉回復を請求する権利や、独裁時代に建てられた銅像の撤去などをうたう法律である。時の社会労働党サパテロ政権は、フランコ派が多数残っている右派との協調を重視して、むしろ法律制定に消極的だったと言われる。連立相手となった共産党母体の「統一左翼」などにキャスチングボートを握られ、彼らが持ち込んできた法案を通さざるを得なくなったのだった。

独裁時代のフランコ側の行為が「人道に対する罪」にあたるとして、ガルソンが捜査に着手したのは、「歴史記憶法」施行の翌年である。国内計十九カ所の共同墓地を順次発掘する計画を立てた。この中には、「ジプシー歌集」や戯曲「血の婚礼」「ベルナルダ・アルバの家」で知られる二十世紀最大のスペインの詩人、劇作家フェデリコ・ガルシア・ロルカが埋葬されたとみられる墓地が含まれており、内外で話題となった。ロルカは内戦初期の一九三六年、ファシスト側に捕らえられ、八月十九日にスペイン南部グラナダ近郊の村で銃殺された。住民の証言や七〇年代の詳細な調査から埋葬場所は推定され、ファンの巡礼先ともなっていた。遺族は「見せ物になりかねない」として掘り起こしに長年反対してきたが、同時に処刑された他の三人の犠牲者の遺族が確認を希望し、ロルカの遺族も同意した。もっとも、ロルカの遺骨かどうかは結局わからなかった。

チリやアルゼンチンの独裁と戦ったガルソンが国内の暗部に目を向けたことには、多くの支持が集まった。国際的な人権団体もその試みを高く評価した。ガルソンの取り組みに刺激を受ける形で、遺骨の発掘活動はますます盛んになった。二〇一〇年までの十年の間に確認された遺骨は約四千体に達していた。

その発掘現場を訪ねたことがある。マドリードから車で約一時間、古都トレドに近いメナサルバスの村だ。二〇〇八年から〇九年にかけて、この村で遺族の一人が実態解明を求める声を上げ、「記憶フォーラム全国連合会」の協力で他の九人の遺族と連絡を取ったところ、全員が発掘に賛同したという。準備に約一年半をかけ、発掘が始まったのは二〇一〇年七月十七日だった。私の訪問はそれから六日目で、まだ作業が数日残っている時だった。

村外れの墓地の脇、砂漠にいるかのようなスペイン内陸部の七月の日差しの下、青いビニール製のテントの下で発掘作業が続いていた。細長く掘り起こされた溝の底に、人骨が並ぶ。溝はせいぜい数十センチの深さで、埋めた後に簡単に土をかぶせただけだとうかがえる。遺骨はうつぶせだった。

「遺跡で、人は必ず仰向けに埋葬されています。うつぶせの埋葬なんてあり得ません。だから、ここに埋められた人々が暴力を受けたのは間違いないのです」

発掘チームの指揮を執る考古学者、バルセロナ自治大学研究員のマリア＝イネス・フレヘイロが説明した。

スペイン内戦が終結して間もない一九三九年四月、フランコ独裁側勢力が処刑した村民の遺骨である。その状態は、上からのぞき込んだだけでも悲惨だとわかる。生前に拷問を受けたと見られ、ほお骨が無残にも折れている。腕や足に切断された様子もうかがえる。最終的に頭部を撃たれて処刑されたようだ。鉛に接して緑に変色した骨の脇に、鈍く光る銃弾が残る。

「作業に入る前、当時を知る村の人の証言も集めました。遺骨が物語る状況は、その証言と一致しています」とフレヘイロは言う。

「子どもがいて、ウールのセーターを着ていた」との証言があった。実際、十四、五歳と思われる若い子の遺体があり、近くに羊毛の痕跡が残っていた。

処刑された当時の村長はガラス職人だった、との証言があった。その言葉通り、遺骨と一緒にガラスを切る用具や巻き尺、革のケースが見つかった。

「処刑されるはずだったのは十八人で、二人ずつつながれて連行された。ただ、途中で一人が逃亡した」との言い伝えも村に残る。確かに、二人ずつ並んで埋められていた。ただ、見つかった遺骨は十六体で、もう一体が近くに埋められているはずだという。

犠牲者がここに埋められているのは、秘密でも何でもなかった。薄く土をかぶせただけだったため遺体の一部が地表に現れ、犬がくわえて引っ張り出してしまったこともあったという。なのに七十年以上にわたって手つかずだったのは、フランコ側の村民の目が光っていたからだ。この場所に触れるのは、長年にわたって村のタブーであり続けた。発掘に携わる歴史学者のグイフレ・ボッビアは「田舎には、フランコ政権の恩恵を受けて取り込まれてしまった住民が少なくありません。メナサルバスでも、村長はフランコ派の流れをくむ右派政党の出身で、村役場は最後まで反対したのです」と憤る。

発掘チームに対する村民の目も厳しい。現場には夜間も監視のスタッフが残るが、周囲を車で走り回られたり罵声を浴びせられたりしたことがあるという。チームは村中に宿を確保できず、近くの村から毎日通っていた。

発掘現場には、「記憶フォーラム全国連合会」代表のホセ＝マリア・ペドレーニョも訪れていた。「祖父の世代は殺され、父の世代は言論を封じられた。私たちの世代になって、ようやく実態を知るために行動できるようになった。実際、私たちの活動に対しては、若者たちの支援が厚い」と話した。

ただ、この時すでに、予審判事としてのガルソンの活動は行き詰まっていた。自国の歴史に目を向けたことが、彼にとって命取りとなったのである。

スーパー判事の黄昏

フランコ時代の犯罪を暴こうとするガルソンの行為に、国内の右派は猛烈に反発した。フランコ独裁は国民を分けた問題であり、フランコ時代を懐かしむ人は依然少なくない。ガルソンが中南米の独裁を追及している限り、これらフランコ派の人々も安心して拍手を送ることができた。ところが、今度は火の粉が自分たちに降りかかってくるのである。内外を問わず正義は不変と考えるガルソンにとって、自らの行為は当然のものだっただろう。しかし、フランコ独裁時代の実態解明を望まない市民も多い。彼らは恐れおののき、あわて、怒りをあらわにした。

一般的に、独裁政治や内戦、虐殺が終焉を迎え、国家が再建を目指す時、人々には二つの選択肢が残される。

▼**和解** 独裁下での犯罪の責任追及を抑えて国民的な「和解」を強調すれば、内紛の芽を摘むことができる。復興にも期待を持てるだろう。ただ、犠牲者の遺族には不満が残る。

▼**正義** 責任を厳しく問えば、法の秩序を打ち立てられる。遺族の願いに応えることにもなる。ただ、責任者の追及や報復を招くことも考えられ、社会が分裂する恐れが拭えない。

「和解」と「正義」は、必ずしも二者択一の概念ではない。「真実和解委員会」を通じてアパルトヘイト（人種隔離）時代の責任を追及しつつも融和を目指した南アフリカの例もある。ただ、一九七五年のフランコ死去後のスペインが躊躇なく選んだのは「和解」だった。内戦を招いたことへの反省もあり、対立を避けたい気分が、当時は立場を問わず強まっていた。フランコ政権と対立してきた左派の中にも、責任追及より民主化実現を優先したい意識が強かった。民主化後の政権は、七七年に特赦法を施行して独裁時代の違法行為を不問にする一方、政策を決める際に左右両派の合意を重視する穏健な政治風土を確立した。

「歴史記憶法」とガルソンの訴追は、その時に棚上げされた責任を蒸し返す試みだった。マドリードの保守系日刊紙ラガセタの記者フアン・エルメストは「民主化が成功したのは、双方が寛大な態度で歩み寄ったからだ。この和解の精神を危機に陥れるようなことがあってはならない。事実を知りたい遺族の気持ちは理解できるものの、その感情を政治的に利用すると、国の分裂を招きかねないだろう」と指摘した。

右派の政治家や市民の反発と危機感が作用して、ガルソンに対する風当たりは急速に強まった。ガルソンは権力乱用などの容疑で告発され、二〇一〇年五月に起訴された。これを受けて、司法当局はガルソンに対し、予審判事としての活動を禁止した。国内で活動の場を失ったガルソン氏はその年の夏、国際刑事裁判所（ICC）に顧問として迎えられ、何とか体面を保ったのである。

スペインの普遍的管轄権は、ガルソンが全国管区裁判所を去る前年の二〇〇九年、すでに危機を迎えていた。スペインの司法権組織法や関連法規はそれまで、戦争犯罪やジェノサイドについて、起きた国や関係者の国籍にかかわらず捜査する権限を、予審判事に与えていた。それが、ガルソンの活動の支えにもなっていた。しかし、中国の執拗な反発に代表される外交摩擦が相次いだことに、スペイン政府は音を上げた。法律を改正し、予審判事らの権限を縮小することで、活動を封じ込めようとした。スペイン司法界からも「スペインの裁判所が国際刑事裁判所の代行をすべきでない」との声が上がり、改正の道筋が一気に開けた。

改正案は、訴追の範囲を「スペイン国民が被害者となるか、容疑者が国内にいる場合」に限定し、どの国の事件にも対応できた従来の制度を改めようとした。普遍的管轄権の完全否定ではないが、スペインの法制度の特徴だった「不在」普遍的管轄権を返上するものだった。与野党の賛成多数で二〇〇九年に採択され、人権団体「ヒューマン・ライツ・ウォッチ」の国際司法プログラム局長リチャード・ディッカーは「大国の外交圧力に屈して、最も大事な権利を譲り渡した」と非難した。

予審判事を退任したガルソンは、二〇一三年に自らの財団を立ち上げた。私は同じ年の夏、設立されて間もない財団を訪ねる機会を得た。

「バルタサル・ガルソン人権擁護・普遍的管轄権国際財団」は、マドリード中心部に近い閑静な住宅街にあった。ガルソン本人を含めて四人の弁護士とジャーナリスト、広報担当者らが勤務する。弁護士の一人、財団の法務部長カルロタ・カタランが「まだできて一年も経たない若い財団ですが、人権擁護と普遍的管轄権を掲げて、様々なプロジェクトに取り組んでいます。ガルソン自身が内容を見ながら、スタッフに担当を割り振っています」と説明した。

財団はコロンビアにも支部を置いている。ガルソンも頻繁に中南米を訪れ、コロンビア当局の麻薬密売防止の法制化への協力や、エルサルバドルでの独裁時代の責任を問う裁判、メキシコでの犯罪犠牲者保護に関する相談業務のほか、マドリード市内の再開発を巡る住民運動などに取り組んでいる。

人権擁護活動とともに、財団が重視するのが普遍的管轄権の啓発運動だ。その力の入れ様は、財団の名称からもうかがえる。

「世界のどこで起きた犯罪であれ、その責任が問われずに済まされてはならないと思います。特に、その犯罪に国家自体がかかわっている場合、国内の法制度以外からの訴追が必要です。グローバル化が進んだ現代は、他の国で起きたことでも私たち自身にかかわってくる場合が少なくない時代です。一つの国の犯罪が人類全体にかかわる問題ともなりかねません」

市民の関心を高めるために、メディアでのキャンペーンに取り組む予定だという。

スペインで司法権組織法が施行された当時、「普遍的管轄権」という用語を知る市民はほとんどいなかった。「今、その言葉は市民の間でかなり浸透してきました。ガルソンの活動は無駄でなかったと思います」。それだけに、二〇〇九年の司法権組織法改正を、カタランは「大きな後退だ」と厳しく批判した。

財団は、フランコ独裁時代の実態解明も、主要な活動として掲げている。予審判事時代にガルソンが挫折した試みだ。

「犠牲者の遺族の団体と連絡を取っている段階です。将来は『真実究明委員会』を結成したい」とカタランは語る。ガルソンの行為が「真実か和解か」を巡って議論となったのを承知の上でのことだ。

「確かに独裁終結当時は、真実の解明よりも和解が重視されました。でも、今は違う。真実を明らかにし、これをもとに双方が対話することなくして、真の和解もあり得ません。さもないと、過ちが再び繰り返されるからです。そのような意識が、時を経て次第に浸透してきたと思います」

二〇〇九年の司法権組織法改正を、多くの人は「スペインの普遍的管轄権は死んだ」と受け止めた。私もその一人だっただけに、ガルソン財団を訪ねて三カ月後の二〇一三年十一月、マドリードから突然流れてきたニュースには驚かされた。八〇年代から九〇年代にかけて中国のチベット自治区でジェノサイドにかかわったとして、中国の元国家主席江沢民、元首相李鵬ら五人を国際手配すると、スペイン司法当局が明らかにしたのである。

死んだどころか、大復活だ。

対象となったのは、二人のほか治安当局の元責任者、チベット自治区の元共産党幹部、八〇年代の中国の閣僚だった。

そもそもは、スペインのチベット支援団体などが二〇〇六年、この五人を告訴したことに始まる。通常だと二〇〇九年の法改正によって告訴も無効となるはずだが、告訴人の中にスペイン国籍を持つチベット人が一人いたことから、「スペイン国民が被害者」という消極的属人主義の要件を満たして告訴が生き残ったのである。担当の予審判事はイスマエル・モレノで、ガルソンと同様に普遍的管轄権の適用に積極的な一人として知られた。証拠調べの結果、「五人がジェノサイドにかかわったとは結論できない」として一度は断念しかけたが、全国管区裁判所の刑事法廷がモレノに手配を命じたのだった。

中国に対して捜査を試みるのは二〇〇八年に続いて二度目である。今回も、中国側が江沢民の引き渡しに応じる可能性など全くなかった。逆に、中国の立場を尊重するようスペインに要求した。そうなることは、スペインの裁判所も十分わかっているはずだった。

以前から、この種の国際手配については「政治的パフォーマンスに過ぎる」との批判がくすぶっていた。本来、司法は淡々としたものであり、だからこそ市民の信頼を得るところがある。声高に主張を打ち上げるような手配は、逆に信頼性を揺るがすことになりかねない。

一方で、この行為が発した問いかけはそれなりに重い。二〇〇八年にチベット自治区で起きた騒乱は、中国の人権状況の貧しさを世界に認識させたはずだった。にもかかわらず、その年の北京五輪が成功すると、人々はチベットのことなど忘れ、急速に発言力を増した中国に国際社会でそれなりの地位を与えてしまった。今回の国際手配で我に返らされたように感じた人は少なくなかっただろう。

司法はある意味で政治の一部であり、国際社会ではことさらその傾向が強い。司法の政治的役割は、何より「正義」を世に示すことだ。この世の中でいつも正義が通用するわけではないが、正義が全く掲げられないと、損得ばかりが横行する。その意味で、スペイン司法当局の試みを「自己顕示のパフォーマンス」とばかり受け止めるのは正しくない。少なくとも、国境で遮られることのない法支配の必要性を世界に発信したのは、間違いない。

ベルギー人道法の興亡

スペインの司法権組織法と同様、普遍的管轄権を明確に規定し、その適用を巡ってやはり国際的な騒動を引き起こしたのが、ベルギーの人道法である。この法律が注目を集め、やがて各国の介入で骨抜きにされた過程は、スペイン司法権組織法がたどった軌跡と重なっている。

一九五二年にジュネーブ諸条約を批准したベルギーは、条約に合致する国内法の整備に手間取った。戦争犯罪を対象に普遍的管轄権をうたった「人道法」法案がやっとできあがったのは、一九九三年である。法案は当初、国際紛争にかかわる犯罪だけを対象としたが、議会の審議の過程で内戦にかかわる犯罪も対象に含めるよう修正され、この年に成立した。先に述べたように、容疑者が国内にいなくても手配できる「不在」普遍的管轄権の要素を含んでいた。

ベルギーがこの法律の行使に熱心になった背景には、ベルギーが置かれた環境があったと、ブリュッセルのサン・ルイ大学教授アントワーヌ・バイユーは分析する。欧州の中でも小国であり、軍事力にも経済力にも欠ける。このような国が国際社会で存在感を示そうとすれば、法秩序を踏まえたうえで立ち回るしかない。

「ベルギーはもともと、国際法に敏感な国でした。EUやNATOの本部を招いたのも、偶然ではありません。その感覚が、人道関連の法律を整備する姿勢にもつながったのです」とバイユーは語った。

一九九八年、スペインの予審判事ガルソンがチリの元大統領ピノチェトを手配した際には、この動きに乗じる形で、ベルギーに住むチリ人もベルギー人道法に基づいてピノチェトを告訴した。担当の予審判事は捜査に着手しなかったものの、「ピノチェトの犯罪に対してベルギーが管轄権を有する」との見解を示し、専門家の注目を集めた。

一九九九年、人道法は大幅に改正された。戦争犯罪だけでなく、ジェノサイドや「人道に対する罪」も普遍的管轄権の範囲に入れるよう規定した。また、通常だと裁判権を免除される国家元首や閣僚、外交官らの罪も問えるよう定めた。人道法が制定された以前の犯罪も対象とするために法律の遡及的適用を認めるニュアンスを含ませ、時効も廃止した。

このような法律の強化は、明らかに時代の雰囲気を反映していた。旧ユーゴスラビア内戦での民族浄化、ルワンダ内戦での大虐殺といった犯罪を裁く国際法廷が相次いで設立され、人道犯罪への関心がとりわけ高まっていた。ルワンダの旧宗主国であるベルギーには、虐殺を逃れた、あるいは虐殺に手を染めたルワンダ人が、難民として集まった。人道犯罪への対応は、ベルギーにとって国内問題でもあった。

人道法が大きく注目を集めることになるのは、この改正以降である。告訴が相次ぎ、その数は四十にのぼった。

成果を生んだのは、ルワンダ大虐殺に関してベルギーに逃亡したルワンダ人四人を訴追した、いわゆる「ブタレ四人組事件」である。一九九四年のルワンダ大虐殺のさなか、ルワンダ南部の中心都市ブタレで虐殺を扇動したり幇助したりしたとして、多数派フツの元大学教授ら四人に対する審理が二〇〇一年に始まった。四人に対しては、同じ年に戦争犯罪で有罪判決が出され、二〇〇二年に確定した。この事件で幸いだったのは、ルワンダ政府の協力が得られたことだ。虐殺の犠牲となった少数派ツチ主体で大虐殺後に設立されたルワンダ新政府にとって、虐殺扇動者の訴追は歓迎すべきことだった。

しかし、コンゴの外相への捜査、いわゆる「イェロディア事件」では、状況が全く逆になった。二〇〇〇年、ベルギーの予審判事がコンゴの外相イェロディア・ンドムバシに対し、就任前の九八年にラジオで講演した際に憎悪を増幅させて扇動したとして、「人道に対する罪」などで国際手配した。反発したコンゴは、これを違法として、国際司法裁判所（ＩＣＪ）に提訴した。二〇〇二年の判決はベルギーの手配を国際法違反とする一方、普遍的管轄権の妥当性に触れなかったが、三人の裁判官が個別意見を述べて普遍的管轄権を論じた。

コンゴの反発程度は序の口だった。以後、ベルギー人道法に着目した国際人権団体のてこ入れで、国家元首への非現実的な告訴が相次いだ。例えば、当時のイラク大統領サダム・フセインとか、キューバ国家評議会議長フィデル・カストロとかである。彼らは確かに独裁者だが、ベルギーにいるわけでなく、尋問したり逮捕したりできるわけでもない。それでも告訴されたのは、ベルギーの法制度が「不在」普遍的管轄権を採用していたからだ。ただ、対象がここまで広がると、告訴自体が司法の枠組みを超え、政治的な宣伝と化した。その都度、相手の国からの猛反発を招いた。

正しいかどうかで物事を判断する司法の世界と、市民や安全に利益があるかどうかで判断する政治の世界との間で、ギャップが急速に浮き彫りになった。ベルギーで、告訴を受理したり訴追したりするのは裁判所である。裁判所は、それが正しいかどうかという司法の論理で物事を進める。しかし、告訴される相手から反発を食らうのは裁判所でなく、政府なのである。外交的な抗議や圧力を受けたベルギー政府にとって、普遍的管轄権は面倒な存在でしかなかった。政府は、法改正を模索し始めた。

人道法の運命を決定づけたのは、イスラエルや米国との摩擦だった。

二〇〇一年、パレスチナ人がイスラエルの当時の首相アリエル・シャロン、当時の国防次官アモス・ヤロンらを「人道に対する罪」で告訴した。シャロンが国防相時代の一九八二年、ベイルートのパレスチナ人難民キャンプで起きた虐殺の責任を負う、との理由だった。ベルギー最高裁にあたる破棄院は「シャロンについては告訴を受理できないが、ヤロンについてはできる」との判断を示した。

これにイスラエルは猛反発した。駐ベルギー大使を召還し、外相らがベルギーを批判した。判断が司法レベルのもので外交とは関係ない、とベルギー側は説明したものの、イスラエルは聞く耳を持たなかった。

イスラエルの抗議は、ベルギーが二〇〇三年に人道法を改正することによって沈静化するが、実はそういうイスラエル自身も、かつて普遍的管轄権を行使した歴史を持つ。世に名高いアイヒマン裁判である。

ユダヤ人大量虐殺にかかわった疑いの持たれた元ナチス将校アドルフ・アイヒマンが、潜伏中のアルゼンチンからイスラエル情報機関によって誘拐されたのは、一九六〇年のことである。翌年、イスラエルの法廷に立ったアイヒマンは、事実関係で多くを争わない一方、自分がイスラエル人でもなく、犯罪をイスラエルで実行したわけでもなかったとして、裁判所に管轄権がないと主張した。この際、裁判所側が裁判を続ける根拠として挙げた「イスラエルが裁判に最もふさわしい場所」との指摘が、普遍的管轄権の主張だと見なされている。死刑判決を受けたアイヒマンは、六二年に処刑された。

選手であり審判でもあり

以後、アイヒマン裁判は普遍的管轄権を論議するうえでモデルケースとされた。そのイスラエルが、行使される側になると普遍的管轄権に大反対するのである。つまり、自分が訴えるのはいいが、訴えられるのは嫌なのだ。イスラエルだから、というわけでなく、多くの国に共通する感情だろう。

「世界の警察官」としてあちこちに戦争を仕掛けてきた米国にとっては、その感情がことさら強い。それだけに、米元大統領のジョージ・ブッシュ（父）、元国防長官で当時副大統領のディック・チェイニー、元統合参謀本部議長で当時国務長官のコリン・パウエルらが二〇〇三年、ベルギー人道法に基づいてイラク人から告訴を受けた際には、慌てふためくことになった。一九九一年の湾岸戦争が戦争犯罪にあたる、との理由である。自ら訴えられたパウエルは、ベルギー政府に対して「ブリュッセルのNATO本部を他に移すぞ」と脅した。時はまさにイラク戦争の時期に当たっており、ベルギーはフランスやドイツとともに、米英のイラク攻撃に反対する立場を鮮明にしていた。パウエルは当時、米ブッシュ政権内の穏健派でありながら攻撃に向けて各国を説得する損な役回りを担わされており、ベルギーに向けていらだちが爆発した形となった。

ベルギー政府も危機感を抱いた。ただでさえ良くない米国との関係が、国際政治に何の配慮もしない自国の司法の介入で余計こじれてしまう。早速、「人道法」の改正に着手し、その年の四月に早くも実現させた。これまでの騒ぎの多くは人権団体に支援された私人の告訴に基づくものだったことから、告訴する際の条件を厳格化するとともに、普遍的管轄権を行使するかどうかは法務省が判断することとした。この改正によってイスラエルとの国交は正常化したものの、米国はまだなお納得しなかった。米国は人道法の廃止を求め、「さもないと米国の公務員のベルギー入国を禁止する」とさらに脅しをかけた。先に述べた通りNATO本部はブリュッセルにあり、米国の公務員が来ないとNATOが機能しなくなる。

ベルギー政府は、人道法の適用を「被害者か加害者がベルギー人である事件」かつ「対象の国で公正な裁判が望めない場合」に限るなどさらに厳しくする改正案をつくり、この年の八月に成立させた。これは、普遍的管轄権から属人主義への後退だと受け止められた。

ベルギー人道法の歴史は十年で事実上幕を閉じた。この間、実質的に機能して判決に行き着いたのは「ブタレ四人組事件」のみにとどまった。この法律が注目を浴びたのは、司法面で成果が上がったからではなく、国際政治の面で騒ぎを引き起こしたからだった。

欧州は、米国や中国に比べ軍事力に劣り、経済力でも怪しくなっている。そのように打ちひしがれる欧州が発見したのが「法の力」だった。「法の支配」の理念を輸出し、その論理に世界を引き込んで、欧州の影響力を保つ――。普遍的管轄権の背後には、欧州のこのような思惑がうかがえると、バイユーは言う。

ただ、普遍的管轄権を押しつけられる国にとっては、容認し難い態度だろう。

「例えばサッカーで、選手の一人が突然、審判を兼ねるようなものです。国際社会で平等にプレーしていたはずなのに、善悪の判断を急に下し始めるのですから。そのような審判が中立だと主張すること自体、無理な話でしょう」

バイユーはこう語る一方、審判が下す判断が決して、欧州のみの価値観に偏っているわけではない、とも述べる。

「多くの国がジュネーブ諸条約を批准しているわけですから、ベルギーが押しつけた価値観は欧州のものというより、世界に普遍的なものだと言えます」

ただ、せっかくの人道法をベルギーは守ることができなかった。もしベルギーが粛々とこの法律を使えば、いくつかの戦争犯罪や「人道に対する罪」を裁くことができたかも知れない。しかし、実際に起きたのは、人権団体による告訴ラッシュだった。その対象は、ブッシュだのシャロンだの、訴追実現性の薄い人物ばかりだった。

「彼らがそれほど欲張りでなかったら、人道法ももう少し長続きしていたかもしれませんね」とバイユーは振り返った。

「ただ、では人権団体の取り組みがすべて無駄に終わったかというと、そうとは思いません。その経験はこれからに生かされていると思うのです」

「普遍的管轄権」が現代社会にもたらしたのは、法体系の構造自体の変容だったと、バイユーはみる。これまで、法律は国ごとに区分され、国内でピラミッド型の法秩序を形成していた。しかし、普遍的管轄権はそのような国の壁を破ろうとした。この流れが進むと、国ごとに形成された法律間の上下関係が失われ、無秩序に散らばる一つひとつの法律がネットワーク型に結びつく状況に移行する、というのである。

普遍的管轄権はこれからどこに行くのだろうか。スペイン、ベルギーの試みは、決して成功したとは言えない。その法律も、一時的な試みに終わった感がある。戦争犯罪やジェノサイドにかかわった人物を逃さない方法はあるのか。

ジェノサイドや「人道に対する罪」を訴追するために、三段階の国際的な体制を構築すべきだと、バイユーは提唱している。まず第一段階として、犯罪が起きた国の司法が責任を持つ。その国の司法が機能しない場合、第二段階としてオランダ・ハーグの国際刑事裁判所（ＩＣＣ）のような国際機関が介入する。それでも問題が解決しない場合のみ、第三段階としてベルギーのような第三国が普遍的管轄権を盾に捜査に乗り出す。

まだ構想に過ぎないこのような体制を構築するための調整と協力こそ、欧州に求められる。それはまた、欧州の存在感を示すことにもなるだろう。

第8章

ソ連でも、アメリカでもなく

ストラスブールにある欧州議会の内部

戦後欧州最大の実験

欧州で試みられている様々な実験や制度イノベーションの現場を訪ねてみると、確かに失敗例も少なくないようだ。一方で、失敗する危険を冒しつつも挑戦を続けてきた姿勢こそが、欧州の地位を築いたとも言える。背景にあるのはむしろ、「挑戦しないと生き残れない」という焦りだろう。「実験」というと余裕があって知的ゲームを楽しんでいるようにも聞こえるが、沈没を免れようともがいているのが実態かも知れない。

振り返ると、欧州がわが世を謳歌したのは遠く、十九世紀から二十世紀初頭にかけてのことである。欧州のイニシアチブの下で国際法秩序が確立され、フランス語が世界の共通語となり、欧州各国が外交交渉と舞踏会を舞台に世界分割を話し合ったのも、この時代だった。その後、すでに第一次世界大戦で、欧州の覇権は怪しくなった。自分たちの子分と思っていた米国が予想以上の経済力を持ち、田舎者だとばかにしていたロシアがソ連に生まれ変わって影響力を振り回すようになった。ナチス・ドイツの台頭と第二次世界大戦で欧州が徹底的に疲弊した後、二十世紀後半の世界を覆ったのは、広島と長崎への原爆投下を経て到来した核時代である。核戦力を手に向き合った米ソの冷戦は、世界の利害と価値観を左右した。欧州はもはや、端役しか与えられていないように見えた。

この苦境を脱しようと欧州が取り組んだ様々な制度イノベーションの中で最大の規模となったのは、自らを実験台とした「欧州統合」の試みだ。第二次世界大戦を戦ったフランスとドイツが手を携え、戦争に欠かせない石炭と鉄鋼を共同管理する一九五二年の「欧州石炭鉄鋼共同体」(ECSC)設立から始めた統合への道は、一九九三年の欧州連合(EU)に結実した。この間、加盟国も次第に増え、二〇〇四年には十カ国の加盟を認めて、その範囲を旧社会主義圏に拡大した。二〇一三年に加わったクロアチアを含め、二〇一四年現在加盟国は二十八カ国を数える。域内人口は五億人を超え、国際社会の一大勢力に成長した。

ただ、その試みは成功したのか、失敗したのか。国境を廃するシェンゲン協定を結び、単一通貨ユーロを導入し、二〇〇〇年代半ばまでは成功ムードに包まれていた。冷や水をぶっかけられたのは、二〇〇五年に原加盟国のフランスとオランダが欧州憲法条約の批准を国民投票で否決した時だ。その後、中国やインド、ブラジルといった新興国の急激な台頭によって、欧州の経済的地位は次第に低下した。さらに、二〇〇九年に発覚したギリシャの財政問題に端を発する債務危機によって、欧州経済の基盤が緩んだだけでなく、その対応を巡って欧州の北部と南部が対立するなど結束の乱れも浮き彫りになった。

近年は、欧州懐疑派や右翼の発言力が強まり、統合の利点よりも欠点の方が目立つのが現実だ。あたかも、微熱を発していた病人の体調が急速に悪化したようでもある。このような状態で、欧州共通のコミュニティー意識が本当に定着するのか、疑問を抱く人は多い。

「欧州統合」は、それ自体が巨大なイノベーション実験であると同時に、内部に政策ごとの様々な小実験が仕組まれている。それぞれの実験の相互関係は複雑で、利害も思惑も絡み合う。その結果、築かれてきたＥＵという組織も、通常では理解不可能な構造を備えるに至った。多くの欧州市民が、自らもその建設の一端を担うはずのＥＵに対して、何となくよそよそしく、あるいは軽い反発さえ抱いているのは、その組織が難しすぎるからだ。

本書のタイトルは便宜上「『実験国家』ＥＵ」とうたっているが、実際のＥＵの構造は、国家とは全然異なる。一方で、通常の国際機関とも異なっている。手近な例と比べにくい。しかも、その構造は度重なる改革でしばしば変更される。今や、ＥＵの全体像を理解している人は、ＥＵの職員の間でも多くないだろう。

ただ、ＥＵを語らずして欧州の現在は語れない。米国とも日本とも異なり、主権の一部を放棄してまで「欧州統合」の旗印の下に結集したＥＵこそ、欧州だけが築き得た存在だ。そこには、欧州各国と同様にかげりが隠せない日本にとって、少なからずのヒントが隠されているだろう。

二〇一三年九月、私はブリュッセルとストラスブールに二週間あまり滞在し、ＥＵの迷宮の内部で取材する機会を得た。「国家」を基本に構成されてきた近代の国際社会の中で、欧州統合の試みが持つ意味の大きさを実感した時でもあった。

EUのトップを探せ

「パリが東京でブリュッセルが大阪だと思っていたら大間違い。ブリュッセルこそが東京なのですよ」

新聞記者としてパリに駐在して一年ほど経った二〇〇二年、ブリュッセルで活動する米国人ロビイストからこういわれたことがある。主に企業や業界団体の意を受けて政策決定機関に働きかけるロビイストは、権力のあるところに集まる。当時すでに、ブリュッセルは米ワシントンに続いて世界で二番目にロビイストが多い街として知られていた。立法機関、政策決定機関としてのEUの重要性は、欧州各国の政府を大きく上回り、以後も年々、EUの権限は強化されてきたのである。

ただ、その増大する権限を、誰が握っているのだろうか。

その後、私は何度となくブリュッセルを訪れた。その多くは首脳会議や閣僚理事会の取材である。会議に出席する首脳や閣僚を追いかけてコメントを取るのが仕事だった。このように会議に出席している加盟国の首脳や閣僚が、EUの方針決定に深い影響を与えている様子は、垣間見る範囲でもうかがえた。ただ、EUのかじ取りをしている人物が見えてこない。有り体に言えば、EUで一番偉い人物は誰なのか。

米高官はかつて「欧州に電話する時は、誰にかけたらいいのかわからない」と言ったという。国務長官だったキッシンジャーの言葉だと伝えられるが、真偽は明らかでない。ただ、しばしばこの言葉が何度も引用されることから、EUの状態を的確に示しているのは間違いないようだ。

EUのホームページをのぞいてみた。そこにも、たった一人の代表者というのは見あたらない。というより、代表する人物が複数記されているため、どの人が一番偉いのか、結局わからない。紹介されているのは「三人のプレジデント」だ。二〇〇九年に発効したリスボン条約で設定された、いずれもEUを代表する人物である。それぞれ欧州委員会、欧州理事会（首脳会議）、欧州議会のトップに当たる。

二〇一四年五月の欧州議会選までは、以下の三人が務めていた。

▼欧州委員会欧州委員長　ジョゼ＝マヌエル・バローゾ（元ポルトガル首相）
▼欧州理事会（首脳会議）常任議長　ヘルマン・ファン＝ロンパイ（元ベルギー首相）
▼欧州議会議長　マルティン・シュルツ（元ドイツ・ビュルゼーレン市長）

三人が代表する欧州委員会、欧州理事会（首脳会議）、欧州議会に、EU理事会（閣僚理事会）を加えた四者の駆け引きやせめぎ合いが、EUの方針や政策を決定するようだ。面倒なのは、欧州理事会とEU理事会という似たような名前の二つの機関が存在することだが、両者の関係は後述したい。

EUを国家になぞらえると、それぞれどのような機能を持つのだろうか。EUの幹部官僚や研究者が概ね一致して指摘したのは、以下のような図式である。

▼欧州委員会＝政府
▼閣僚理事会＝上院
▼欧州議会＝下院

EUの法案は、この三者を複雑な形で行き来しつつ成立するという。三者を、一つひとつ訪ねてみた。

高給取りユーロクラート

ベルギーの首都ブリュッセルは中世の趣が漂う古都で、その中心部に位置する広場「グラン・プラス」は世界遺産に登録されている。そこから東に約二キロほど、目新しいビルが立ち並んで「欧州区」と呼ばれる一角に、EUの主要施設が集中している。

ひときわ目立つのが、十四階建ての「欧州委員会」本部である。上から見るとゆがんだ十字の形をしている。内部に入ると、自分がどのウイングにいるのかがわかりづらく、迷う人が少なくないという。

玄関を入ると、EUが二〇一二年に受けたノーベル平和賞のメダルと賞状が広間に展示されていた。授賞式には、委員長のバローゾ、常任議長のファン＝ロンパイ、欧州議会議長のシュルツの三人が揃って出席した。通常は、代表一人が出席するのが慣例である。これは、周囲から「結局本当のトップは誰なのか」などと揶揄されるきっかけとなった。

受賞後も、メダルと賞状は欧州委員会、理事会、欧州議会の三カ所で展示されている。と言っても、もちろん一セットしかもらえないから、本物を二カ月ごとに巡回させる一方、残る二カ所にはレプリカを置いているそうだ。

「これこそ本物です」

欧州委員会の広報担当者が、展示ケースの前で胸を張った。

「理事会と欧州議会に今あるメダルと賞状は、偽物ですよ」

なるほど、そう言われると、メダルの輝きは本物に見えた。

欧州委員会が入るのは、この本部ビルだけではない。ブリュッセル市内の何と七十三カ所に事務所が分散している。広いところ、狭いところ、他の機関に間借りしているところなど、その形態は様々だ。組織改編があると、これら事務所スペースの奪い合いが発生する。関係者によると「まるで椅子取りゲーム」なのだそうだ。

欧州委員会は法案提出権を独占し、執行機関を兼ねる。政府にあたる強大な権力を行使しており、市民が「ＥＵ」という時は、この欧州委員会を指す場合が多い。委員会は加盟国の数と同じ二十八人で構成される。加盟国から一人ずつ、五年の任期で出す委員は、閣僚に該当する。委員長は首相にあたる。名目上は、出身国から独立して行動する義務を負うが、実際には出身国の影響を受けるとも言われる。

欧州委員は、なかなか近寄りがたい存在だ。インタビューを申し込んでも断られることが多い。たまたま、その一人が取材に応じた。私の訪問の二カ月あまり前、七月一日にEUに加盟したばかりのクロアチア出身、消費者政策担当の欧州委員ネヴェン・ミミツァである。

欧州委員会本部十階の執務室に案内された。執務机とテーブル、応接セットがあって広々としているものの、飾りらしきものは四本の観葉植物だけで、応接間につきものの壁の絵画やポスターもない。書棚も空っぽで、ミネラルウォーターのペットボトルがぽつんと立つ。卓上には置物もなく、何とも殺風景だ。ミミツァが着任間もないせいかと思ったが、広報担当者に尋ねたら、どこの委員の部屋も似たり寄ったりだという。機能重視とも言えるが、遊び心がなくて取っつきにくいようにも思える。

現れたミミツァは、柔らかな物腰の紳士だった。

「消費者の権利と商品の安全を確保するのが任務ですが、消費者政策だけを単独で進めてもうまくいきません。消費者のために様々な分野の政策をまとめるのも私の仕事です」。ゆっくりとした英語で自分の任務を説明した。

欧州委員の中には、自国で国会議員や閣僚を経験した人が多い。六十歳のミミツァも、クロアチアの前副首相である。四月に就任が決まり、五月に委員会を訪れて引き継ぎを受けたという。

「みんなから歓迎されて、委員会がオープンだと感じました。何より、職員が優秀なのに感心したよ」と笑う。

通常だと朝九時に出勤し。官房スタッフとの打ち合わせ、委員会内部の会議、外部の会合への出席を、午後七時頃までこなす。加盟国を訪問する機会も多い。

バローゾをトップとする現在の委員会の任期は二〇一四年十月までである。就任間もないミミツァの任期もそこで終わる。「残りの時間が少ないので、優先課題を定めて仕事を進めたい」と話した。

欧州委員会は、立法機関であるとともに、執行機関でもある。職員数は、二〇一三年三月現在で三万二千六百六十六人だ。このうち六五・七％にあたる二万一千人あまりがブリュッセルに、一二％にあたる四千人近くがルクセンブルクに勤務する。ＥＵ以外の国に勤務するスタッフも一割を超える。

内訳では、女性が五四・五％を占めて、男性をしのぐ。国籍別では、最も多いのが地元ベルギー人で一七・六％に達する。イタリア人、フランス人、スペイン人、ドイツ人、ポーランド人と続く。最も少ないのはクロアチア人で、〇・三％に過ぎない百七人、続いてキプロス、マルタの順である。

三万数千人という職員数は、欧州議会の約六千人、閣僚理事会の約三千五百人に比べても断然多い。それだけ、欧州委員会の官僚組織が肥大化しているとも受け取れる。

職員の給与体系は十六のランクに分かれている。全般に高給取りで、最も高い総局長級だと、二〇一〇年現在で基本給が月額一万八千ユーロ（約二百四十万円）あまりに達する。そのせいか、欧州委員会周辺はブリュッセルの他の地域より物価が高い。昼食代は二千円から三千円ほどかかるのが普通である。中華料理店でベトナム麺フォーを一杯食べただけでも十五ユーロ（約二千円）かかった。

欧州委員会の中で、上位に位置するエリート官僚は「ユーロクラート」と呼ばれる。ビューロクラート（官僚）をもじった言葉で、多少のやっかみと嫌みが交じっている。

欧州委員会とユーロクラートに対する欧州市民の評判は、概して芳しくない。「自信たっぷりで高給取りの鼻持ちならないエリート」「選挙で選ばれたわけでもないのに政策を決めて、加盟国に押しつけてくる」といったイメージが広がっている。欧州委員会で会った高官の女性は「政治家はしばしば、失敗したらEUのせいにして、成功したら国家の成果だといいますからね」とぼやいた。

理事会の複雑怪奇

理事会のビルは、欧州委員会と大通りを隔てて向き合う場所に立っている。十階分ほどの高さの建物の内部は、まるで迷宮だ。斜面に立っているため、地上階と地下の双方に入り口がある。中二階が設けられている部分もあり、自分が何階にいるのかわからなくなる。私も迷ってしまい、通りがかった職員に連れ出してもらうはめになった。

建物の複雑さを反映して、エレベーターの表示も奇妙だ。玄関がある階が「００」なのはいいとして、その上は「10」「20」「35」「50」と増える。「35」というのは、3階と4階との間にあたるフロアに停まるからだという。地下は、通常だと「B1」とか「－1」とか表記されるが、ここの場合は「01」「02」である。地下にも出入り口があるからだろう。建物の実態に合わせた表記のつもりなのだろうが、物事を余計面倒にしている感じがする。

先に述べたように、理事会は二つの全く異なる組織「欧州理事会」（首脳会議）と「理事会」（閣僚理事会）に分かれている。混同を避けるため、ここではそれぞれ、「欧州理事会」「閣僚理事会」と呼ぶことにする。

「欧州理事会」は、ヘルマン・ファン＝ロンパイを常任議長に頂き、加盟国の大統領や首相で構成する。国家に例えると位置づけが難しいが、国際機関になぞらえると加盟国首脳会議にあたる。議長はもともと半年ごとの輪番制だったが、リスボン条約で任期を二年半とするこの常任議長職が新設された。メディアではこの職を「EU大統領」と呼ぶことが多い。

「閣僚理事会」は、外務、経済、環境など十分野に分かれて、各国の担当閣僚らが集まって構成する。各国の利害を調整しつつ、立法や政策決定にかかわる役目を持ち、EUを国家に例えると上院にあたる組織である。決定では加盟国のコンセンサスが重視されるが、人口に応じて割り当てられた票数に基づいて特定多数決で表決がなされることがある。議長国は半年ごとの輪番制となっている。

理事会のビルの多くを占めるのは「閣僚理事会」の事務総局だが、その一部には「欧州理事会」の常任議長ファンロンパイの官房スタッフも入っている。ファンロンパイの執務室も、このビルの一角にある。閣僚理事会事務総局の職員が欧州理事会の仕事をすることもあり、関係が非常にややこしい。

欧州理事会の幹部に、二つの組織の違いを尋ねてみた。

「閣僚理事会は、EUのいわば上院です」

欧州理事会は。「うーん。我ながら、奇妙な組織としか言えませんね」

EUを国家になぞらえると、欧州理事会は存在するものがない。しかし、EUを国際機関になぞらえると、首脳会議なのだから当然必要な存在だ。国家か国際機関か判然としないEUのコウモリ的性格は、本章の後半で検証したい。

この理事会ビルにも、ノーベル賞のメダルと賞状が展示されていた。欧州委員会で「そちらはレプリカ」と聞かされていたが、確かに賞状の紙が薄っぺらい。ちょうど訪れていた見学の学生らが歓声を上げながら記念撮影をしていた。「それ、偽物ですよ」と教えるのもヤボな気がして、黙っていた。

ちなみに、ここで理事会と訳されている単語は英語で「カウンシル」だが、欧州にはもう一つ「カウンシル」と名のつく組織がある。第六章で紹介した欧州評議会（欧州審議会）だ。EUの「欧州理事会」は「ユーロピアン・カウンシル」、EUの「閣僚理事会」は「カウンシル・オブ・ジ・ユーロピアン・ユニオン」、欧州評議会は「カウンシル・オブ・ユーロップ」である。これを一般市民に区別しろと言っても、無理な話だ。わざと混同させようとしていると勘ぐられても仕方ない。

ＥＵが市民からかけ離れていると批判されるのも、当然だと思えてきた。

旅する議会

欧州議会は、国家に例えると下院にあたる組織である。当初は諮問機関程度の役割しかなかったが、立法や予算に関する権限が次第に強化され、影響力も大きくなった。加盟国ごとに市民の直接選挙で選ばれた七百六十六人の議員で構成され、任期は五年である。本会議は、フランス東部ストラスブールの議会棟で開かれる。委員会はブリュッセルで開かれ、事務局はルクセンブルクにある。

ブリュッセルの欧州議会棟は、欧州委員会や理事会からベルギー国鉄で一駅南にあたる地区に位置する。敷地内には、議会の活動やＥＵの組織を説明する博物館が併設されている。訪ねてみると、ここにもノーベル賞のメダルと賞状が展示されていた。本物は欧州委員会にあるはずだから、こちらもレプリカのはずだ。しかし、なかなか精巧で、欧州委員会の本物と区別がつかない。むしろ、こちらが本物なのだろうか。だんだん自信がなくなってきた。

本会議の会場であるストラスブールは、ここから三百五十キロ離れている。本会議は毎月開かれるから、議員たちとその秘書、議会スタッフ、ＥＵ官僚、通訳ら約二千人が一斉に旅する。その様子は「移動サーカス団」と揶揄される。

これが、EUにとって頭痛の種だ。何せ、遠い。しかも、ブリュッセルとストラスブールとの間は交通の便が極めて悪い。もともと、ブリュッセルの空港は貧弱で、国際便も多いとは言えない。ストラスブールはこれに輪をかけた存在で、フランスの一地方都市に過ぎない。両都市間の飛行機はすぐに満杯になる。電車だと、パリで乗り換えて四時間半ほどかかる。私の場合、列車の最終便に間に合わず、仕方なくレンタカーを借りた。深夜の高速道路を五時間ほど運転するはめになった。

移動の手間に関する不満は、当の議員らの間でも強い。特に近年、EUの機能がブリュッセルに集中するようになり、独仏が戦った時代を知る議員も減った。「独仏和解の象徴」と言われても、多くの人はピンと来ない。なぜわざわざストラスブールまで行くのか。

「ストラスブールなんて廃止してしまえ」

その声は年々高まっている。今や約九割の議員がブリュッセルでの本会議開会を望んでいるという。

しかし、いつもフランスは大反対だ。欧州議会の存在はフランスにとって、地元の雇用を生み出す一大産業であると同時に、域内大国としての象徴でもあるからだ。欧州議会は二〇一一年、ストラスブールでの本会議を一カ月だけ中止すると決定した。フランスはこれに対し、EU機関の措置の合法性を判断する欧州司法裁判所に取り消しを求めて訴えた。裁判所は翌一二年、フランスの言い分を認め、議会の決定を取り消す判決を下した。このような裁判は過去にもあり、やはりフランスの言い分が通っている。

議員や官僚らが両都市間を移動することで、年間に一億八千万ユーロ（約二百四十億円）の費用がかかり、二酸化炭素を一万九千トン排出する、との研究もある。

「高くつくのは確かです。ただ、これも欧州建設のための費用だと考えています」と、欧州議会事務局広報官のジャウメ・ドゥックは説明した。

「確かに、ＥＵの機関をブリュッセルにまとめた方がいいと、議員の大多数が考えています。だけど、それを決めるのは議会自身ではなく、加盟国のコンセンサスです。フランスが受け入れるなんて思いますか」

ストラスブールの議会棟で、最大会派「欧州人民党グループ」代表のジョゼフ・ドールに会った。一九四七年にこの地元ストラスブールで生まれ、フランスの農業団体の役員、フェティスハイム市長などを経て、一九九九年から欧州議会議員、二〇〇七年からグループの代表を務めている。ストラスブールに暮らし、議会棟までの出勤時間は二十分だという。

もっとも、本会議の時は近くて便利だが、委員会はここから三百五十キロ離れたブリュッセルで開催される。ドールはそのたびに、四時間以上かけて車で出かけて行くという。「私はいつも欧州各地を旅していますよ。木曜日には、クラクフに行く。その次はベネツィアだ。いつもあちこち行くのが欧州議会議員ってものです。欧州中央銀行総裁のマリオ・ドラギと会いたければフランクフルトに行くし、欧州司法裁判所に用があればルクセンブルクに行く。欧州食品安全機関（ＥＦＳＡ）と交渉したければパルマに行く。すべての機関をブリュッセルには押し込められません」

ドールは、議場移転の議論自体には反対しないと、少し冗談めかしていった。

「もちろん、どんな提案にも応じますよ。欧州議会をブリュッセルに集約するという意見にも、耳を傾けます。ただ、もし移すなら、代わりのものがフランスに必要だ。中央銀行でもいいし、欧州司法裁判所でもいいけどね」

実際に移転させると、その事務は膨大だし、地元の雇用対策も大問題だ。少なくとも近い将来、実現することはないだろう。

議会でもう一つ、膨大な予算を食うのは通訳だ。「議員は全員、自分の言語で主張する権利を持っていますからね」と議会事務局広報官のドゥックは言う。「これも、民主主義のための必要経費です」

二〇一三年のクロアチア加盟で、クロアチア語も二十四番目の公用語となった。クロアチア語はもともと、セルビアの言語と同じでセルボ・クロアチア語と呼ばれていたが、旧ユーゴ紛争で双方が対立したこともあって独立言語として扱われている。加盟を見越して、EUは一年以上前から準備を進め、クロアチア語通訳の訓練も実施したという。

「通訳の市場が大きくないため、優秀な人材を探すのは大変です。でも、いい通訳がいないと、議会が動きません。そのために、大学などとの協力を進めています」

本会議場で、議員は国別ではなく会派別に着席し、活動する。二〇一三年現在、ドールが代表を務める最大会派「欧州人民党グループ」が二百七十五議席を占める。ここには、各国の中道右派キリスト教民主主義系の議員が集まっている。第二勢力は、中道左派の社会民主党系でつくる

「社会民主進歩同盟グループ」で、百九十四議席を持つ。この二大グループの影響力が特に大きい。

これに続くのが、中道の「欧州自由民主同盟」の八十五議席と、緑の党などを主体とした「欧州緑グループ・欧州自由連盟」の五十八議席である。そのほか保守党系、共産党系に加え、右翼などが集まる欧州懐疑派系の会派もある。

本会議の議場では、議長から見て左が左派、右が右派にあたる。一番右は、欧州懐疑派系「自由と民主主義の欧州」の面々である。その隣に、政府役の欧州委員会が座っている。当然、犬猿の仲だ。

私が議場を訪ねた時、ちょうど欧州懐疑派の英国独立党党首ナイジェル・ファラージが質問に立っていた。これに、委員会が答弁する。席が隣同士なのに、あたかも相手が存在しないかのように正面に向いて非難し合う姿が、何とも滑稽だった。

国家への夢は消えたのか

すでに述べた通り、ＥＵの歴史は通常、一九五二年の「欧州石炭鉄鋼共同体」（ＥＣＳＣ）設立に始まり、一九五八年の欧州経済共同体（ＥＥＣ）、一九六七年の欧州共同体（ＥＣ）を経て、一九九三年の欧州連合（ＥＵ）に行き着いた、と語られてきた。歴史の教科書にも、ＥＵを説明する用語集にも、そう記されている。EUに関する従来のほとんどの説明は、この流れを踏襲してきた。

このような認識を「単線的発展史」と呼んで批判したのが、北海道大学教授の遠藤乾である。遠藤は二〇一三年の著書『統合の終焉』（岩波書店）で、欧州統合の歴史を取り巻く世界情勢に注目し、EUが単体で発展したわけではなく、冷戦という構造の中で軍事安全保障分野をつかさどる北大西洋条約機構（NATO）、人権や社会の分野をつかさどる欧州評議会（CE）と分業しつつ、経済をつかさどりながらEUが発展した、と位置づけた。彼はこの状態を「EU―NATO―CE体制」と呼んだ。

実際、NATOは冷戦期、EU以上の存在感を示していた。また、第六章で見たように「人権」「自由」「民主主義」といった欧州の存在意義とも言える理念を広く知らしめた欧州評議会が果たした役割も大きい。ナチスに支配されたドイツの戦後民主化に大きく貢献したのは、この組織だった。

遠藤の論に沿うと、冷戦崩壊が欧州に与えた影響は甚大である。それまで、ソ連という敵を前にまとまっていた欧州の秩序が崩れ、NATO、EU、欧州評議会の分担もあやふやになった。NATOは標的を失って迷走し、EUは安保にも人権にも手を出して収拾がつかなくなり、EUとの区別をつけられなくなった欧州評議会の影は薄くなった。

「冷戦時に存在していたEU、NATO、欧州評議会の機能的な仕分けが、冷戦構造の崩壊とともに失われてしまった。その後、EUの活動が他の組織の分野にせり出していく中で、ギリシャを火元とする火事が広がり、単一通貨ユーロという本丸の一部が焼けてしまったのが、欧州債務危機です」

遠藤はこう語る。

冷戦崩壊後、EUはその活動を、他の組織の分野に広げただけではなかった。EU自体が加盟国を増やし、拡大した。二〇〇四年、旧東欧諸国やバルト三国、地中海諸国など十カ国が一気に加盟した。二〇〇七年にはルーマニア、ブルガリアが加わった。この間の二〇〇五年には、フランスとオランダが欧州憲法条約を国民投票で否決する、という事件が起きた。「欧州石炭鉄鋼共同体」の原加盟国である両国の反乱の要因の一つとして、加盟国の際限なき拡大に対する拒否感があった、と受け止められた。

「この二〇〇五年の出来事で、EUの拡大は終わった、と思いました」と、遠藤は打ち明ける。

しかし、拡大はその後も続く。二〇一三年にクロアチアが加盟して二十八カ国になったうえ、加盟候補国として二〇一四年現在、トルコ、アイスランド、モンテネグロ、マケドニア、セルビアが控えている。アルバニア、ボスニア・ヘルツェゴビナ、コソボが潜在的な加盟候補とされているほか、グルジア、ウクライナなどからも加盟を希望する声が出ている。ノルウェーやスイスはEU加盟を国民投票で否決し、北アフリカのモロッコはEC時代の一九八七年に加盟申請して却下されたものの、遠藤によると「どこまで広げればいいのかわからない状態」という。

二〇〇〇年代初めまで、EUが将来一つの国家に発展するとの予測は、決して突飛な考えではなかった。「将来は欧州合衆国になる」といった夢が、統合の原動力となっていた。ドイツでは、当時の首相シュレーダーが自国をモデルとした欧州連邦構想を打ち上げ、国家の独立を重視するフランスが反発する場面もあった。

しかし、加盟国が旧共産圏にまで拡大し、欧州債務危機も経験して、欧州の将来に一つの国家を見る期待は急速にしぼんだ。例えば、スウェーデンとギリシャとルーマニアで同じ額の税金を払い、同じ社会保障を受けて、双方が満足する、といった統一国家を想像するのは、なかなか容易ではない。

浮遊する政治物体

ＥＵを語る時、しばしば発せられる問いがある。ＥＵというのはそもそも、国家なのか、国際機関なのか。

ＥＵは、国のようで国でない、しかし国でないようで国のようでもある。そのあいまいさは、何よりＥＵのトップにあたる欧州委員長を務めたジャック・ドロールの頭痛の種だった。まだＥＣ時代の一九八五年、委員長に就任して間もないドロールは演説の中で、ＥＣの将来を未確認飛行物体（ＵＦＯ）になぞらえて「未確認政治物体」（ＵＰＯ）と呼び、以後もそのたとえを繰り返した。ＥＵとは、国家かどうかと迷う人々の間をふらふらと浮遊するＵＰＯなのである。

ＥＵの機構を見ると、国家と国際機関双方の特性を兼ね備えたハイブリッド体だ。先に訪ねた欧州委員会、閣僚理事会、欧州議会がそれぞれ、政府と上院、下院にあたる、との説明を聞くと、EUが国家の体裁をなしているようでもある。その上に全体の方向性を示す欧州理事会が存在していることを考えると、国際機関のようにも見える。

EUは多くの点で、国家に準ずる権力を行使している。加盟国の政府がつくる法律の七割ほどは、実はEUの指令に基づいて各国がいや応なしにつくらされるものだと言われる。つまり、立法の多くの部分を、国家でなくEUが握っている。かつて、自治体の弱い独立性を揶揄して「三割自治」という言葉がはやったが、EU加盟国の実態は「三割主権」なのだ。立法権を握るEUは次第に国家の機能を担い、国家は次第に実権を失って形骸化していく。それが、EUの一つの側面だ。

EUに加盟するには、二〇一三年現在で十七万ページに達すると言われるEUの法体系「アキ・コミュノテール」をほぼすべて受け入れ、実施する態勢を整えなければならない。これほどの規則を共有するコミュニティーが、国家以外にあるだろうか。

これが、国連や他の地域連合とEUとを分ける最大のポイントである。域内の政治対話や経済協力を進め、外部に対して発言権を持つための地域連合は、世界各地に存在する。十カ国が加盟する「東南アジア諸国連合」(ASEAN)は、EUを上回る約六億の域内人口を抱える。米国、カナダと中南米三十三カ国の相互協力の枠組み「米州機構」(OAS)、五十四カ国・地域が参加した「アフリカ連合」(AU)は、いずれもEUより加盟国が多く、範囲も広大だ。これらの地域連合は、主権を維持する国家の集まりであり、国家が主権の相当部分を明け渡しているEUとは制度や理念が大きく異なる。

一方で、EUが国家とは異なる特徴を示す面も少なくない。通貨こそ統合されて単一通貨ユーロが誕生したものの、財政や社会保障は相変わらず各国別だ。外交も、共通の部分があるものの、国によって方針が異なる場面も多く、二〇〇三年のイラク戦争の際には攻撃にはやる米国を支持するかどうかでEU内が二つに割れた。

何より、市民が選挙で選ぶのはまず、その国の元首や政府であり、議会である。国家レベルで民主主義が完結しているのである。欧州レベルでは、欧州議会議員を選ぶ権利が有権者にあるものの、実権を握る欧州委員長や欧州理事会常任議長を直接選ぶことができるわけではなく、そこに完全な民主主義は機能していない。ただ、EUを純粋な国際機関と考えれば、それで十分だ。国際機関内部で民主主義を構築する必要がないのは、国連事務総長を市民が直接選ばないのと同じである。

EU法を専門とする慶応義塾大学教授の庄司克宏によると、EUは当初、市場統合に範囲を限定したうえで、主権の一部を国家が移譲する枠組みだった。政治学でいう「スプラナショナルコンプロマイズ」(超国家性と妥協)である。これが成立するには、民主主義を加盟国レベルで調達する必要がある。民主主義を達成した国家が集まれば、枠組み自体が民主主義的であることを問わなくても済むからだ。民主主義を実行できない国は、そもそもEUに入れない。さらに、その枠組みが成果を上げてこそ、加盟国がEUに主権の一部を移譲する正当性が保たれる。

「ところが、市場統合が成功し、この枠組みがあまりに便利だったものだから、市場統合以外の分野でも『次は環境を』『安全保障も』といった具合に、EUの役割をどんどん増やしてしまった。その範囲がふくらみ過ぎた。だから、加盟国レベルだけでなくEUレベルでも民主主義を実現しなくてはならなくなったのです」

そのために、EUは当初弱かった欧州議会の権限を次第に強め、法案作成段階で市民の意見を反映する制度も設けた。「ただ、加盟国が発足当初の四倍にもなったのに、システムそのものは少し改革した程度で、基本的には変わっていない。つぎはぎ感は拭えません」と庄司は語る。

「しかも、社会保障や税金といった個人の生活に直接かかわる政策は、依然として加盟国に権限がある。EUが担当するのは国境を越えた問題で、たとえば単一通貨や国際環境問題など、一般の市民の生活感覚ではすぐには関心を抱きにくいテーマです。EUに対する市民の関心が薄い以上、そこで民主主義を育てようと言っても無理な話です。EUは、将来も国家になり得ないでしょう。あくまで、加盟国が協力する装置としてやっていく以外にないと思います」

新たなモデルは可能か

つまるところ、EUは当面、国家とも国際機関とも判別しにくい、EU独自の形態を保ちつつやって行かざるを得ない。加盟二十八カ国を即座に一つの国にまとめるには、格差があまりに大きすぎる。市民にも準備ができていない。一方で、欧州懐疑派が主張するようにEUを解体すると、その不利益は甚大だ。中国やインドなど新興国が台頭する時代だけに、結集してこそ、グローバルな影響力を確保できるのである。極めて現実的に計算しても、内部でコンセンサスを生む苦労さえ厭わなければ、ＥＵの決定は国連で二十八票を持つ。五億人の市場を背景にした発言も可能になる。

国家と国際機関との間で、何だかわからない「未確認政治物体」として自らを浮遊させることが、目下欧州の最大の制度イノベーションとなっている。欧州を一つの国家にまとめる夢は潰えたが、イノベーションを諦めて引き返すこともできない。現状にとどまるだけだと、世界の中で戦っていけないのである。逆にうまくいけば、国家でも国際機関でもない新しいモデルを構築することができる。その時、ＥＵは「未確認政治物体」よりもっとましな名称を与えられているだろう。

現在の主権国家体制は、神聖ローマ帝国を舞台とした三十年戦争の後、一六四八年に締結されたウェストファリア条約を機に確立された。以後、国家の主権は絶対的なものとなった。国際社会を構成するのは国家であり、あらゆるものはいずれかの国家に属し、国家の制約下に置かれるようになった、それまで主に宗教だった欧州の対立軸は、国家間の利害関係に移った。

しかし今や、国家とは異なる「未確認政治物体」の支配下に置かれるものが次々と出てくる時代になった。これは、国家が支配してきた国際社会の枠組みを根本から変える端緒となるかも知れない。その後にあるのは、国家を失って混迷する社会かも知れないが、主権国家に縛られない新たな世界秩序かも知れないのである。

欧州の歴史を振り返ると、主権国家が支配した時代はたかだか、ウェストファリア条約以降に過ぎない。欧州を一つにまとめる発想自体、その前でも後でも珍しくはなかった。近代国家とは枠組みが異なるとはいえ、欧州のかなりの部分は、古くローマ帝国として実際に一つとなっていた。その後も、皇帝ナポレオンが率いたフランス第一帝政、ハプスブルク家のオーストリア＝ハンガリー帝国など、民族と言語を横断する欧州規模の国家が存在した。このような歴史の中では、独仏間の戦争や昨今の南北格差など微細な揺らぎに過ぎないのかも知れない。

国家を超えた枠組みを目指す試み自体は、いくつかモデルが存在する。ソ連は、その一つだ。平等と解放を旗印として一九一七年に始まったこの試みは、二十世紀最大の制度イノベーションだった。しかし、実際にはロシアが周囲を力で押さえ込んだ枠組みであり、内部でも次第に官僚組織が肥大化し、一九九一年に崩壊するに至った。ソ連を生み出したマルクス主義はまぎれもなく欧州が生み出したものであり、ソ連の挫折を、欧州は「我が子の失敗」と受け止めてしかるべきだろう。また、官僚支配の側面を見ると、EUにもソ連の影がちらつくのは否定できない。ソ連は、EUにとって大いなる反面教師なのである。

一七七六年に建国された米国も、それまでの国家モデルとは異なるものを志向した一つの試みと言えるだろう。米国はその後、国内をまとめただけでなく、世界の市場と戦場を席巻し、確固たる地位を築いた。一方、その過程で国内の多様性を滅ぼし、力に頼る価値観を浸透させた。結果的に米国が提示したのは、内部が画一化され、かつ格差の激しい社会モデルだった。

ソ連や米国の経験を教訓としたうえで、欧州は制度イノベーションを試みている。今後、十年、二十年の時間軸では難しいにしても、長期的に見ると欧州が一つにまとまる可能性は残っている。ただ、その時の統一欧州は、私たちが今イメージする「国家」とは異なる機能を持っているだろう。ソ連とも米国とも違う存在となっているに違いない。

本章を閉じるにあたって、日本を含む東アジアで政治経済統合を目指す構想について触れておきたい。ASEANに日中韓を加えた「東アジア共同体構想」で、一九九〇年代以降に論議が盛んになった。中国が熱心な一方、米国は自国抜きの議論が進むことに反発した。日本は、中国への警戒感から、インドなどを含めた連携の可能性を一時期模索していた。二〇〇九年に発足した鳩山政権はこの構想を前面に掲げたが、その後、尖閣諸島や竹島の問題で日中、日韓の関係が悪化したこともあり、議論は下火になった。国によって政治体制が大きく異なること、米国の懸念が抜けないこと、地域の緊張が緩和されていないことなどから、近い将来に実現するとは考えられていない。

二〇一〇年、私は東京で、この構想に熱心な団体が開く会合に招かれ、欧州統合の例について話したことがある。会場には、首相退任後の鳩山由紀夫の姿もあった。参加者が熱心に聞いてくれたのは幸いだったが、講演後の質問で、EUを国家間の親睦機関のように受け止めている人が少なくないことに気づいた。EUが国家と国際機関双方の性格を持った「未確認政治物体」であるのはすでに述べた通りだが、その「国家」の側面を見ていないのである。「EUってのは大変な組織ですよ。国から主権を奪ってしまうのですから。そんなものを中国や韓国と一緒につくるなんて、無理があるのでは」。そう説明したのだが、果たして理解されただろうか。

欧州ではその大変さに音を上げた人々の多くが、統合反対に回るようになっている。一度は手放した主権を回復し、国家をよりどころとしようとする動きに加わっている。その現象については、次章で述べる。

もちろん、ＥＵのような組織がなぜ東アジアで無理で、だったらどのような組織なら可能なのか、議論するのは大いに有意義だ。そのことを実感しただけでも、私にとって会合に招かれた意味はあった。

むしろ、アジアで当面必要なのは、欧州評議会のような人権や民主主義を定着させる組織だろうと、私は考える。この種の組織の原型を、賛同できる国々とつくり、欧州評議会の協力も得て育んでいく。それは、中国や北朝鮮の国家の枠組みが将来揺らぐ時に、力を発揮するのではないか。この案が現実の国際社会の中でどれほど実現性があるのか、判断は難しいが、欧州とアジアを比較するうえで一つのヒントとなるだろう。

すでに述べたように、欧州の戦後を支えたのはＥＵだけに限らない。ＮＡＴＯや欧州評議会、欧州安保協力機構など多様な枠組みが複雑に関係し合って構築された歴史だった。アジアの今後を考える時にも、欧州のように多様な組織が絡み合う枠組みの可能性を、もっと探っていい。

第 9 章

反対に賛成

フランスの右翼「国民戦線」の集会

乱れる結束

欧州統合という制度イノベーションの行き詰まりが浮き彫りになったのは、欧州債務危機だった。

二〇〇九年、ギリシャで政権交代があり、前政権が財政赤字を低めに見積もる粉飾をしていたと発覚した。これに前後してギリシャの財政状況が急速に悪化し、国債が暴落した。欧州連合(EU)が支援に乗り出したものの、ギリシャが債務不履行(デフォルト)に陥る恐れもささやかれ、ポルトガルやスペイン、イタリアなど他の南欧諸国に対しても不安が広がった。

一方、EUを挙げての支援について、比較的堅調な経済を維持してきたドイツなど欧州北部諸国では「怠惰な南をどうして助けなければならないのか」との不満の声が高まった。ドイツとギリシャの政治家同士が「ギリシャは島でも売ったらどうか」「我々の経済が弱ったのはナチスのせいだ」などなじり合った。両者の対立は、欧州の南部と北部との意識の違いを象徴していた。これで、欧州が一致してやっていけるのか。「一つの欧州」は、単なるかけ声ではないか。そのような疑念が広がった。

欧州内のギャップは、二〇一三年に持ち上がった移民船問題でさらに顕著になった。

発端は、二〇一〇年十二月からのチュニジアの政変「ジャスミン革命」に始まるアラブ諸国の政変の波「アラブの春」だった。エジプトやリビアでは大規模な暴動で治安が極端に悪化し、シリアは内戦状態に陥り、いずれも大量の難民を生んだ。彼らは当然のごとく、地中海を渡って対岸の欧州を目指した。

ＥＵの欧州対外国境管理協力機関（Ｆｒｏｎｔｅｘ）によると、二〇一一年には二万七千人近くのチュニジア人が政変の影響でイタリアやマルタに押し寄せた。二〇一二年の一年間に欧州で出された亡命申請は二十七万件あまりで、近年で最多となった。二〇一三年一月から九月までの間、北アフリカからイタリアに流れ着いた移民は三万人を超えた、との情報も伝えられた。内戦状態のシリアのほか、エリトリアやソマリア出身者が目立つ。これらの国々から地中海沿岸のアラブ諸国に出稼ぎに来ていた人々だと見られている。

これは本来、ＥＵにとって対外問題であるはずだった。それが、次第に内部の対立を引き起こす要因となったのである。

イタリア最南端にあたる地中海の孤島ランペドゥーサ島は、やや皮肉を込めて「欧州の門」と呼ばれている。アフリカ大陸から百キロあまりしかなく、欧州にたどり着こうとする移民や難民の船が目的地としてきたからだ。ただ、貧弱な移民船の難破事故は多く、島の周辺での死者は二〇〇九年以降の四年間で八百人にのぼっていた。その教訓も生かせないまま、二〇一三年十月三日に例のない惨事が起きた。約五百人と言われる移民を乗せた船がランペドゥーサ島沖で火災を起こして転覆したのである。死者は少なくとも三百六十六人に達した。

国連難民高等弁務官事務所（UNHCR）によると、この船に乗っていたのは主にエリトリア人らで、大半はリビアのミスラタで乗船した後、二週間近い航海を経て現場近くに到達した。ところが、船のエンジンが停止したことから、通りがかった漁船の注意を引こうと誰かが衣類や毛布に火を付け、これが燃え広がったらしい。

EUは内相を集めて対応を協議し、欧州委員会委員長のバローゾがランペドゥーサ島を視察した。欧州理事会でも、移民対策や地中海の航行の安全確保について話し合った。少なくとも表面上、EU各国は結束を演出した。一方で、具体的な対応を巡って、次第に軋轢が表面化した。

次章で述べるように、欧州各国は域内の移動を促すためのシェンゲン協定を結んでいる。これによって自由往来が可能になったのは、欧州の市民ばかりでない。不法移民だって、いったん域内に入ってしまえば、同じように移動できる。イタリアやギリシャ、スペインなど欧州南側の国にたどり着いた難民や移民は、これらの国で滞在のお墨付きをもらうと、景気のよくない南欧諸国にさっさと見切りをつけ、ドイツやオランダ、ベルギー、北欧など欧州北側の国々に勝手に移動するようになった。

これが、北側の国々にとっては我慢ならない。南側の国は難民の入国を防ぐ対策をサボっているのではないか。さらには、入ってしまった移民を、どんどん北に追い出しているのではないか。そのような疑念を隠さなかった。フランスの右派「大衆運動連合」（UMP）の党首ジャン・フランソワ・コペは党幹部の会合で「シェンゲン協定の改革は、欧州の指導者にとって最優先課題だ。議論の卓上に載せるのを恐れてはならない」と力説し、国境管理を復活させる可能性をほのめかした。さらに「例えばギリシャのような国は、移民が来ようが『どうせ連中は自国にとどまらないから』とお構いなしだ。国境を管理できない国は、欧州から追放すべきだ」と南欧諸国を攻撃し、聞き入れられない場合には欧州理事会からフランス首脳が引き揚げるべきだ、なども主張した。

財政面で自身も難題を抱えるフランスは、欧州債務危機でギリシャやイタリアなど南側の国々に共感を寄せていた。しかし、こと不法移民に関しては、逆に北側諸国と同調し、南欧諸国との間に必死にバリアーを張ろうとした。フランスは、地中海に面しているとはいえアフリカ大陸から引っ込んだ場所に位置しており、直接難民が流れ着くケースが少ないからだ。

南側への反発は、ドイツでも強かった。ハンブルクでは、二〇一一年にイタリア経由でシェンゲン域内に入った不法移民が集まり、路上で寝泊まりする光景が常態化していた。多くは、リビアに出稼ぎにきていたトーゴ人やガーナ人らで、リビアのカダフィ政権崩壊前後の混乱を逃れたようだ。彼らは待遇改善を求めてハンブルク市役所前でデモをしたりしたが、ドイツ人の間では「イタリアが自国で面倒を見ることなく、こちらに送り込んできた」との批判が渦巻いた。不法移民に対してイタリア当局が一人五百ユーロの補助とシェンゲンのビザを与え、「他の国に行け」と送り出したと、ハンブルクでは報道されていた。

南側にも、不満は大きい。国境管理には費用も手間もかかる。移民の大量流入を防いでいるのは、自国のためではなく、いわば北側の国々のためだ。だったら、北側も少しは協力や援助をしたらどうか。そう露骨にはいわないものの、ギリシャの市民擁護相ニコラオス・デンディアスは米テレビで「私たちに対する欧州の支援は、まだ十分ではない」と訴えた。

フランスのレクスプレス誌は「シェンゲン協定を一九八五年に締結したのは、ランペドゥーサ島で起きたようなことにみんなが結束して取り組むためではなかったか」と嘆いて指摘した。「欧州は単なる国家の寄せ集めではなく、共通した一つの家だと、私たちは考えてきた。そのような欧州特有の理念が、崩壊を始めている」

漂流移民を巡るいざこざを「一つの欧州」の崩壊と見るのは、少し大げさかも知れない。ただ、一連の騒ぎは間違いなく、欧州統合に懐疑的な人々を活気づけることになった。

「政府は上海、裁判所は京都」

これまでも、あまりに性急な欧州統合に懸念を抱く声がなかったわけではない。その筆頭は英国で、米国との関係を重視する伝統から、統合を推進しようとする独仏に対して距離を置く姿勢が顕著だった。一方で、その英国も欧州統合に真っ向から反対することはなかった。各国でも、政権担当能力がある政党は、欧州統合の推進で一致していた。世界情勢を見渡すと、欧州の結束なくして発言権を確保できないのが明白だったからでもある。現実的にも、加盟国を拘束するEUの規則や指令に日々対応しなければ、自国の実務が回らない。「欧州統合の行き過ぎはいかがなものか」などと悠長な議論をしている暇がなかったからでもあった。

しかし、次第にその常識が怪しくなってきた。欧州統合に懸念を抱いたり、反対したりする「欧州懐疑派」が増え、政治的に無視できない勢力となってきた。

「欧州懐疑派」と呼ばれる勢力は、一般的に各国の右翼である。彼らは冷戦時代こそ左右両勢力の間で埋もれていたが、九〇年代以降勢力を蓄え、各地の選挙で躍進したり、場合によっては政権に参画したりするようになった。欧州議会でも、「欧州懐疑派」が一定の勢力を保つようになった。

なぜ、「欧州懐疑派」が力を持つのか。もともとは非現実的だと一蹴されていた主張が、なぜ多くの人を引き付けるのか。そこに、現代の欧州が抱える問題点が凝縮されているに違いない。

二〇一三年九月にEUを訪ねた際、「欧州懐疑派」と呼ばれる人々に会った。

ブリュッセルのホテルで待ち合わせをした旧知の欧州議会議員ブルーノ・ゴルニシュは、持ち前の快活さを失っていなかった。フランスの右翼「国民戦線」（FN）の幹事長、副党首を歴任した最高幹部の一人である。

一九五〇年にパリ近郊ヌイイで生まれ、フランス国立東洋言語文化研究所（INALCO）で日本語を学んだ。パリ政治学院やパリ第二大学で法学を修めた後、京都大学に留学したのを機に、日本人女性と結婚した。専門は東洋法で、一九八一年にリヨン第三大学教授に就任し、八二年からは学部長も務めた。欧州議会きっての日本通であり、日本とEUとの議員交流の中心人物としてしばしば来日する。

もっとも、フランス国内では、学者としてよりも右翼の大物として有名だ。八〇年代から国民戦線で政治活動に携わり、八六年から八八年までは国民議会議員も務めた。八九年以降は欧州議会議員を務めていた。「国民戦線」の中では、ナンバーツーとして長年にわたって党を支えてきた。

彼はその年の二月、第三十四回日本・EU議員会議に参加して来日した時の様子を語った。

「日本の国会議員と討論しました。日本人はみんな礼儀正しいし、建前を語りますから、私に対して『EUは素晴らしい』『独仏和解の象徴ですね』などとお世辞をいいます。そんな時、私はこう答えるんです。『もしEUが素晴らしいのでしたら、同じものをアジアでつくったらどうでしょうか』と」

彼は、挑発的な口調で続けた。

「さあ、東亜連合をつくりましょう。東亜委員会、つまり政府は上海です。閣僚の一人は日本に割り振りましょう。東亜司法裁判所は京都。閣僚理事会の所在地はバンコク。東亜議会はジャカルタで、議員の割合は、そうですね、中国が四五%、韓国が八%、日本は一四%かな。国境は開放され、中国からもフィリピンからも、誰もが日本に来て暮らすことができます。心配には及びませんよ。もちろん、日本人だってフィリピンに自由に行くことができるのですからね——。そう日本人に説明して『いかがでしょうか。繰り返しますが、裁判所が京都に来るのですよ。不満はないでしょう』。そう私がいうと、日本の議員はあっけにとられた表情になります。でも、これは私たちが今、現実に置かれている状況なのです」

やや戯画化し過ぎてどこまで本気にとらえていいのか戸惑うものの、日本とアジアの歴史や文化への造詣が深いゴルニシュならではの比喩である。彼に限らず、「国民戦線」の政治家の座談には、奇抜なたとえや意外なレトリックで大いに楽しめる部分が多い。有権者から相手にされない中で注目を集める工夫を続けながら、語りの技術を磨いてきたからに違いない。

「確かに、中国、韓国、日本にはある種の共通項があります。例えば、儒教です。漢字もそうです。仏教の影響も共通しています。にもかかわらず、それぞれが独立しています、民族が同じではないし、言語も違うし、歴史も文化も違う。だからそれぞれがそれぞれの国家を持っているのです。それは欧州も同じで、文化や宗教には共通のものがあります。だからと言って一つの国家である必要はありません」

これまでの欧州統合の努力を捨てて対立の時代に戻るべきだと、彼は言うのだろうか。

欧州間で協力を進めること自体にゴルニシュが反対しているわけではなかった。その意味で、彼は現実的だ。一般的に、フランスの右翼の敵意は移民やエリートに向けられており、ユダヤ人やジプシーに対する差別意識も強いが、欧州の他国家に対する排外的な意識は薄い。

「国家間が手を結ぶことに、私は全然反対していません。例えば、航空機メーカーのエアバスのような欧州各国の協力は、非常にうまく機能している例だと思います。成功の秘訣は、ＥＵの枠外で協力するからです」

彼は、欧州宇宙機関（ＥＳＡ）が打ち上げるロケット「アリアン５」や、欧州合同原子核研究機関（ＣＥＲＮ）が運営する大型ハドロン衝突型加速器（ＬＨＣ）を、成功例として評価した。いずれも、ＥＵの枠組みとは異なるプロジェクトだ。

「興味深いことに、プロジェクトはEUがかかわるとすべてだめになる。なぜか。限定されたプログラムの場合、目的を明確に設定し、計算し、そのための組織をつくって進めるからうまくいく。EUは、何でもかんでもしようとするからおかしくなる。つまり、EUは超国家的な存在であることをやめて、純粋な国際機関にとどまるべきなのです。加盟国が国境を維持し、互いの安全を保障し合い、政府間や議会間の交流を密にし、いくつかの限定されたプロジェクトを共同で実施すればいい。そうすると、そのプロジェクトがどれほどの成果を生んだか、どれほど費用がかかったか、市民は検証できる。例えば、パリからブダペストへの高速鉄道を建設するとします。関係の国が集まり、コストを計算し、プロジェクトを進めればいい。でも、協力はそこまで。個々のプロジェクトの枠を超える超国家的組織が出現するのは認めません」

ルペンとのランチ

ゴルニシュにブリュッセルでインタビューをした翌々日、欧州議会本会議がストラスブールで開会した。その議場を訪れた私は、再びゴルニシュに会った。昼食を一緒に取ることになり、連れだって議員食堂に行った。

彼が所属する「国民戦線」は長年、小選挙区制のフランス国内で政界から排除されてきた。しかし、欧州議会選は比例代表制なので、それなりに当選者を出すことができる。かくして、ゴルニシュと、長年党首を務めたジャン＝マリー・ルペン、それを引き継いで二〇一一年から党首を務めるマリーヌ・ルペンの三人が、この時は欧州議会に議席を持っていた。

テーブルで待っていると、赤ら顔の男がのそのそとやってきて、ゴルニシュの隣に座った。ジャン＝マリー・ルペンだった。

ルペンは一九二八年、フランス北西部のブルターニュの漁村トリニテ・シュール・メールの貧しい家庭に生まれた。パリ大学法学部在学中から右翼活動に携わり、一九七二年に右翼政党「国民戦線」を創設した。以後、二〇一一年まで三十八年あまりにわたって党首の座にあった。この間二〇〇二年の大統領選では決選投票に進出し、「ルペン・ショック」と呼ばれる騒ぎを引き起こしたのは、よく知られたことだ。

私はこれまで、ルペンと何度も顔を合わせている。インタビューをしたこともあれば、彼の里帰りに同行して故郷の漁村を訪ねたこともある。しかし、再会した彼は、そんなことなどすっかり忘れているようだった。「そうか、そうか、日本からご苦労さん」と愛想笑いをし、こちらの握手を弱々しく握り返した。

この日の定食は牛ステーキだ。ルペンの前に、何きれもの肉を山盛りに載せた皿が運ばれてきた。「ありゃ、こんなに食べられないよ」と大げさに驚いたふりをするルペンだが、実際にはぺろりと平らげてしまった。このあたりのエネルギーは、往年と変わらない。飲み物は「コカ・コーラ」で、まるで子どものようにごくごく飲み干した。グローバル化に抵抗しているはずの右翼が、コーラなんか飲んでいいのか。そう思うこちらを見透かすかのように、「コーラを頼んだとばれると、何を言われるかわからないなあ」と、ルペンは笑った。

党首時代のルペンの記者会見は、なかなかの見ものだった。日刊紙リベラシオンなど左派色の強いメディアの記者らが、攻撃的な質問を次々に繰り出す。ルペンも次々と切り返し、逆に記者らを罵倒する。そのレトリックが何ともユニークで、エスプリが利いていて、まるで上質の漫才のようなのだ。フランス人記者らは真剣だったかも知れないが、部外者に過ぎない私は、毎度楽しく見物させてもらっていた。

久々に間近で見た彼は、食べっぷりこそ堂々としているものの、かなり衰えた印象だ。もともと一対一だと礼儀正しい人物だが、フランスの新聞記者とやり合っていた頃に比べ、独特の尊大さが薄れたように思える。にこやかで、しかし疲れたような表情で、周囲の言葉にうんうんとうなずいている。好々爺に見えないこともない。

これがあの、右翼の親分なのだろうか。八十五歳という年齢のせいで、角が取れて丸くなったのかも知れない。しかし、一番の理由は、自ら育てた党の将来にめどがついて、安心していることだろう。右翼政党「国民戦線」は、娘マリーヌ・ルペンが党首を引き継ぎ、父親の代にもまして興隆ムードに浸っている。

そのマリーヌにも、昼食前にゴルニシュと待ち合わせをした議員控室の前で、ばったり会った。周囲に人が多く、最初は私の方が気づかなかった。握手の手を差し出して来る女性がいたので、誰かと思ったら彼女である。

その三年前までフランスに駐在していた私は、当時副党首だったマリーヌとも記者会見で頻繁に向き合った。しかし、先方から握手をしてきたり、話しかけてきたりすることはなかった。ある意味で道化に徹している父親に比べ、彼女は真剣で、それだけ緊張していた。フランスのメディアを相手にするだけで手いっぱいだったのかも知れない。

その頃に比べると、ずっと余裕が出てきた印象である。党首として活動が軌道に乗ってきたからだろう。実際、マリーヌが党首になってからの二年間、「国民戦線」は順風満帆だった。父親は反ユダヤ発言などで物議を醸したこともあるが、そのようなスキャンダラスなイメージを娘は次第に払拭した。若者や労働者、女性にも受け入れられる現代性を備えようと努め、支持を拡大した。

二〇一二年の大統領選で、マリーヌは六百四十二万票あまりを獲得した。決選に進出できなかったことからそれほど注目を浴びたわけではないが、この得票数だけを見ると、二〇〇二年の「ルペン・ショック」で決選に進出した父親が獲得した四百八十万票を上回り、右翼候補として過去最高である。そこにも、党の勢いが表れている。

大統領選に続く六月の総選挙では、二十四年ぶりに、国民議会（下院）に代表を送り出した。マリーヌの姪にあたるマリオン・マレシャル＝ルペンが公認で当選し、他に右翼系の議員が二人誕生した。

フランスで、あらゆる選挙は第一回投票と決選投票で構成され、「学級委員を選ぶ時も二回投票する」と揶揄されるほどだ。一回目の投票で弱小候補をふるい落としたうえで、二者択一となる決選で適任者を選ぶ。この二回投票は、候補者乱立によって思わぬ奇天烈候補が当選する可能性を防いできた。

小選挙区で実施されるフランス総選挙も、二回投票制を採用している。ただ、得票率にかかわらず上位二人が決選に進む大統領選とは異なり、第一回投票で一定割合を得た候補は三人目でも四人目でも、決選に進出できる。だから、左右両主要政党の候補に加え、「国民戦線」の候補も交えた三つどもえ決選がしばしば演じられてきた。そのような場合、そのまま選挙戦を繰り広げると左右の候補の票の食い合いとなり、右翼が漁夫の利を得かねない。これを阻止するため、左右両候補の片方が決選を辞退してもう片方を応援する「共和国戦線」方式がこれまで定着してきた。右翼の差別思想に抗して、自由、平等、博愛という共和国の理念を守るべきだ、との考えからである。世論調査で二割近い支持を得る国民戦線が、一九八八年の総選挙での小選挙区制復活を最後に国民議会に議席を持てないでいたのは、このためだ。

ただ、二〇一二年の総選挙では、直前の大統領選でオランドが勝利を収めて社会党政権が誕生しただけに、右派は劣勢に立たされていた。落選を恐れる右派候補は「共和国戦線」方式を相次いで放棄し、右翼と手を結ぼうとした。そのようなどさくさに紛れる形で、三人の右翼候補は当選したのである。それは、彼らが小選挙区を勝ち抜くだけの力を蓄えてきた、ということも意味していた。

右翼と左翼が結びつく

政権担当能力のある現実的な政党にとって、ＥＵへの協力は絶対条件だ。これを否定すると、欧州各国から相手にされなくなり、欧州内で孤立する。その結果、欧州の既成の政党は、左右ともに、基本的に欧州統合を推進する姿勢を示さざるを得なかった。

しかし、ＥＵに対する懐疑心は、各国の市民の間に根強く残っている。それは、欧州統合を巡ってこれまで様々な国で実施された国民投票で統合反対がしばしば多数を占めた結果を見ても、明らかだ。フランスでも、欧州憲法を巡る二〇〇五年の国民投票で反対派が勝利を収め、時のシラク政権が実権を失う大きなきっかけとなった。

そこに、右派政党とは異なる右翼の居場所が生まれている。

「国民戦線」はかつて、移民を標的に人々の不安をあおることで支持を拡大した。移民そのものがあたかも犯罪者集団であるかのようなイメージを振りまいた。現在、移民の代わりに標的と定めているのが、グローバル化である。グローバル化によって、平穏な生活が脅かされる。現在の政権には、それを防ぐ手立てがない。それができるのが国民戦線だ――。あるいは、「移民排斥」の主張も、ある種の反グローバル化の意思表明だと位置づけることもできる。移民問題は社会問題や人権課題の視点から語られることが多いが、紛れもなくグローバル化の産物だ。また、移民自らが新たなグローバル化をもたらす存在でもある。

「グローバル化」という場合、日本ではまず米国の影響が思い浮かぶが、フランスを含む欧州各国で日常的に問題となるのは、EUを拠点とした欧州グローバル化である。欧州間で人と物、知識や情報の移動が頻繁になるにつれて、欧州全体を均し、標準化しようとする波は、社会の様々な分野に及ぶようになった。農業や通貨など欧州共通の政策も多く、各国の立法も多くの場合EUの指令に基づいている。国家が形骸化し、実際の決定権をEUが握る場合も少なくない。

このような状況下、人々の生活がいかに脅かされるかをしきりに強調したのが右翼だった。右翼は「グローバル化重視対ネーションステート重視」の対立軸の中で後者の側に立ち、ナショナリスト政党、反EU政党としての地位を次第に築いていったのである。

「国民戦線」の支持層を見ると、低学歴、低所得の傾向が如実にうかがえる。インテリがグローバル化をうまく利用する能力と自信を備えているのに対し、教育を十分受けていない層はグローバル化に対して恐れを抱く。「教養と知性と所得に恵まれ、合理的な判断が可能で、新たな挑戦を恐れない人々」と「教育にも仕事にも恵まれず、自分の置かれた環境に不満を抱きつつ、今あるそこそこの生活を失うことに怯える人々」の格差がますます顕著になっている。右翼の存在は、このような「上下」の格差社会にうまく合致している。エリートをしきりに攻撃し、自らが「民衆の味方」であることをアピールするのである。

一方、「国民戦線」と同じように反グローバル化、反欧州統合の旗を掲げる集団が、フランスにはもう一つある。右翼とは対極にある共産党やトロツキスト政党など左翼の一群である。経済や市場が猛威をふるう不安定な世界から市民や民主主義を守る砦としての機能を国家に期待しており、国家主義の色彩を多少帯びている。

二〇一二年の大統領選で、これらの政党は大同団結して「左翼戦線」を結成し、社会党を割って「左翼党」を結成したジャン＝リュック・メランションを候補に立てた。フランスは左翼への支持が根強い国で、選挙があるたびに「プロレタリアート独裁」だの「権力を人民の手に」だののスローガンを叫ぶトロツキスト政党が登場し、五％前後の得票をすることが珍しくない。メランションの場合はそれをさらに上回って、一種のブームを巻き起こした。終盤にやや失速したとはいえ、彼は最終的に一一・一％にあたる四百万票近くを獲得した。

右翼と左翼が同じような主張を展開するというと、少し奇妙に感じるかも知れない。両者は、右の端と左の端という最もかけ離れた場所に位置するように思えるからだ。しかし、冷戦構造が終結して二十年以上経つ現在、政治を左右の対立軸で理解する意味は明らかに薄れており、現代の政策面での主要な対立はむしろ、グローバル化の可否に集約されつつある。左翼と右翼は、左右対立から見ると両極端のように見えるが、グローバル化を対立軸と考えると実は隣り合わせであり、その間を行き来するのもさほど遠い移動ではないのである。

フランス北部のヴァランシエンヌやランス＝リエヴァン周辺の工業地帯、炭鉱地帯は、低所得の労働者の家庭が多く、共産党や社会党の支持が厚い地域だった。近年、市民の多くが右翼の支持に回る現象が起きており、周辺は次第に「国民戦線」の牙城となりつつある。「国民戦線」もこの地域での票の掘り起こしに力を入れており、党首のマリーヌも旧炭鉱地帯の一角にある街エナン＝ボーモンに拠点を置いている。そのきっかけは、一九八一年のミッテラン政権誕生だった。与党となった社会党や共産党が現実路線を取らざるを得ず、欧州統合や貿易拡大といったグローバル化を受け入れたのに対し、これに不満を持つ左翼系労働者の支持の一つの受け皿となったのが「国民戦線」だった。

闘士メナールの「転身」

左翼と右翼の近さを象徴しているのが、ロベール・メナールのその後である。

二〇〇八年の北京五輪の聖火リレーを派手に妨害したメナールの話は、すでに第六章で紹介した。人権団体「国境なき記者団」（RSF）の創設者、初代事務局長であり、言論の自由を世界に訴え、独裁国家でのジャーナリスト抑圧を告発してきた人物である。北京五輪後に事務局長を退任して以来、しばらく消息を聞かないと思っていたら、予想もしない方向に転身していた。「国民戦線」の支援を受けつつ、南フランスの街ベジエの市長を目指して、二〇一四年の統一地方選に立候補する、というのである。

メナールは、フランスの植民地だったアルジェリアのオランで一九五三年、欧州系入植者の家庭に生まれた。父親は印刷業に携わり、右翼の秘密組織に属していた。一九六二年、アルジェリアの独立に伴って一家はフランスに引き揚げた。メナール九歳の時だ。当初は中南部アヴェロン県の村に、続いてベジエに移り住んだ。生活は貧しく、貧困層が多く住む集合住宅街で、移民らとともに暮らしていたという。

子どもの頃の夢は最初「神父」だったが、次第に左翼思想に近づき、南仏モンペリエで学生生活を送っていた一九七三年、トロツキスト政党「革命的共産主義同盟」（ＬＣＲ）の活動家になった。無許可のラジオを立ち上げたり、無料誌を発行したりした後、八三年に南仏のラジオ局の記者となり、八五年に「国境なき記者団」を創設した。

のらりくらりした態度が何より嫌いで、「たとえその行動が誤っていたとしても、何もしないよりまし」がモットーだ。「言論の自由原理主義」とでもいうべき徹底的なスタンスを取り、「目立ちたがり屋」と見なされるほどメディアに露出した。小柄で細身。威厳には欠けるものの、弁が立つことから、討論会で相手を言い負かしてしまうこともしばしばだった。安アパートに住み、出張も安ホテルで済ませる庶民性を併せ持っていた。

彼が率いた「国境なき記者団」は、世界の言論状況を調べ、投獄されているジャーナリスト、迫害されている言論人への支援に取り組んだ。中東アフリカの多くの独裁国家から締め出しを食らったが、人権団体やメディアからはその活動を高く評価された。各国の言論抑圧状況を示す世界ランキングは、私たち新聞記者が独裁国家で取材する際に伴う危険を推し量る指標ともなってきた。彼が特に力を入れたのは中国の言論状況の告発で、聖火リレーの妨害もその一環だ。世界で反響を呼んだパフォーマンスは、メディアの役割と機能を熟知したメナールならではの戦略に基づいていた。

一方で、敵も少なくなかった。「国境なき記者団」内部では「独断的」との批判がくすぶった。独裁体制に厳しいことが逆に「米国寄り」と見なされ、「ネオコン」と呼ばれたこともある。

メナールは事務局長を退任した後、カタールの人権団体を短期間運営したが失敗し、フランスに戻ってニュース専門テレビやラジオで司会者を務めていた。右翼と接近したのはこの頃だと見られる。同性婚に反対したり、死刑を容認したりするなど、右翼の主張に近い発言をするようになり、物議を醸して出演番組を降板するはめになった。

メナールの論理は「右翼の言論を守ることと右翼を守ることとは異なる。右翼にも言論の自由はある」である。「国民戦線」が他の政党に比べ、政界やメディアで発言の機会を与えられていない、と批判した。「私の政策に右翼らが賛同したのであって、その逆ではない」とも述べ、自らの独立性を強調していた。

もっとも、ベジエ市長候補としてメナールが掲げた政策は、右翼の政策とかなり重なっていた。「警察官の数を倍増させ、重装備化させる」など治安重視の側面が強く、「フランスには移民が多すぎる。対策が必要だ」とも主張した。ベジエ市は人口七万あまりで、多くのフランスの地方都市同様、中心部がシャッター街となって空洞化が激しい。経済の停滞とともに、市民の不満が蓄積しているという。フランス北部の炭鉱地帯に通じる状況が、右翼の主張を受け入れる素地となっているようだ。

人権の闘士から「右翼の市長」候補へ。これは転落なのか。何か意図があってのパフォーマンスなのか。メナールなりの論理に従った末に出した結論なのか。しかし、本人から見ると、これは転身でも何でもないのかも知れない。彼は、自分の立ち位置が変わらず、世の中が変化しただけだ、と言いたいに違いない。

二〇一四年三月三十日に決選のあったフランス統一地方選で、メナールはベジエ市長への当選を決めた。メナールだけではない。この選挙は、国民戦線とマリーヌ・ルペンにとって、大きな躍進を示す機会となった。マリーヌの地元エナン＝ボーモンの選挙では、国民戦線の候補が決選を待たず、第一回投票で過半数を獲得して当選を決めた。他にも、いくつかの都市で市長職を獲得した。

懐疑派連合

右翼や欧州懐疑派が支持を受ける現象は、フランスに限らない。むしろ、多くの国で政界に一定の影響力を持つようになっている。

「国民戦線」は、欧州議会にルペン父娘とゴルニシュを議員として擁している。ただ、欧州議会で会派を結成するには計二十五人が必要で、加盟国の四分の一以上の出身国にわたらなければならない。「国民戦線」はすでに、オーストリアの「自由党」、ベルギーの「フラームス・ブラング」「スウェーデン民主党」といった右翼政党と連携して「自治権欧州同盟」を結成していたが、議員数は全部合わせても五人にしかならない。これまで無所属として活動せざるを得なかった。

だから、二〇一四年五月にある欧州議会選挙を、「国民戦線」は現状打開の機会と受け止めた。欧州議会選は五年に一度、加盟国別に比例代表制で実施される。人口比に準ずるかたちで国ごとに議席数が割り当てられ、二〇一四年の改選までの最多はドイツの九十六議席、最少はマルタ、ルクセンブルク、キプロス、エストニアの六議席となっていた。投票制度は各国が独自に決める。

選挙では、苦しい経済状況を反映して、各国の右翼勢力の伸長が見込まれた。マリーヌ・ルペンはこの年の一月に記者会見を開き、「ＥＵに対する意見を同じくする当選者と統一会派を結成したい」と述べ、自らイニシアチブを取って右翼連合の結成を目指す意向を示した。ルペンは、オランダの右翼「自由党」の党首ヘルト・ウィルダースと何度も会談し、連携の可能性を探った。イタリアの右翼政党とも話し合いを始め、リトアニアの右翼系政治家との協力も模索した。欧州統合に反対する人々が結束して反対活動を続けるという、ちょっと皮肉な構図である。

ただ、右翼や欧州懐疑派が常に団結しているわけではない。政策やＥＵへの考え方は各国それぞれであり、右翼同士でも折り合いが悪い場合が少なくない。「国民戦線」の誘いに対し、「英国独立党」（ＵＫＩＰ）や「デンマーク国民党」は拒否する姿勢を示した。それは、両党が欧州議会ですでに、欧州懐疑派を結集した統一会派を結成しているからだ。

その会派「自由と民主主義の欧州」に加わる欧州議会議員は、十二カ国からの三十一人である。「英国独立党」とイタリアの「北部同盟」から最大の八人ずつ、「連帯ポーランド」から四人のほかは、各国で二人か一人である。

このなかで中心的役割を果たし、近年意気盛んなのが「英国独立党」だ。欧州連合条約（マーストリヒト条約）に反対するキャンペーンを進めるために一九九一年に発足した「反連邦主義同盟」を母体として、一九九三年に設立された。英国のＥＵからの脱退を求め、移民の受け入れ制限も掲げている。一九九九年の欧州議会選で三議席を獲得したのを皮切りに勢力を蓄え、二〇〇九年の欧州議会選では労働党を上回る一六％以上の票を得た。二〇一四年春現在、「自由と民主主義の欧州」所属の八議員に加え、この会派に所属していない議員も一人、欧州議会に出している。

その党首で欧州議会議員のナイジェル・ファラージは党結成時からのメンバーで、九九年に英国独立党から初当選した三人の議員の一人である。明快な言葉とユーモアを交えたレトリックの演説で知られ、二〇〇六年に党首に就任した。

本会議の合間に控室で会ったファラージは、反EUの持論を展開した。

「日本がある日、中国の一地方に組み込まれ、自分たちが選んだわけでもない北京の官僚の支配下に入ると、想像してみてください。日本人はたぶん、あまりハッピーじゃないでしょう」

EUを日中の関係に当てはめようとするのは、ゴルニッシュと同じ発想である。この頃、日中の関係悪化は欧州でもよく知られていたから、国家の連合の困難さを示す格好の例と見なしてのことだろう。

「私たち英国は四十年前、いわゆる単一市場に参画しました。車も、ワインも、チーズも、ボクシングの用具も、税金なしに売買できることを目指した組織でした。それが今、どうなっているか。政治統合を目指すなどと言い出し、私たちの法律の七五％を制定してしまい、『ポンド』や『オンス』でなく『キログラム』を使えと指示してくるんですよ。EUは、労働賃金もメンタリティーも異なる国々を一つに押し込めようとする『新しいソ連』です」

だが、単一市場を形成することによって欧州は力を持ったのではないのか。その恩恵は英国だって受けているはずだ。

「スイスを見てください。スイスは小さな国で、EUにも入っていない。それでいて、日本との間で経済連携協定(EPA)をちゃんと結んでいます。バローゾもファン＝ロンパイもいなくても、貿易交渉はできるのです」

奇妙なのは、EUに反対しているにもかかわらず、彼が欧州議会議員を務めていることだ。自分で、自分が矛盾していると思わないのか。

「だけど、カタルーニャ独立主義者もマドリードの議会にいるし、スコットランド国民党もウェストミンスター宮殿(英国会議事堂)に座っています(笑)。分離主義者が、自らは敬意を払っていない議会に議席を持つことは、珍しくないのです。確かに皮肉なことだけど、ユニークなことではありません。私は全然気にしていません。この地位を利用して、大衆に訴えようと考えています」

もちろん、このような言説への反論は多い。欧州統合推進派が大多数を占める欧州議会で、懐疑派は傍流に過ぎない。ファラージに会う直前、最大会派「欧州人民党グループ」所属の議員ジャン＝ポール・ゴゼを控室に訪ねた。ゴゼは、「このグローバル化の時代に、統合を進める以外に欧州が生き残る道はない」と話した。

「さもないと、三十年後の主要国首脳会議に欧州は一カ国も残っていないよ。ドイツでさえ単独では残れないだろう」

欧州懐疑派は、欧州議会の主流にはなりえない。ただ、一定の勢力を保って議論を攪乱することはできる。そこが懐疑派の狙いでもある。少数ながら存在感を示し、自分たちの主張の一部を認めさせ、あわよくばそれぞれの国の政権に参画する。そのためには、大多数のコンセンサスを得られる緩い主張をまとめる必要はない。先鋭的であるほど目立ち、自分たちをアピールできるのである。

かつて、移民排斥を主張の中心に置いていた頃の右翼を論破するのは簡単だった。右翼は「人権意識に欠けた、自分勝手な、協調性のない際物」だった。欧州統合反対、反グローバル化を旗印にするようになって、右翼の主張は次第に洗練され、支持を集めるようになった。「右翼の言い分にも一理ある」と考える人が次第に増えてきた。右翼が「普通の政党」に脱皮してきた、とも言える。

先に述べたように、フランスでは二〇一二年の総選挙で、右派と右翼との連携を目指す動きが生まれていた。二〇一四年の統一地方選ではその傾向がさらに強まり、決選投票で両者の選挙協力が相次いだ。右派の「大衆運動連合」（ＵＭＰ）は対独レジスタンスの英雄シャルル・ド・ゴールの流れを受け継いだ政党であり、ナチスを信奉した人が少なくなかった右翼との連携は、本来御法度だったはずだ。その境目が消えてきた。右翼が「普通の政党」となった以上、協力し合って何が悪いのか、というわけだろう。

それどころか、右翼が政権に入る場合も、珍しくなくなってきた。

欧州では、オーストリアで二〇〇〇年、当時の党首イエルク・ハイダーが率いる右翼「自由党」が政権に参加し、欧州各国が外交的に圧力をかけるなど大きな騒ぎとなった。しかし、その後二〇〇一年にイタリアで、右翼「北部同盟」がベルルスコーニ政権入りした。デンマークやオランダでは、右派政権に右翼政党が閣外協力した。EUに加盟していないノルウェーでも二〇一三年、右翼が連立した政権が誕生した。もはやこの程度のニュースでは、欧州内でも大した騒ぎとならなくなった。

本書の校了直前の二〇一四年五月二十二日から二十五日にかけて、欧州議会選の投票が加盟二十八カ国で相次いであり、各国の右翼政党が大躍進を見せた。選挙前から右翼の優勢は伝えられていたものの、実際の結果は予想を上回るものとなり、欧州懐疑派が一気に表舞台に出てきた感がある。五月二十七日現在、結果はまだ確定していないが、フランス内務省の暫定集計では右翼「国民戦線」が国内全七十六議席のうち二十四議席を獲得する情勢だ。「大衆運動連合」を中心とする右派の二十議席、社会党を中心とする左派の十三議席を抑えて国内第一党の座を奪い、欧州議会内で確固たる勢力を固めるのは間違いない。英国でも英国独立党が大きく支持を伸ばした。右翼は日陰者の地位を抜け出し、今や政界地図の一角を堂々と占める。その原動力となったのが、欧州統合というラディカルな制度イノベーションに対する人々の懸念だったのである。

第10章

欧州の壁を越えて

ブリュッセル・グランプラス

消える国境、生まれる壁

ルクセンブルクの首都から南に三十キロほど下ると、シェンゲンという村に行き着く。村の東を流れるモーゼル川の対岸はドイツ、その南側はフランスだ。三カ国の境目に位置することが、村に歴史的な役割を担わせた。

フランス、西ドイツ、オランダ、ベルギー、ルクセンブルク計五カ国の代表が一九八五年、この村の沖合に浮かぶ船の上に集まり、域内国境を段階的に撤廃することで合意した。単一通貨ユーロの導入と並んで欧州で最も意欲的な制度イノベーション「シェンゲン協定」の誕生である。

泥沼の第二次世界大戦を経験した欧州にとって、「国境をなくすこと」は、戦後史を通じた最大の夢だった。人々の間にある垣根を取り払い、人々が交流と協力を広げていく。それが、戦争を防ぐ最善の道のりだと、多くの人が信じた。そのような流れの中で、人や物、サービスや資本が自由に移動する共同市場の創設を、欧州は目指した。欧州内の人の移動の自由を保障する「シェンゲン協定」は、共同市場にとって欠かせない要素だと見なされた。

一九九五年三月、協定はいよいよ実施に移された。締結国間の出入国管理が撤廃された。九六年には締約国が十三カ国に広がった。シェンゲン協定はこの時点まで、欧州連合（ＥＵ）と異なる枠組みで進められてきたが、九七年にはＥＵの基本条約「アムステルダム条約」に付属議定書として組み入れられた。「人の移動の自由」がEUの法体系の一部として保障されることになった。

二〇一四年現在のEU加盟二十八カ国のうち、キプロス、ブルガリア、ルーマニア、クロアチアは、シェンゲン協定を完全に実施するに至っていない。これに加え、英国とアイルランドが国境の検問を維持しており、事実上参加していない状態だ。つまり、EUで参加しているのは二十二カ国だが、一方でEUに加盟していないアイスランド、ノルウェー、スイス、リヒテンシュタインの四カ国がシェンゲン協定には参加している。いわゆる「シェンゲン圏」は、この二十六カ国で構成されている。

現在のシェンゲン協定は、次のような規則を含んでいる。

▼域外国境の共通管理
▼域内国境検査の撤廃
▼統一ビザの発給
▼国境を越える犯罪への司法、警察の協力
▼入国審査データの共有システムの導入

西欧と旧東欧との間は、かつてチャーチルが「鉄のカーテン」と呼んだ壁や鉄条網で仕切られていた。二つの世界を一つに結び、冷戦を終結させたのは、一九八九年の「ベルリンの壁」崩壊である。二〇〇四年、かつて壁の反対側にいた旧東欧五カ国と旧ソ連のバルト三国を含む十カ国がEUに加盟し、同時にシェンゲン協定にも調印した。二〇〇七年暮れ、このうちキプロスをのぞく九カ国でシェンゲン協定が実施され、かつて東西に分かれていた国々が国境なき一つの空間を共有することになった。

その成果は大きい。国境の検問での大行列は姿を消し、移動や流通が格段にたやすくなった。今や、空港では国内線も国際線も同じターミナルから出発する。国際列車も国内列車も同じホームに到着する。物理的な一体感は、気分的な一体感を伴った。多くの人々が国の違いを気にすることなく旅行に行き、引っ越しをし、仕事を見つけるようになった。

しかし、内部の壁を取り払うに連れて、内部と外部とを分ける壁が厚くなる。内輪の「我々」の間で結束が強まるほど、「我々」以外の「彼ら」の距離が広がるのは、世の中の常である。シェンゲン協定が定着すればするほど、シェンゲン域外との間の壁が厚くなった。「色の革命」の伝播を見ても、「欧州評議会」の活動を見ても、欧州の境目がどこにあるのか、もともとあいまいだ。欧州の範囲を示すのは、「単一通貨ユーロに参加している国々」「シェンゲン協定に参加している国々」「EU加盟国」「欧州評議会（CE）参加の欧州諸国」「北大西洋条約機構（NATO）参加の欧州諸国」「欧州安全保障協力機構（OSCE）参加の欧州諸国」と、様々な定義が可能である。ただ、これらの機構に参加しているかどうかはさほど重要でないだろう。「欧州」は多分に、そこに加わりたい人々の願望も含めた概念だ。

欧州周辺の国々や人々は、自分たちが欧州の一員であることに誇りを抱いている。なのにそこに線が引かれ、自分たちが排除されてしまう。「我々」の一員と思っていたのに、「彼ら」だったのだと、思い知らされる。「俺たちは欧州の一員ではないのか」といった疎外感、屈辱感を抱かざるを得なくなる。

「欧州がどこまでか」との問いかけは、欧州がどこまで責任を持つのか、という問いかけに結びつく。「色の革命」や「欧州評議会」の活動のように、欧州は自らの理念や思想を積極的に域外に広めようとしてきた。そのような外向きの力が働く一方で、近年目立っているのは内向きの方向性だ。「ここまでは自分たちの問題だが、ここからは知らないよ」という態度である。民主主義や人権を域外に説教しても、域外が抱える問題を自分たちで背負いたくはないのである。

この態度は、欧州統合の勢いが失速したことと、間違いなく結びついている。冷戦崩壊の勝利感が漂う二十一世紀初頭だったら、多少の負担はものともせずに外に向かってがんがん攻めていただろう。二〇〇五年のオランダ、フランスのEU憲法条約批准失敗から欧州債務危機に至る過程で、欧州には挫折感が広がった。新たな挑戦やイノベーションに慎重になった。

欧州の結束を示すはずだったシェンゲン条約は次第に、欧州の限界を象徴する存在となったのである。

大平原の境界線

ドナウ川中流域に開けたハンガリー大平原は、総面積十万平方キロに達する一大穀倉地域である。その北部から中部にかけての大きな部分はハンガリーに属し、南部の相当部分はセルビアのヴォイヴォディナ自治州に属する。大平原にはスロバキア人、ルーマニア人、セルビア人、クロアチア人、ウクライナ人、ロマ人といった民族がモザイク状に暮らしているが、中でも最も多いのがハンガリー人（マジャール人）だ。その起源には諸説あるものの、民族の間で広く信じられているのは、モンゴル高原を支配した遊牧民族「匈奴」の末裔とする説である。西進した匈奴はフン族となって欧州に攻め入り、ゲルマン民族の大移動を引き起こし、西ローマ帝国を崩壊させ、子孫が大平原に定着した。「自分たちの先祖はアジアから来た」との共通意識をかき立てることが、ハンガリー人の民族としての結束を保つことにもつながってきた。

ハンガリー人は、ハンガリー国内に一千万近い人口を抱えるほか、周辺諸国にも広がっている。セルビア・ヴォイヴォディナ自治州にも約三十万人が暮らしている。ハンガリーとセルビアとの間には川も山もない。平原が広がるだけである。

冷戦時代、国境の両側はいずれも社会主義体制だった。国境の北、ハンガリーは一九五六年のハンガリー動乱以後、長期間にわたってカダル政権下にあった。緩やかな改革を続ける一方で、ソ連に対して忠実な姿勢を崩さなかった。国境の南、セルビアは、チトーが独裁的な権力を振るうユーゴスラビア連邦の一共和国として、東西両陣営と距離を置いた非同盟路線を追求した。その結果、他の東欧諸国にない自由と開放感をユーゴは享受した。西欧諸国に出稼ぎに行く人が多く、その仕送りは市民の豊かな生活を支えた。国境の北側のハンガリー人たちは、南のユーゴ側に暮らす親戚にしばしば物資の受け渡しを頼った。西側の情報を得たのも、ユーゴ側の親戚を通じてだった。

冷戦崩壊は、両者の立場を逆転させた。ハンガリーは旧東欧諸国の中でも比較的順調に民主化を進め、二〇〇四年にはEUに加盟した。ユーゴは内戦状態に陥り、分裂した。ユーゴの中でヴォイヴォディナ自治州は比較的紛争の被害が少ない地域だったが、それでも多くの避難民を受け入れ、社会は荒廃した。一九九九年にNATO軍がユーゴを空爆した際にはヴォイヴォディナも標的となり、州都ノヴィサドに大きな被害が出た。

国境の北側の方が、南側よりもずっと繁栄するようになった。ただ、ハンガリー人としての国境を越えた一体感は変わらなかった。南側のハンガリー人は、日用品や必需品を得るために北側の親戚を頼った。物資も人も、国境を越えて頻繁に行き来した。ハンガリー政府も、ヴォイヴォディナに暮らすハンガリー人の便宜を図って、ビザを無料としていた。

シェンゲン協定をハンガリーが実施したのは、二〇〇七年十二月二十一日である。冷戦時に東西の世界を鉄条網で分けていた西側のオーストリアとの国境は、検問が廃止された。ウィーンとブダペストとの間で自由な通行が可能となった。西欧諸国との交流を拡大し、投資を呼び込みたいハンガリーにとって、夢がかなった瞬間となった。

ただ、南のセルビアとは自由に行き来できなくなった。その国境はもはや、ハンガリーのものではない。シェンゲン加盟国共通の国境なのである。セルビアから国境を越えると、ハンガリー国内だけでなく、ドイツにもフランスにも自由に行くことができる。それは、大平原に暮らすセルビア国籍のハンガリー人にとっても、不法移民や犯罪者、テロリストにとっても、同じである。シェンゲン国境では出入国管理が強化され、検問所には大行列ができた。

ハンガリーとの国境からわずか十キロほど南に下がったセルビア・ヴォイヴォディナ自治州第二の街スボティッァを私が訪ねたのは、ハンガリーのシェンゲン実施から一カ月も経たない二〇〇八年一月だった。

スボティッァの人口は約十万で、様々な民族と宗教が共存している。最も多いのは三八・五%に達するハンガリー人で、約二四%のセルビア人を上回っている。

この街はかつて、オーストリア＝ハンガリー帝国の下で、ハプスブルクの文化の影響を強く受けていた。その名残は、街のあちこちに残る。中でも顕著なのは、高さ七十六メートルに達する塔を持ち、宮殿のようにそびえるスボティッァ市庁舎だ。ハンガリー分離派の様式を代表する建築物で、一九一二年に完成した。

絢爛豪華な装飾に彩られた庁舎内の一角で、市長のクチェラ・ゲサが私を待っていた。開口一番、彼は「シェンゲン実施後、何より国境の長い行列が目立つようになりました」と漏らした。

これまで無料だったハンガリー・ビザは、三十五ユーロの手数料を伴うシェンゲン・ビザに置き換わった。「親戚に会いにいくだけに国境を越える普通の市民にとって、この負担は大きい」。

申請のために用意する書類も大幅に増えたという。

「積もっている雪が溶ける頃になると、国境をこっそり越えようとする人が出てきそうです。パトロールは厳しくなっていますが、国境は平原が続いているだけで、鉄条網で仕切っているわけではありませんから」と市長は話した。

スボティツァ市庁舎から街道を南西に進むと、中東欧最大規模を誇る常設マーケットに行き着く。トタン屋根の下に約千七百軒の店舗がひしめき合い、市内や近隣の村からやってきた買い物客が行き交う。スボティツァの市民が日用品や食料品を買い求めるのは、だいたいがここである。

商品の多くは、ハンガリーからの輸入品だ。ここで雑貨店を営む三十六歳のスロボダン・コーニエヴィッチは毎夕、ハンガリー側の街セゲドに仕入れに出かける。いつも千ユーロほどを費やして、化粧品や肉、チョコレートなどを買い込んで戻ってくる。

「あちらの物価は、セルビアより二、三割は安い。一割増しで売っても、十分に利益が上がりますよ」

コーニエヴィッチの店が入る建物にある四十軒の店はすべて、日々の仕入れをハンガリー側に頼っている。建物全体で日々費やす仕入れ代は二万五千ユーロにも達するという。

ただ、コーニエヴィッチが持っているハンガリーのビザは、その二カ月後に期限切れを迎える。その後に取得しなければならないのは、もうハンガリーのビザではなく、シェンゲン・ビザである。その手続きがどうなるのか、果たして取得できるのか。「今は商売が順調だけど、ビザが切れたら、どうしたらいいのかわからない。私たちセルビアの商人が来なくなったら、ハンガリー側も困ると思うのだけどねえ」

スボティツァの街で、国境を越える交易にかかわる人は、全人口の一割に達していた。シェンゲン協定は、街にとって経済や雇用に直接結びつく大問題となったのである。

募る疎外感

ただ、問題は単に「国境を越えるのに時間も金もかかる」といった現実的な不便さにとどまらない。スボティツァに住むハンガリー人たちは、シェンゲン実施が強い屈辱感に結びついていた。

「ハンガリーに住むハンガリー人と比べて、私たちは何だか、格下の存在と見なされたように感じるのです」

スボティツァに本拠を置くハンガリー人主体の政党「ヴォイヴォディナ・ハンガリー人同盟」の党首パストル・イシュトヴァーンは、複雑な感情を語った。

「私たちはこれまで常に、母国を慕ってきました。なのに、ひどい仕打ちじゃないですか。尊厳が傷つけられたような気分です」

国境の南と北に住むのは、同じハンガリー人のはずだった。少なくとも、パストルはこれまで、そう思っていた。ところが、北側は今やシェンゲン域内となって西欧と同じ空間を共有するのに、自分たち南側ははじき出されてしまったのである。まるで、母国が自分たちに背を向けたようだ

――。彼の言葉の裏には、「欧州の二級国」として取り残された無念さがにじむ。

パストルは「このような事態を招いたのは、この二十年間のセルビアの政治です」と自嘲気味に話した。「かつて私たちは、ユーゴの旅券を持って世界どこにでも行くことができました。いつか、セルビアの旅券も同じような地位を認められるようになればいいのですが」

屈辱感を抱くのは、パストルばかりでなかった。ドナウ川の支流ティサ川に沿う街ゼンタを訪れた。この街は、国境から三十キロあまり離れているものの、約二万七千の人口の八二％がハンガリー人だ。市長のユハシュ・アティラもハンガリー人である。

「ここではみんな、テレビもハンガリーのチャンネルを見ています。セルビアのチャンネルを入力していない人も多いのですよ」という。

市長も、ハンガリーのシェンゲン加盟に伴う手続きの煩雑化に失望していた。「ハンガリー政府は国外の同胞への支援に冷たすぎる。みんな悲しんでいますよ」。それは、この街で西欧志向が非常に強いことの裏返しでもある。市長が案内してくれた市庁舎内の議場には、セルビアの国旗、ゼンタの市旗と並んで、加盟してもいないＥＵの旗が堂々と掲げられていた。「私たちの心はヨーロッパとともにあります。その願いを旗に込めているのです」と、彼は誇らしげに語った。もっとも、ＥＵの側はそのラブコールに応えようとしていないのである。

スボティツァ市内にあるハンガリー領事館は前年の一年間、ハンガリーの在外公館で最多にあたる約十二万人分の入国ビザを発行していた。しかし、ハンガリーのシェンゲン協定実施で、状況は一変した。それまで無料だったハンガリー・ビザは、三十五ユーロのシェンゲン・ビザに置き換わり、申請が激減していた。「それでも、シェンゲン・ビザの手数料は本来六十ユーロです。それを、ハンガリー政府が交渉で三十五ユーロに減額したのですから」と、総領事のナジュ・フエレンツが説明した。

総領事は、シェンゲン協定に加わるハンガリーの立場を強調した。「『シェンゲンは鉄のカーテンの再来だ』なんていう人がいますが、大きな間違いです。これまでのビザだとハンガリーにしか行けませんでしたが、今後きちんとビザを取ると欧州のどこにでも行けるようになるのですから。セルビアにとっても、これは大きなチャンスのはずです」

実際に国境を通って、ハンガリー側に行ってみた。真新しい検問所に、セルビア側の車が行列をつくっている。国境を越えて十五分も走ると、セゲド市内に入った。スボティツァとセゲドの間は四十キロ程度しかない。

両国間を、学生やビジネスマンも頻繁に行き来する。ハンガリーの温泉にセルビアから行く人も少なくない。そのような旅行の斡旋にセゲドで携わってきたセギ・シャンドルは「セルビアからハンガリーに行こうとする旅行のキャンセルが相次いでいます。ハンガリー南部が近年発展したのは、セルビアからのショッピング客のお陰でした。シェンゲンがそれを全部ブロックしてしまった」と嘆いた。

ただ、「欧州の仲間から追い出された」といった被害者意識を抱いているのは、セルビアのハンガリー人だけにとどまらない。セルビア全体に、いいようもない寂寥感が広がっていた。

セルビアの孤独

二〇〇〇年、この国の前身にあたるユーゴで「ブルドーザー革命」が起き、ミロシェヴィッチ政権が崩壊したのは、すでに第五章で述べた通りである。ユーゴにはコシュトニツァ政権が誕生し、民主化が期待された。しかし、その後の軌跡は、安定にはほど遠かった。

二〇〇三年二月、セルビアとモンテネグロの両共和国だけが残っていたユーゴ連邦がついに解消され、緩やかな新国家連合「セルビア・モンテネグロ」へと移行した。セルビアにとって、自らの力の衰えを感じさせる出来事だった。

このような状況下、人気を集めたのは民主化、親欧州勢力ではなく、セルビアの尊厳を掲げ、ロシアとの提携を重視する右翼だった。その年の十二月のセルビア総選挙では、右翼民族派「セルビア急進党」が第一党の座を占めた。「セルビア急進党」はコソボ自治州の独立阻止を主張し、国際法廷から訴追されている「民族浄化」の首謀者を英雄視する態度を取っていた。この政党が政権を握ると、ミロシェヴィッチ時代への逆戻りとなりかねない。連立交渉の結果、右翼首班内閣の誕生は何とか回避され、ユーゴ大統領を退任したコシュトニツァが二〇〇四年、セルビア首相に就任した。

二〇〇六年にはモンテネグロが独立を宣言した。かつて非同盟の雄として世界を引き付けたユーゴは、セルビアだけになった。しかも、南部のコソボ自治州は独立に突き進む構えを崩さない。

「民族浄化」に手を染めたセルビアへの同情は広がらず、国際社会も独立を認める方向になびいていた。

セルビア国内では、若者たちに欧米志向が強い一方で、セルビアを受け入れようとしない国際社会に嫌気を感じて内にこもろうとする意識も強まっていた。その様子を数字が証明している。EU側の調査では、この国で旅券を取得している人は一一・四%に過ぎない、という結果が出た。ほとんどの人は旅券を持たず、従って国外に全く出ない。ハンガリー国境で交易に携わって毎日国境を越える人々は、ごく例外的な存在なのである。旧ユーゴ時代、セルビアからは多くの人々が出稼ぎや留学で西欧に出かけていただけに、そのギャップは大きい。内にこもる性質は間違いなく、右翼民族派への支持につながっており、EUの懸念ともなっていた。

二〇〇八年一月二十日、セルビア大統領選第一回投票があった。右翼「セルビア急進党」副党首のトミスラヴ・ニコリッチが首位に立ち、二位となった親欧米派「民主党」の現職大統領ボリス・タディッチとの決選に臨むことになった。「右翼の大統領が誕生するのか」。セルビアのみならず、欧州に動揺が広がった。

ニコリッチは一九五二年、セルビア中部のクラグイェヴァツに生まれた。建築工学を学び、鉄道建設の指揮を執るなどした後、一九九〇年に政界入りした。九一年から右翼「セルビア急進党」の副党首を務め、九九年から二〇〇〇年にかけてミロシェヴィッチ政権で副首相を務めた。

二月三日に実施される決選投票を取材するため、私が再びベオグラードに降り立ったのは、その前日だった。スボティツァを訪れて、まだ一カ月も経っていなかった。

ベオグラードの「自由選挙民主主義センター」(CeSID)代表ゾラン・ルチッチに話を聴いた。彼は、セルビアの世論が二つに割れている、と分析した。

「五十代以下はおおむね自由で民主的な考えを抱いています」

彼らの多くは、ミロシェヴィッチ時代の国際的な孤立を誤りと認め、セルビアの欧米への接近、将来のEU加盟を望む。自らも欧米流の感覚を持ち、仕事と金儲けに汗を流すことが生活向上につながると考える。

「ニコリッチ支持に回るのは、このような社会についていけない人々です」

ニコリッチはコソボ自治州の独立に強く反対し、年配者や旧ミロシェヴィッチ政権支持層からの広い支援を得たうえ、高い失業率などに不満を持つ層も取り込んでいた。ルチッチは、ニコリッチを「旧ユーゴ時代に慣れ親しんだ層を引きつけるポピュリスト」と位置づけた。

選挙当日の朝、ニコリッチが投票する場面を取材に行った。ベオグラード市内で社会主義時代の集合住宅が並ぶ古い地域の集会所である。投票にやってきているのもおじいさん、おばあさんばかりだ。欧州中から集まった報道陣が狭い集会所にひしめき合い、身動きがとれない。午前十時過ぎ、やってきたニコリッチが、にこやかな表情で票を投じた。

報道陣の求めに応じて、彼は投票所で短い記者会見を開いた。

「私に対するネガティブキャンペーンが激しい。昨日も私の自宅に電話をしてきて『タディッチ頑張れ』と言った人がいた」。報道陣が苦笑する。

質問が飛んだ。ロシアとどのような関係を築くのか。

「ロシアは私たちのパートナーだ。セルビアには、あれこれと面倒な注文を付けない。ただただ、セルビアの発展に寄与してくれる」

飾り気のない風貌と率直な受け答えは、右翼の頭領というよりも「素朴な田舎のおじさん」といった感じだ。だからこそ年配者の支持を受けるのだろうと思えた。投票所近くで会ったミロスラヴと名乗る老人は、そのような支持者の一人だ。もう八十歳を超えているだろう。若い頃軍人としてユーゴ大統領のチトーに仕えたことが誇りだ、といった。

「あの頃は素晴らしかったよ。この国の良さを守るニコリッチを、ワシは断然支持するね」

実はこの時、私はニコリッチから、開票後の単独会見の約束を取り付けていた。当選直後の首脳との単独会見は、結構な特ダネである。しかも、その相手は欧州中が注目する人物だ。セルビアと何の関係もない日本のメディアのインタビューにニコリッチが本当に応じるのか、多少の不安を感じつつ、私は開票結果を待った。

敗北の夜

夜、決選投票の結果が選管から発表された。開票をほぼ終えて、タディッチの得票率が約五一％、ニコリッチは四八％だった。タディッチがニコリッチを小差で破り、再選を果たした。EUとの関係強化を進める主張が支持を得た形となった。

勝利宣言したタディッチの陣営に走った。事務所の周囲の住宅街は大変な人だかりだ。皆、EU旗を振り回して勝利を祝っている。登壇したタディッチは「この国に民主主義が根づいたことを欧州各国の人々に示すことができた」と誇らしげだった。

騒ぎが一段落して、ベオグラードの街の反対側にあるニコリッチの事務所に回った。報道陣を前に敗北を認めたニコリッチは「今後の励みにつながる得票だった。コソボ自治州の独立を防ぐ取り組みを政府が進めるなら、私も協力したい」と語った。

合同記者会見が終わると、報道陣はどやどやと引き揚げていった。それから一時間足らず、夜十一時を回った頃、執務室に戻ってきたニコリッチが約束通り単独会見に応じた。もっとも、当選していたら特ダネだが、落選した候補の会見に何の意味もない。互いに気が抜けたような表情で向き合った。彼は長身でがっしりとした体格だが、長丁場の選挙を戦ってきた後だけに、疲れが色濃くにじんでいた。

「何だか負けた気がしないよ」

再選を決めたタディッチとの差は十万票程度に過ぎなかった。

「だけど、この結果を甘んじて受け入れる。政争が続いてはならない。セルビアには平和が必要なんだ」

少数民族からの支持が少なかったようだが。

「少数民族政党の指導者に『なぜ私を嫌うのか教えてほしい』と尋ねたことがある。彼らは『過去が問題だ』というんだ」

ニコリッチは、ミロシェヴィッチ政権に協力した過去があり、独裁政権の手先と見られがちだった。このため、少数民族を抑圧するイメージを最後まで拭いきれなかった。

「ミロシェヴィッチなんて、本来は私の政敵だよ。彼が政権にいた十三年近くのうち、十年間にわたって私は野党にいたからね。副首相を務めたのは、NATOがユーゴスラビアを空爆した時だった。当時、国を守ろうとする意識で国民は団結していたから、仕方なかったんだ」

EUをどう考えるのか。

「セルビアでは、EUへの懐疑心が強いんだよ。西欧より、ロシア、中国、アジアへの親近感の方が、ますます高まっているね」

彼は、反欧米の立場を崩さなかった。だから、欧米から大挙してやってきたメディアではなく、日本のメディアを会見相手に選んだのかも知れない。

素顔のニコリッチは、紳士で、常識的な受け答えのできる人物だった。インタビューの途中、小さな男の子が事務所に乱入してくると、笑顔を見せた。

「孫なんだ。おもちゃをここに忘れたんだって」

にもかかわらず、欧米各国が彼に「極右民族派」のレッテルを張る一番の理由は、言葉の端々に欧米への反発がにじむことだろう。共産主義時代への懐かしさも隠さない。その時代錯誤ぶりこそが、逆に国内で支持を集める理由にもなっている。

ニコリッチ人気は、決して一過性ではなかった。彼は前回の二〇〇四年大統領選でも決選に進出していた。彼が所属するセルビア急進党は議会の第一党でもある。右傾化はセルビア社会全体で起きている現象だ。

セルビア大統領選の投開票から二週間後の二月十七日、コソボ自治州がセルビアからの独立を宣言した。新首都プリシュティナでは若者たちが繰り出し、車のクラクションの音で街中が埋まった。セルビアは対照的に、反発と孤立感で覆われた。

コソボ独立について、セルビアでは以前から諦めムードが支配していた。孤独の原因は、その寂しさに誰も同情してくれないことだろう。セルビアの年配者の多くには、かつてユーゴが非同盟の雄として世界の尊敬を集めた頃の誇りが記憶として残っている。その祖国が、ボスニア紛争で「民族浄化」の責任を問われ、世界の嫌われ者となろうと、誰が想像しただろうか。旧ユーゴ時代の領土が分離独立と内戦を経て縮んだだけで敗北感を抱くには十分なのに、さらに自治州の分離を世界が称賛する。これほど屈辱に耐えなければならないと、誰が予想しただろうか。


ＥＵとセルビアとの交渉はその後少しずつ進んだ。ＥＵは二〇〇九年、セルビアとモンテネグロ、マケドニアに対してビザを不要と決めた。これらの国が、ＥＵ各国から送還されるジプシーを受け入れる代わりに、認められたのだった。二〇一一年には、ハンガリーが国外に暮らすハンガリー系に市民権を付与する方針を打ち出した。ハンガリーのシェンゲン圏入りによって閉め出されたセルビアの多くの人が、再び国境を容易に越えられるようになった。

ニコリッチがついに大統領選で勝利を収めたのは、二〇一二年五月のことである。彼は二〇〇八年の大統領選で敗れて間もなく、右翼政党「セルビア急進党」を離れ、より穏健な「セルビア進歩党」を創設していた。

当初、欧州は彼に強い警戒感を抱いた。「とうとう右翼がセルビア大統領になった」と、一斉に懸念の声が上がった。さらに、ミロシェヴィッチの政党「セルビア社会党」のイヴィツァ・ダチッチが、ニコリッチの下で首相に就任した。右翼の大統領と、元独裁者の流れをくむ首相のコンビの誕生である。

しかし、強硬派の政権が意外に和平を進める例は、ソ連との軍縮を進めたタカ派の米レーガン政権をはじめ、枚挙にいとまがない。民族派やナショナリストからの攻撃を心配することなく思い切って交渉を進めることができるからだ。ニコリッチとダチッチのコンビもその道を歩み、翌二〇一三年にはコソボとの間で、コソボ領内のセルビア人の扱いなどを巡って合意に達した。これを受けて、EUは二〇一四年、セルビアとの間で加盟交渉を始めた。

ハンガリーのシェンゲン協定実施に伴って壁の外にはじき出されて六年あまりが経っていた。セルビアをEUの戸口にたどり着かせたのは、皮肉にも反EUを掲げたニコリッチだった。ただ、EUのセルビアへの態度は及び腰で、セルビアが抱える様々な問題に積極的にかかわろうとする姿勢には乏しい。加盟交渉を開始したのも、セルビアがすねて再び孤立したり、あるいはロシアに接近したりするのを防ぎたいだけなのかも知れない。セルビアのEU加盟への道のりは、まだまだ遠い。

EUの態度が煮え切らないのは、自らの経済状況に不安を感じていることと無縁ではない。「色の革命」を支援した時代に比べ、欧州のパイオニア精神は大きく後退しているように見える。

「開かれた欧州」に向けて

シェンゲン圏の内と外とを隔てる壁は厚い。域内の平穏さを失うことなく、壁を薄める手立てはないだろうか。その一つの試みとして、シェンゲン域内最北端の北極圏でノルウェーが始めた制度イノベーションを紹介したい。

ノルウェーは、ＥＵに加盟せずしてシェンゲン協定に参加している四カ国のうちの一つである。その北の端は、わずかながらロシアと接している。世界で最も豊かな国の一つノルウェーの領内とロシア側の辺境とでは生活格差が目立ち、国境の両側で商品の質や量、価格の差も大きい。このため、物資の調達などで国境を越える人は年々増加し、月間二万人を超える場合も珍しくなかった。そうした市民の便宜を図るため、互いに国境から三十キロ以内に暮らす人々にビザなしの越境を認め、十五日以内だと滞在もできるよう定めたのである。ノルウェー側約九千人、ロシア側約四万五千人が対象となった。二〇一〇年に両国が合意し、二〇一二年五月から実施に移された。

「域外からの流入を管理するシェンゲン協定の締約国としては、極めて異例の対応だ」と、ノルウェー政府も認めていた。

この取り組みが始まる直前の二〇一二年四月、ノルウェー外務省安全保障・極北地域局長のモナ・ユールが来日した。インタビューする機会を得た私は、その意図を尋ねた。

モナ・ユールは、外交の世界で知らない人がいない女性である。ＮＧＯを主宰する夫のテリエ・ラーセンと協力し、ノルウェー外交官としてイスラエルとパレスチナ解放機構との秘密交渉を仲介して、一九九三年の「オスロ合意」を実現させた。その後外務副大臣、駐イスラエル大使を経て、二〇一一年から対ロシア問題の責任者となる安全保障・極北地域局長を務めていた。私は、彼女が一九九八年に来日した時も、オスロ合意の内幕について話を聴いたことがあった。

ユールが強調したのは、今回の試みの前にあった長年にわたる準備だった。ノルウェーとロシアとの間で、冷戦崩壊後に協力態勢を構築しようとした努力である。

ノルウェーが採った手法の一つが、ビジネスのレベルでまず関係を深めることだった。ノルウェーには、北海での油田や天然ガスの開発を通じて蓄積した採掘技術や環境保全のノウハウがある。それが天然資源大国のロシアにとっても大いに役立つことを強調し、ノルウェーと密接な関係を持つことが利益となると、ロシア側にアピールした。

もう一つの手法は、市民同士のつながりを重視したことだ。国境地域での住民交流を盛り上げるため、生活に密着した、小さな、実務的なレベルで利害の共通点を見つけるところから入り、協力分野を次第に拡大した。両国共同でパン屋を運営したこともあった。

国境の一部開放も、関係強化を目指した流れの中に位置づけられる。突然生まれた発想ではない。

「ロシアの制度がどのように機能しているか。ロシア人は何を重要だと考えているのか。こうした問いかけを考えていくと、どこで妥協できるかも見えてきます。その過程で、多くの面でロシア人が私たちと似ていることもわかりました。敵対意識が次第に薄まっていったのです」

ノルウェー外務省にロシア語を話すスタッフが多かったことも、交渉の助けになった。巨大な隣国と向き合うため、ノルウェーは計画的に人材を養成していた。

ノルウェーとロシアは、北極海で係争が続いていた領海の境界画定を巡る交渉にも取り組み、二〇一〇年に解決にこぎ着けた。海域を等分するとともに、海底油田の共同開発に向けたルールを決めた条約を締結した。その交渉自体も、両国の信頼を醸成するうえで役立った。

「もちろん、交渉には多くの障害がありました。超大国と小国という非対称の関係の中で、互いに尊重し合う関係を築くのは、非常に困難な道でしたが、ともかく成し遂げられたのです」とユールは振り返った。

外交交渉に、すべてのケースに当てはまるような公式はない。ユールはこれまで、様々な紛争の解決に携わってきたが、中東和平の交渉、スリランカの内戦の調停、ロシアとの折衝と、それぞれの場合で事情が異なっていたという。「ロシアに対するノルウェーと日本の立場も、状況は全く違います。ノルウェーのケースは、日本の北方領土問題ほど複雑ではなかった。北方領土には人が住んでいますが、我々の場合、対象は海域でしたから」

一方で、あらゆる紛争を解決するうえで共通する要素もあるという。いかに事実認識や立場が異なろうとも、信頼と相互尊重の環境づくりが第一歩、ということだ。「相手がだまそうとしているのではないか」と疑い合ったり、不必要に緊張を高めたりするようでは、問題の解決には至らない。

「その作業には時間がかかります。私たちは、国境画定にまでに四十年を費やしました。日本の場合、北方領土の問題は六十年以上にわたって続いているわけですが、その間に協力を凍結する必要はありません。国境を巡る紛争を抱えていようとも、他の地域、他の分野で協力を進める可能性を探ることは十分できるのです」

ノルウェーの試みは、欧州全体にとっても貴重な経験となるに違いない。シェンゲン領域の境目で同様の試みが続けば、壁もずっと低くなる。ただ、そのためには、長期にわたる相手との信頼関係の構築が必要だ。債務危機やウクライナ情勢で疲れた欧州の一部は、そのような熱意を失い、内にこもりつつあるように見える。

この疲れは、一時的なものだろうか。欧州が築いた壁を自ら崩し、「閉ざされた欧州」を脱して「開かれた欧州」となる日が、近く来るだろうか。

しかし、再び活力を取り戻し、壁を崩さずして、欧州の将来はない。制度イノベーションを続ける以外に、欧州が生き残る道はないのである。かつて「欧州評議会」を武器に人権を浸透させようと試みたしたたかさ、「色の革命」で旧ソ連諸国に民主化を仕掛けたような情熱を、欧州は常に求められている。

おわりに　スターリンの世界から

バルト三国の一つリトアニア南部に、ドルスキニンカイという街がある。ベラルーシとの国境近く、欧州連合（EU）の領域の端にあたる辺境で、温泉が湧き出ることから保養地として知られている。その郊外、街中から車で十分ほどの湖のほとりに「グルート・パルカス」という名の小さなテーマパークがあり、国外でもちょっとした人気を呼んでいるという。

二〇一三年六月に訪ねた園内には、何とも不思議な光景が広がっていた。森の中の散歩道を進むと、木々の間からマルクス像、レーニン像、さらにはスターリン像までが、次々と姿を現す。いずれも、社会主義イデオロギーを体現して、力のみなぎる造形様式である。この公園のテーマは「ソ連」なのだ。

屋外に展示された銅像の総計は百数十体に達する。圧倒的に多いのはレーニン像である。併設の資料館に展示された置物まで含めると、何百体にも及ぶだろう。名前を聞いたことのないリトアニアの旧共産党指導者の像も、あちこちに林立する。

これらの銅像は、かつて社会主義のシンボルとして、リトアニア各地の街の真ん中に堂々と立っていた。一九九〇年にリトアニアがソ連からの独立を宣言した後、像の多くは市民の手で引き倒され、ごみ捨て場に放っておかれた。溶解されるのを待つばかりだった銅像の山を偶然目にしたのが、当地の実業家ヴィルマス・マリナウスカスである。ソ連時代の実像を後世に伝えるべきだと考えた彼は、銅像を引き取って公園に配置しようと思いついた。

計画を明らかにすると、「ソ連時代を美化するのか」と、散々の評判を招いた。地元では建設反対運動も起きた。マリナウスカスは自ら説得に乗り出し、私財を投じて整備を進め、二〇〇一年の開園にこぎ着けた。これを偉業と称えて、人々を笑わせかつ考えさせた研究や業績に贈られるこの年の「イグ・ノーベル賞」平和賞が、マリナウスカスに贈られた。

公園は「スターリン・ワールド」の通称でも知られている。強制収容所を模して鉄条網が張り巡らされ、監視小屋も配置されているからだ。これも、歴史を思い起こさせる仕掛けである。ソ連支配への抵抗が激しかったリトアニアでは、多数の市民がとらえられ、シベリアの収容所に送られた。マリナウスカスの父も十年間をシベリアで過ごした。

「私自身、ソ連時代の圧政の下で生きてきました。この歴史を二度と繰り返さないためにも、体験を忘れてはならないのです」

園内で会った七十歳のマリナウスカスは、こう語った。

マリナウスカスに限らず、リトアニア、ラトヴィア、エストニアを旅すると、民主主義や自由を強烈に希求する人にしばしば出会う。これら三国は一九四〇年、いずれもソ連に併合され、九〇年から九一年にかけて独立を回復するまでの半世紀を、抑圧の下で過ごした。その後も、ともにロシアと国境を接し、ソ連時代に移住してきたロシア系マイノリティーをそれぞれ国内に抱え、ロシアとの関係は常に緊張をはらんでいる。強大で、近年は経済力も持ち、時に力を振り回すロシアとつきあわざるを得ないだけに、「民主主義」「自由」「人権」といった欧州の価値を感じる機会も、それだけ多いのだろう。それが、これらの国の強い反ロシア意識と欧州志向につながっている。

逆に、本場の「旧」欧州は、自らが持つ価値に気づかなくなっているのでないか。民主主義や自由を長らく享受してきたために、それが当然のものと受け止められている。そのようなぬるま湯に浸る欧州人は、たまにはスターリン・ワールドでも訪れて、自由のありがたみを再認識したらいいかも知れない。

ともすれば欧州自身も見失いがちな「欧州の価値」を再発見するために、各地を訪ねる旅を私は続けてきた。その過程で、老いたとは言え欧州はまだまだ侮れないと、何度も気づかされた。「欧州」に位置する五十前後の国々は、ロシアをのぞくと大国と言い難く、中規模国家もしくは小国だ。にもかかわらず、多くの国が繁栄と安定を享受し、国際社会でそれなりの存在感を示し、周辺地域や域外に対して影響力を持ち得ている。その秘訣は、絶え間なく実験を続け、制度イノベーションを試みてきたことにあるだろう。この自己改革の精神こそ、欧州の価値観を普遍的なものに高めている。

もちろん、そこには失敗も多い。失敗を恐れず、失敗から学ぼうとしてきたのも、欧州ならではのことである。本書が描こうとしたのは、そのような欧州の姿である。筆者の意図がどれほど伝わっただろうか。評価を読者に預けつつ、ここに報告を締めたい。

私は二〇〇一年から二〇〇四年まで朝日新聞のパリ特派員として、二〇〇七年から二〇一〇年の間はパリ支局長として、フランスを拠点に欧州各地で取材をした。東京勤務となった二〇一〇年以降は、日曜版「GLOBE」の副編集長、記者として日本と欧州との間を行き来した。本書のかなりの部分は、これらの間に取材した経験に負っている。取材内容の一部はこれまで『朝日新聞』『朝日新聞GLOBE』のほか、『フォーサイト』『外交』『日仏政治研究』『Janet』『AERA』『婦人之友』『ふらんす』各誌に掲載された。今回、これらの記事を参考にしつつ、独自の取材や一般資料からの情報も合わせて、全面的に書き下ろした。

一連の取材にあたっては、パリをはじめとする朝日新聞欧州各総支局のスタッフ、GLOBE編集部のスタッフ、朝日新聞社の同僚たち、各国の助手や通訳の方々からの多大な支援を受けた。東京勤務の傍らで数度に及ぶ欧州取材が可能になったのは、GLOBEの歴代編集長をはじめとする編集者諸氏の理解があったからである。特に、二週間あまりにわたるEU取材の機会を二〇一三年に得たことで、欧州の政治構造に対する認識が大いに改まった。EUに関するインタビューでは、当時の野島淳・朝日新聞ブリュッセル支局長に大いに助けてもらった。

取材を進めるうえでは、本文に記した方々に加え、駐日欧州連合代表部、ノルウェー、スウェーデン、英国、フランスの各大使館、在リトアニア日本大使館、アレバ・ジャパン、原子力バックエンド推進センター、ロシアNIS貿易会をはじめ多数の機関や個人の方々からの協力を得た。執筆に際しては、上原良子、遠藤乾、庄司克宏、田村理、古谷修一、最上敏樹、山下東子の各氏から貴重な助言をいただいた。深い感謝の意を表したい。

もちろん、文責はすべて筆者自身にある。紙幅の都合と親しみを込める意味合いから、本文中の敬称はすべて略した。毎度のことながら迷惑をかけた家族には詫びを入れたい。

本書のきっかけは、私の最初の単著である『ポピュリズムに蝕まれるフランス』（二〇〇五年）の編集を担当してくれた草思社の碇高明さんと二〇一三年三月に交わした対話にあった。以後、久保田創編集長のアドバイスに従って準備を進め、最終的に編集作業は編集部の三田真美さんに担っていただいた。それにしても、刊行まで一年以上を要したのは、ひとえに筆者の怠慢による。その間、欧州情勢は大きく変化し、ロシアによるクリミア半島併合も起きた。本書の最後の部分を書いている二〇一四年五月下旬現在、ウクライナ危機の出口は見えず、さらなる変化の予兆さえ漂っている。この緊張感の中で本書を世に問うことができた点を、執筆の遅れの言い訳としたい。

この時点で危機に立っているのは、ウクライナという国家の命運にとどまらない。欧州が戦後一貫して築いてきた国際秩序自体が脅威にさらされている。国際秩序なしには、欧州の安定も繁栄もあり得ない。何より、欧州自身がそのことをしっかり認識し、自ら築いてきた価値観への自信を胸に、毅然たる態度を取る必要がある。

この危機を逆に、欧州が自らの価値を再認識する機会としたいものである。


二〇一四年五月、キエフで、ウクライナ新大統領誕生のニュースを聞きながら

主要参考引用文献

第1章

Terje Johnsen, Niels-Kristian Mark, *Virtual and augmented reality in the nuclear plant lifecycle perspective*, in *Nuclear Safety and Simulation*, Vol. 1 Number 2, 2010, 6

UK Trade & Investment, *Directory of UK Decommissioning Technologies and Capabilities*, London, 2013.1（英国貿易投資総省『英国の原子力廃止措置技術要覧』、二〇一三年一月）

石川迪夫『新装版　原子炉解体　廃炉への道』講談社、二〇一一年

榎戸裕二「海外の原子炉廃止事情　即時解体や安全貯蔵」『エネルギーレビュー』二〇〇五年十月

岸和田勝実、北端琢也、清田史功、井口幸弘、田尻剛司「今後の廃止措置への取り組み」『サイクル機構技報』、二〇〇三年九月

武田充司「リトアニア共和国イグナリナ発電所一号機の閉鎖をめぐって」『日本原子力学会誌』、二〇〇〇年十二月

第2章

Trond Bjørndal, Al-Amin Ussif, Ussif Rashid Sumaila, *A bioeconomic analysis of the Norwegian Spring Spawning Herring (NSSH) stock*, in *Marine Resource Economics*, 2004

大海原宏「「隣の芝生」をよく見ると—ノルウェー・アイスランドの漁業制度・政策の概観」『海洋水産エンジニアリング』二〇一三年七月

川辺みどり「ノルウェー漁業の「共同管理」—漁獲量監視に販売組合が果たす役割」『地域漁業研究』二〇〇

四年十月
勝川俊雄『日本の魚は大丈夫か　漁業は三陸から生まれ変わる』NHK出版、二〇一一年
片野歩『日本の水産業は復活できる！　水産資源争奪戦をどう闘うか』日本経済新聞出版社、二〇一二年
小松正之『海は誰のものか　東日本大震災と水産業の新生プラン』マガジンランド、二〇一一年
震災復興ノルウェー水産業視察チーム　ノルウェー水産業に学び東北水産業を日本一にするプロジェクト『震災復興支援　ノルウェー水産業視察報告書』二〇一二年十月十六日
日本水産学会勉強会「水産業のこれからを考える1―定置網漁業、養殖業への新規参入と漁業権」『日本水産学会誌』二〇一〇年一月
日本水産学会勉強会「水産業のこれからを考える2―水産資源の管理と持続的利用」『日本水産学会誌』二〇一〇年三月
丹羽弘吉「発展するノルウェー養殖業の経緯」『養殖』二〇〇三年八月
丹羽弘吉「ノルウェー政府の漁業管理制度に伴う漁業改革の実効性」『海洋水産エンジニアリング』二〇〇七年二月
濱田武士『漁業と震災』みすず書房、二〇一三年
馬場治「ノルウェーの漁業構造―日本の漁業構造のあり方を考える」『漁業と漁協』二〇〇九年二月
牧野光琢『日本漁業の制度分析　漁業管理と生態系保全』恒星社厚生閣、二〇一三年
八木迪幸、馬奈木俊介「日本漁業における費用削減の可能性」、寳多康弘、馬奈木俊介『資源経済学への招待　ケーススタディとしての水産業』ミネルヴァ書房、二〇一〇年
山下東子『魚の経済学　市場メカニズムの活用で資源を護る』日本評論社、二〇〇九年、二〇一二年
山下東子「高齢漁業者の就業継続とその社会的利益・社会的費用」『漁業経済研究』二〇一四年一月
山下東子「今こそ漁業者自身が再生の選択と決断を」『AFCフォーラム』二〇一一年九月

第3章

Françoise Gaspard, Claude Servan-Schreiber, Anne Le Gall, *Au pouvoir, citoyennes! : liberté, égalité, parité*, Seuil, Paris, 1992

Réjane Sénac-Slawinski, *La parité*, Presses Universitaire de France, Paris, 2008

国末憲人「フランス大統領選挙の検証とフランス政治の行方」『日仏政治研究』日仏政治学会、二〇一三年

柴山恵美子、中曽根佐織『EUの男女均等政策』日本評論社、二〇〇四年

鈴木尊紘「フランスにおける男女平等政治参画―パリテに関する2007年1月31日法を中心に」『外国の立法：立法情報・翻訳・解説』／国立国会図書館調査及び立法考査局、二〇〇七年九月

糠塚康江『パリテの論理―男女共同参画の技法』信山社、二〇〇五年

第4章

Michel Balinski, Rida Laraki, *Rendre les élections aux électeurs : le jugement majoritaire*, Terra Nova, 2011.4

Michel Balinski, Rida Laraki, *Jugement Majoritaire vs. Vote Majoritaire (via les Présidentielles 2011-2012)*, CNRS, Ecole Polytechnique, 2012.12

Michel L. Balinski and H. Peyton Young, *Fair Rrepresentation; Meeting the Ideal of One Man, One vote*, Yale University, 1982（M. L. バリンスキー／H. P. ヤング、越山康監訳、一森哲男訳『公正な代表制』一九八七年、千倉書房）

Dan S. Felsenthal, Moshé Machover, *The Majority Judgement voting procedure: a critical evaluation*, in *Homo Oeconomicus*, 25, Number 3/4", Accedo Verlagsgesellschaft, München, 2008

朝日新聞「カオスの深淵」取材班『民主主義って本当に最良のルールなのか、世界をまわって考えた』東洋経

済新報社、二〇一四年
田村理『投票方法と個人主義　フランス革命にみる「投票の秘密」の本質』創文社、二〇〇六年
元山健「アイルランド選挙制度考―単記移譲式の経験を総括する」『早稲田法学』、一九九四年二月

第5章

Valerie Bunce, Sharon Wolchik, *International Diffusion and Postcommunist Electoral Revolutions*, in *Communist and Postcommunist Studies*, 39, no. 3, Elsevier, 2006.9
Valerie Bunce, Sharon Wolchik, *Defining and Domesticating the Electoral Model: A Comparison of Slovakia and Serbia*, in *CDDRL Working Papers*, Stanford, 2006.5
Giorgi Kandelaki, *Georgia's Rose Revolution: A Participant's Perspective*, in *United States Institute of Peace Special Report*, Washington, D.C., 2006
Olivier de Laroussilhe *L'Ukraine*, Presses Universitaire de France, Paris, 2002
Michael A. McFaul, *Importing Revolution: Internal and External Factors in Ukraine's 2004 Democratic Breakthrough*, in *CDDRL Working Papers*, Stanford, 2006.5
Lincoln A. Mitchell, *The Color Revolutions*, University of Pennsylvania Press, Philadelphia, 2012
Dragana Mrvos, *The Rise and Disappearance of Otpor: Nonviolent Movement in the Republic of Serbia*, Paper submitted to the 18th Annual Illinois State University Conference for Students of Political Science Bone Student Center, 2010.4
Slovodan Naumovic, *Otpor ! Et « La révolution électorale » en Serbie*, in *Socio-anthropologie*, Nice, 2009
OSCE/Office for Democratic Institutions and Human Rights, "*GEORGIA PARLIAMENTARY ELECTIONS, 2 November 2003, OSCE/ODIHR Election Observation Mission Report, Part 1*, Warsaw, 2004.1

OSCE/Office for Democratic Institutions and Human Rights, *GEORGIA EXTRAORDINARY PRESIDENTIAL ELECTION, 4 January 2004, OSCE/ODIHR Election Observation Mission Report*, Warsaw, 2004.2

OSCE/Office for Democratic Institutions and Human Rights, *UKRAINE PRESIDENTIAL ELECTION, 31 October, 21 November and 26 December 2004, OSCE/ODIHR Election Observation Mission Final Report*, Warsaw, 2005.5

Salomé Zourabichvili, *La tragédie géorgienne 2003-2008*, Grasset & Fasquelle, Paris, 2009

井沢正忠「検証　ウクライナでの〝オレンジ革命〟—革命成功の原因と新政権の課題」『海外事情研究所報告』二〇〇五年

宇山智彦、前田弘毅、藤森信吉「『民主化革命』とは何だったのか：グルジア、ウクライナ、クルグズスタン」、北海道大学スラブ研究センター『「スラブ・ユーラシア学の構築」研究報告集』二〇〇六年八月

宇山智彦「クルグズスタン（キルギス）の革命—エリートの離合集散と社会ネットワークの動員」、北海道大学スラブ研究センター『「スラブ・ユーラシア学の構築」研究報告集』二〇〇六年八月

大野正美『グルジア戦争とは何だったのか』東洋書店、二〇〇九年

篠田英朗「ポスト冷戦時代における国際社会の国内選挙支援—民主主義の機能そして平和・人権」広島大学『広島平和科学』二〇〇〇年

杉浦功一「国際的な民主化支援活動の変遷に関する考察」『国際公共政策研究』二〇〇七年

服部倫卓「ウクライナの東西選択と経済的利害」『ロシアＮＩＳ調査月報』二〇一四年一月

羽場久美子、小森田秋夫、田中素香『ヨーロッパの東方拡大』岩波書店、二〇〇六年

藤森信吉「『オレンジ革命』への道—ウクライナ民主化15年」『国際問題』二〇〇五年七月

藤森信吉「ウクライナ—政権交代としての『オレンジ革命』」、北海道大学スラブ研究センター『「スラブ・ユーラシア学の構築」研究報告集』二〇〇六年八月

前田弘毅「グルジアのバラ革命1『革命』にみる連続性」、北海道大学スラブ研究センター『「スラブ・ユーラシア学の構築」研究報告集』二〇〇六年八月
前田弘毅『グルジア現代史』東洋書店、二〇〇九年
前田弘毅「グルジア紛争への道—バラ革命以降のグルジア政治の特徴について」『ロシア・ユーラシアの経済と社会』、二〇一一年七月
A．マカルキン、服部倫卓訳「ウクライナ・ベラルーシの選挙とロシアの対応」『ロシア東欧貿易調査月報』二〇〇六年六月
宮脇昇「トランスナショナル唱導ネットワーク（TAN）の限界—「ブーメラン効果」に対抗するａｓ　ｉｆ的行動と時間要因試論」『公共政策研究』二〇〇七年
六鹿茂夫「モルドヴァのオレンジ〝発展〟—なぜオレンジ革命を踏襲しなかったのか」『海外事情』二〇〇五年五月

第6章

Robert Badinter, *Contre la peine de mort*, Fayard, 2008
Comité des Ministres, lors de la 847e réunion des Délégués des Ministres, *Resolution ResDH(2003)124 concerning the judgment of the European Court of Human Rights of 9 April 2002 (final on 9 July 2002) in the case of Podkolzina against Latvia*, Conseil de l'Europe, 2003.7.22
Cour européenne des droits de l'homme, *Note d'information sur la jurisprudence de la Cour, No 41*, Conseil de l'Europe, 2002.4
Cour européenne des droits de l'homme, *Note d'information sur la jurisprudence de la Cour, No 125*, Conseil de l'Europe, 2009.12

Xavier Pinon, *Le Conseil de l'Europe - Une organisation au service de l'homme,* L.G.D.J, Paris, 2011
Venice Commission, *Annual report of activities 2012,* Council of Europe, 2013
上原良子「『ヨーロッパ文化』と欧州審議会の成立」日本国際政治学会編『国際政治』二〇〇二年二月
上原良子「フランス社会党の１欧州統合構想と欧州審議会」日本西洋史学会編『西洋史学』二〇〇〇年
国末憲人『自爆テロリストの正体』新潮社、二〇〇五年
庄司克宏「欧州審議会の拡大とその意義―ロシア加盟を中心に」『国際法外交雑誌』一九九六年十月
庄司克宏「欧州審議会の東方拡大と「民主主義の安全保障」構築」『横浜国際経済法学』一九九九年十二月
戸波江二、北村泰三、建石真公子、小畑郁、江島晶子『ヨーロッパ人権裁判所の判例』信山社、二〇〇八年
山田邦夫「欧州評議会ヴェニス委員会の憲法改革支援活動―立憲主義のヨーロッパ規準」『レファレンス』二〇〇七年十二月

第７章

Reed Brody , Michael Ratner, *The Pinochet Papers:The Case of Augusto Pinochet in Spain and Britain,* Kluwer Law International, The Hague, 2000
María Fernanda Ampuero, *El año sin Garzón,* in *Gatopardo,* Mexico, 2013.3 (Traduit de l'espagnol pour *Courrier international, L'honneur perdu de Baltasar Garzón,* Paris, 2013.7.18-24)
Baltasar Garzón, *Un mundo sin miedo,* Debolsillo, 2005 (Traduit de l'espagnol par Claude de Frayssinet, *Un monde sans peur,* Calmann-Lévy, 2006)
Antoine Bailleux, *La compétence universelle au carrefour de la pyramide et du réseau : De l'expérience belge à l'exigence d'une justice pénale transnationale,* Emile Bruylant, Bruxelles, 2005
Antoine Bailleux, *L'histoire de la loi belge de compétence universelle. Une valse à trois temps : ouverture,*

étroitesse, modestie, in *Droit et société*, n° 59», Ed. juridiques associées, 2005
Mugambi Jouet, *Spain's Expanded Universal Jurisdiction to Prosecute Human Rights Abuses in Latin America, China, and Beyond*, in *Georgia Journal of International and Comparative Law*, 2007
Wolfgang Kaleck, *From Pinochet to Rumsfeld: Universal Jurisdiction in Europe 1998-2008*, in *Michigan Journal of International Law*, 2009.6
Luc Reydams, *Universal Jurisdiction: International and Municipal Legal Perspectives*, Oxford University Press, 2003
安藤貴世「普遍的管轄権の法的構造—一九四九年ジュネーヴ諸条約の「重大な違反行為」規定をめぐって」『国際関係論研究』二〇〇七年
稲角光恵「ジェノサイド罪に対する普遍的管轄権について1、2、3」『金沢法学』、二〇〇〇年三月、二〇〇〇年十二月、二〇〇一年三月
加藤伸吾「スペイン「歴史記憶法」の成立過程（二〇〇四〜二〇〇八年）」『外務省調査月報』二〇〇九年三月
竹村仁美「国際刑事裁判所と普遍的管轄権」『九州国際大学法学論集』二〇一〇年
田原洋子「ピノチェト事件における拷問に対する普遍的管轄権の問題—一九九九年三月二十四日付英国貴族院判決を手がかりに」『広島法学』二〇〇七年一月
田原洋子「グァテマラ事件における拷問に対する普遍的管轄権の問題—グァテマラ事件に至る歴史的背景を手がかりに」『広島法学』二〇〇八年一月
西井正弘「国際犯罪に対する普遍的管轄権の意義」『国際法外交雑誌』一九八三年四月
幡新大実『イギリスの司法制度』東信堂、二〇〇九年
古谷修一「普遍的管轄権の法構造—刑事管轄権行使における普遍主義の国際法的考察1、2」『香川大学教育学部研究報告第1部』七十四、七十五号、一九八八年、一九八九年

水島朋則「国際犯罪と外交特権免除の交錯」『国際問題』二〇一〇年六月
村上太郎「国際人道法の重大な違反の処罰に関する一九九三、一九九三九年ベルギー法1、2」『一橋法学』第2巻第2号、第2巻第3号、二〇〇三年六月、二〇〇三年十一月
村上太郎「研究ノート　ベルギー人道法、その後」『一橋法学』第6巻第1号、二〇〇七年三月
最上敏樹「普遍的管轄権論序説―錯綜と革新の構造」、坂元茂樹編『国際立法の最前線』、有信堂高文社、二〇〇九年
薬師寺公夫「国家元首の国際犯罪と外国裁判所の刑事管轄権からの免除の否定―ピノチェト事件を手がかりに」『国際人権』二〇〇一年
山内由梨佳「重大な人権侵害を構成する犯罪に対する普遍的管轄権の適用可能性―ベルギー人道法とスペイン司法権組織法を手がかりとして」『本郷法政紀要』、二〇〇六年

第8章

Florence Chaltiel, *Le processus européen de décision après le traité de Lisbonne*, 2ème édition, La Documentation française, Paris, 2010
Marion Gaillard, *L'Union européenne : Institutions et Politiques*, La Documentation française, Paris, 2013
Jean-Robert Henry, *La nouvelle question méditerranéenne*, in *Questions internationales*, La Documentation française, Paris, 2008.5-6
Jean Quatremer, *À propos de quelques idées fausses sur l'Union européenne*, in *Questions internationales*, La Documentation française, Paris, 2008.5-6
遠藤乾『統合の終焉　ＥＵの虚像と実像』岩波書店、二〇一三年
遠藤乾、鈴木一人『ＥＵの規制力』日本経済評論社、二〇一二年

庄司克宏『EU法　政策篇』岩波書店、二〇〇三年
庄司克宏『欧州連合　統治の論理とゆくえ』岩波書店、二〇〇七年
庄司克宏『新EU法　基礎篇』岩波書店、二〇一三年
鷲江義勝『リスボン条約による欧州統合の新展開　EUの新基本条約』ミネルヴァ書房、二〇〇九年
高屋定美『欧州危機の真実　混迷する経済・財政の行方』東洋経済新報社、二〇一一年
羽場久美子『グローバル時代のアジア地域統合―日米中関係とTPPのゆくえ』岩波書店、二〇一二年
宮島喬『一にして多のヨーロッパ　統合のゆくえを問う』勁草書房、二〇一〇年
脇阪紀行『大欧州の時代―ブリュッセルからの報告』岩波書店、二〇〇六年

第9章

European Agency for the Management of Operational Cooperation at the External Borders of the Member States of the European Union, *Annual Risk Analysis 2013*, Warsaw, 2013.4
Jacques Julliard, *La Faute aux élites*, Gallimard, Paris, 1997
Saïd Mahrane, *Les sept vies de Robert Ménard*, in *Le Point*, Paris, 2013.6.6
Pierre-Andre Taguieff, *L' illusion populiste*, Berg International, 2002
北川眞也「ヨーロッパ・地中海を揺れ動くポストコロニアルな境界―イタリア・ランペドゥーザ島における移民の「閉じ込め」の諸形」『境界研究』二〇一二年
北川眞也「移動＝運動＝存在としての移民　ヨーロッパの「入口」としてのイタリア・ランペドゥーザ島の収容所」『VOL』以文社、二〇一〇年

第10章

Ziad Khoury, *Schengen, un espace en danger*, in *Cahiers de la sécurité*, no 26, La Documentation française, Paris, 2013.12

Michel Foucher, *Europe, Europes*, La Documentation française, Paris, 2010.3-4

澤田マルガレーテ「人の自由移動をめぐる諸問題―シェンゲン協定を中心として」『上智法学論集』一九九一年二月

南部朝和「EUにおけるシェンゲン・アキ（Schengen acquis）と『自由、安全、司法の領域』の進展」『平成法政研究』二〇〇三年三月

宮島喬『ヨーロッパ市民の誕生―開かれたシティズンシップへ』岩波書店、二〇〇四年

著者略歴———

国末憲人　くにすえ・のりと

1963年岡山県生まれ。1985年大阪大学卒。1987年パリ第2大学新聞研究所を中退し朝日新聞社に入社。富山、徳島、大阪、広島勤務を経てパリ支局員、外報部次長、パリ支局長、GLOBE副編集長を務める。2014年7月より論説委員。著書に『サルコジ』(新潮選書)『ミシュラン　三つ星と世界戦略』(同)、『ポピュリズムに蝕まれるフランス』(草思社)『イラク戦争の深淵』(同)、『ユネスコ「無形文化遺産」』(平凡社)など多数。

巨大「実験国家」ＥＵは
生き残れるのか？

縮みゆく国々が仕掛ける制度イノベーション

2014年6月27日　第1刷発行

著　　者　国末憲人
装 幀 者　日下充典
発 行 者　藤田　博
発 行 所　株式会社草思社
〒160-0022　東京都新宿区新宿5-3-15
電話　営業 03(4580)7676　編集 03(4580)7680
振替　00170-9-23552

D T P　アーティザンカンパニー株式会社
印　　刷　中央精版印刷株式会社
製　　本　株式会社坂田製本

ISBN978-4-7942-2060-8　Printed in Japan　検印省略

http://www.soshisha.com/